我们一起解决问题

# 从出生到独立

## 写给父母的养育心理学

孟　馥　姚玉红　刘　亮　等◎著

人民邮电出版社

北京

**图书在版编目（CIP）数据**

从出生到独立：写给父母的养育心理学 / 孟馥等著
. -- 北京：人民邮电出版社，2021.8
ISBN 978-7-115-56863-2

Ⅰ．①从… Ⅱ．①孟… Ⅲ．①家庭教育－教育心理学
Ⅳ．①G780

中国版本图书馆CIP数据核字（2021）第129410号

## 内 容 提 要

父母之爱子，则为之计深远。中国的父母为孩子的付出，更是感佩人心。但是，长大成人后，许多孩子常常会指责父母不爱自己。是孩子们太不懂得感恩，还是父母的付出并非孩子的所愿？父母如何做才能消弭这种差异，让自己的付出与孩子的感受匹配，让自己的努力最终不致落空？

本书有两条主线，一条主线从孩子成长规律的角度指出孩子不同阶段的心理需求，并对父母在各阶段可能遇到的共性问题以案例的形式予以分析，给出建议；另一条主线从家庭生命周期的角度出发阐明家庭在不同阶段需要处理的任务，并对家庭在各阶段面临的困难以案例的形式予以呈现，给出解决方案。从建立安全感，到培养好习惯，到处理青春期逆反，再到离家阶段的困难，本书逐一解析，指出其中需要注意的问题，指导父母如何让自己的爱帮助孩子成长为健康、独立、自信、快乐的人。

本书适合家长、教师、心理学工作者、社会工作师及心理学爱好者阅读。

◆ 著 孟 馥 姚玉红 刘 亮 等
责任编辑 柳小红
责任印制 胡 南

◆ 人民邮电出版社出版发行 北京市丰台区成寿寺路11号
邮编 100164 电子邮件 315@ptpress.com.cn
网址 https://www.ptpress.com.cn
优奇仕印刷河北有限公司印刷

◆ 开本：720×960 1/16
印张：22 2021年8月第1版
字数：313千字 2025年6月河北第18次印刷

定 价：89.00元
读者服务热线：（010）81055656 印装质量热线：（010）81055316
反盗版热线：（010）81055315

# 前言

从出生到独立——家庭生命周期视角下的父母养育胜任力

人类的身体和心智成熟需要一个足够好的供养环境。

在地球上的所有物种中，人类在出生时是最脆弱的，需要整整一年时间才能在别人的时刻关注和帮助下开始独立行走。我们必须依靠亲密关系才能存活下来！

近些年来，心理学界的一个巨大发展是通过对婴儿的观察和研究，使人们能更深入地理解和破译婴儿从出生开始是如何与父母进行身体对身体的交流的，能更深入地了解婴儿的心理、情感和行为的发展是如何在与父母的相互镜映中慢慢形成的。孩子的心身发展离不开父母、离不开家庭。

个体的发展是有周期的。大部分人都会经历从出生到衰老直至死亡的过程。孩子是生长发育中的个体，在不同的发展阶段有不同的发展主题和任务，需要接受每个阶段的挑战，顺利过渡到下个阶段，生命的发展才能得以继续；同样，家庭的发展也是从一个周期向另外一个周期发展的；家庭就是生命，家庭变成怎样，生命就会变成怎样。

在临床工作中，我们见到太多孩子以不同方式（包括问题、症状，甚至疾病）使发展停滞在某个阶段，也见证了个体发展受阻与其所在家庭及其父母关系的关联，因此，我一直想写一本这样的书。

基于自己主持的一个全国性学术大会的工作坊，我萌发了邀请几位在这个领域中辛勤耕耘的同道，一起沿着个体和家庭发展周期的主线共同探讨在孩子养育过程中父母的专项工作这一想法，大家一致认为有必要将这些内容以文字的形式记录下来，惠及更多的读者——专业人士、家长和教育工作者。

## 孩子虽是个体，但非个人

个体的发展离不开生理基础。人的大脑的大部分神经细胞（神经元）在孕期中就已经形成，为了能发挥功能，神经元通过突触和树突彼此联系，从孕二月一直到出生后的最初两年，它们一直处于生长阶段。神经网络的连接过程由外界的刺激所激发和维持，个体主动的感觉和行为给此种神经元的连接提供基础，而对儿童感觉和动作的重复训练则会进一步巩固神经元的连接。在出生的第一年，大脑保持着高速发育的势头：一岁时，个体大脑的重量是成熟脑重量的50%，3岁时则可达到80%；在这一阶段若出现大脑的发育障碍，则神经元连接（突触）的数目会减少，直接导致个体必要的生化成熟过程减慢。

人出生后的最初两年对其整体人生都具有决定性的意义。现代神经生理学及神经心理学的研究表明，这一时期是儿童大脑发育的关键时期，在此阶段，大脑形成感觉的整合功能，形成口欲期的基本需求。例如，弗洛伊德性心理发展理论着重于性驱力在发展中的作用；早期的格塞尔的成熟势力学说强调生物因素在儿童发展中的作用；而皮亚杰的儿童认知发展理论则认为儿童的发展遵循固定不变的规律，是一个连续的过程。环境-学习理论更强调学习在儿童发展中的作用，认为新生儿有三种基本学习方式：第一种是通过经典条件反射和操作性条件反射学习，第二种是通过对新异刺激的探索而学习，第三种是通过模仿成人而学习。随着现代心理学的发展，人们越来越认识到作为生物体的个体在自身发展的同时也受到社会环境的重要影响，包括客体关系理论中个体与重要客体的关系、依恋理论中母婴关系的质量；而互动理论和系统理论则主张，问题并非来源于个体心理，而是存在于人与人的互动之中。

家庭治疗理论认为，总是要从脉络中看待个体。没有一个人或一件事能够独立存在，人和事总是在相互影响和彼此互动的情境脉络中存在的。人的多数行为由环境引发，同时也反映了环境的状况，个体的行为是系统互动的结果。把一个人的行为模式放到其成长的家庭和人际背景中，才能获得客观、全面并贴近实际的理解。人的所有行为都有沟通的特点：症状被认为是信息的转换、关系的解译；如果一个症状被视为交换的信息，那便表明，将信息公开就会解除用症状表达的需要；脱离了情境、互动和沟通，精神健康领域的行为表现或症状往往不能被正确解读，任何一个系统都有解决系统问题的潜能和资源。

整体性、阶段性地呵护孩子的心灵成长是非常重要的。

## 家庭的动态发展与平衡

20 世纪 40 年代，社会学家伊芙琳·杜瓦尔和鲁本·希尔将发展框架运用于家庭，将家庭发展划分为清晰的几个阶段，每个阶段具有不同的任务；后来，家庭治疗师贝蒂·卡特和麦妮卡·麦卡德里克深化了这一框架，加入代际视角，使**"家庭发展周期"**的概念更加完善，其临床价值不仅让我们知道了家庭在不同的特定阶段拥有普遍的规律，更在于提醒人们，在家庭发展周期发生转换的时候往往容易出现问题。在面对挑战（不管是环境的还是发展的）时，家庭如果不能改变结构以顺应这些改变，问题就可能出现；问题常常会被视为一个标志，标志着这个家庭在生命周期的转折关头出现了调整适应方面的问题。因此，当个体出现心理症状的时候，家庭生命周期概念让我们思考，或许家庭卡在了发展阶段的转折关头。

家庭发展分六个周期。

**第一个周期是"独立成人期"。**

这是一个重要的时期，也是家庭系统健康发展的关键一步，由青年人离家开始。在该阶段，青年人需要成功地区分出自己与父母的不同，接纳自己在心理和经济上需要承担的责任，与原生家庭分离，发展亲密的朋辈关系，在情感与经济上取得独立。这个时期发展的重要标志就是青年人"离家"。"离家"指的是既可以离开家庭独立地发展自己，又与家庭保持必要的联系，当在外部的世界里遇到困难或挫折的时候，也能够向家庭寻求必要的帮助。

大家都知道青年人长大了要离家，但是仅仅知道这一点还不够，因为家庭如果不够了解和重视青年人离家这个过程，就不会对这个过程中家庭成员之间彼此的亲密程度的改变和因青年离家会导致的家庭功能故障有更多的关注。在临床上，我们见到过很多无法"离家"的青年人。太黏家的孩子和太受保护的孩子都较难面向外面的世界。但是，最困难的莫如家庭中父母之间长期存在难以解决的矛盾，孩子卡在家庭的三角关系中，即使成功离家，情感上仍很难突破，甚至"千方百计"以"生病"的方式回到家中。例如，在有些家庭中，父母之间长期存在沟通困难，他们会通过与孩子交流的方式避免夫妻间的直接冲突，而当这个青年人准备离开家的时候，家庭就会面临家庭结构的重大改变。如果父母没有能力做出调整，以适应新的家庭组织及变化，家庭就会变得不稳定。能够让这个问题得到解决、使家庭变得稳定的方法就是青年人继续待在家里。青年人会发展一些问题让自己变得"失败"，从而无法离家求学或工作，这个"失败"的功能是让父母借此可以继续保持交流，这样他就有理由让父母持续留在他的身边，自然就很难发展出家庭之外的亲密关系；家庭组织也因此能够维持原有的运作方式，从而保持稳定，家庭的发展周期就会受阻。当年轻人自我成长分化的需求与牺牲自己维持家庭原有结构的需求相冲突时，"问题青年"就会产生。

研究表明，家庭组织在有人加入或离开的时候往往容易发生巨大的变化。离不开家的孩子都是对家庭忠诚的孩子；孩子离不开的家庭中大都有让他们放心不下的父母。一个青年人成功离家或者分化失败都是这个家庭重新调整运作的一部分，是一个新的家庭组织形成、新的沟通模式发展的过程。一个青年人成功离开家庭，不仅是个体的成功，也是整个家庭系统调整、分化的结果。

**第二个周期是"新婚成家期"。**

从原生家庭里分离出来的年轻人开始建立和投入新的系统（婚姻系统），由一个人变成两个人。两人学习独处和共处、权力分配、积累物质财富和情感资源、共享亲密和平常的感情；双方需要不断地磨合，学习适应和接纳彼此的不同，满足各自的需要，处理二人之间的分歧，达成新的双方互动模式；协调何时睡觉、吃饭、打扮，协调节日安排、花钱、看电视、与原生家庭的亲密度以及面对彼此的朋友等。

在社会再适应量表中，重要生活事件引发的应激反应强度（**生活变化单元**）：结婚为 50、离婚为 73、夫妻分居为 65、复婚为 45。结婚是个关键的节点，婚前的协商和调适、文化习俗、观念差异都会体现在结婚的具体程序和过程中，很多小的"裂痕"往往会在后续的婚姻生活中酿成"鸿沟"。在临床中，我们常见到新娘因不了解新郎家的地方风俗而面临尴尬和失礼，也会见到没有满足新娘一个小小的要求而落下几十年婚姻中的遗憾，而双方原生家庭的过度介入导致婚姻解体的也不鲜见。

该阶段是一个磨合的过程，为建设一个能够共同生活的系统，两个来自不同原生家庭系统的人至少需要磨合七年的时间。在这个过程中，最常见的问题是经过一段时间的磨合后，双方仍然格格不入。有调查发现，导致夫妻激情泯灭的 10 件日常琐事分别为不追求时尚（4%）、花钱节俭（11%）、缺乏浪漫（8%）、个人卫生习惯（9%）、体重增加或缺乏锻炼（13%）、打鼾或睡觉时间不同（6%）、浴室习惯（4%）、加班（10%）、酗酒（7%）、过多或没有家庭亲戚间事务（9%）。一个长期陷入父母婚姻矛盾纷争之中、罹患抑郁症的中学生告诉我，她的父母结婚近 20 年，至今还在为烧一壶开水而争论不休：父亲主张想喝水的时候现烧，而母亲认为必须烧好开水倒入暖壶里备用。这显示出他们婚姻试卷中的第一道磨合题都没有完成。

婚姻的范畴十分广泛，重要的包括伴侣关系的质量、夫妻沟通的模式、彼此的吸引力和性生活、家庭的经济、家庭管理职能与责任等。来自生活中的种种不同，大到人生观、价值观，小到生活习惯中的小细节，公有公理，婆有婆理。如果夫妻在相处的互动模式中没能发展出一定的相互妥协与矛盾解决之道，很多婚姻跳不出"七年之痒"的魔咒。如果夫妻双方或一方自以为是、强求对方一定要听从自己的，或者一定要将对方改变成自己期待的样子，那就会成为婚姻中的"死结"。

婚姻要让双方都能在这份关系中得到理解、支持和安慰。和谐的婚姻关系需要用爱不断灌溉，包括尊重彼此的个性和差异，调整认知、需要、期待，改善环境，身体健康，调整其他因素；预判和处理好家庭中的重要生活事件，提高应变能力；巩固和维持支持系统；用合作的方式解决冲突：共同创造新的规则、各自退让一步，轮流坚持小我，保持长远意义上的平衡。在多元文化并存、社会变革激荡的当下，婚姻所承载的社会性以不同的方式显现出来，结婚率下降、离婚率增高、离结比持续保持上升，婚姻和家庭的不稳定性增加，是我们要面对的共同课题。

**第三个周期是"养育新人期"。**

一生二，二生三，三生万物。孩子的出生使家庭系统中增加了新成员，增加了养育孩子、财务支持及家务承担等方面的任务，原有的婚姻系统又要做出调整，以便给孩子留出空间，重组与延伸家庭的关系，包括接纳父母亲和祖父母亲的角色。

在重要生活事件对家庭的影响中，家庭中新成员出现的应激反应强度是39。这个时期的家庭以照顾年幼的孩子为首要任务。孩子的来临可能让夫妻享受新的小家庭生活，也可能让夫妻变得陌生；此时夫妻需要学会进一步的相互合作，共同养育孩子。家庭系统对新生命到来的态度决定了整个家庭的应对功效：如果一对夫妇很乐意成为父母，并且其工作没有太大的压力，第一个孩子的出生只会引起家庭系统扩展后的正常压力；如果养育孩子对家庭一员或者对配偶双方都是一种负累，而且这种负累无法得到解决，那么为人父母的角色转变于这对夫妻而言或许会引发更大的焦虑，即使没有任何突出的根本性的家庭问题，如孩子的脾性与父母的气质匹配不当等，孩子的存在也可能会潜在地消耗这个系统；如果孩子是在明显的社会动荡期间孕育，家庭还面临迁移、变化及文化适应等问题，那么出生的孩子就可能会有一些未解决的问题。临床工作中常遇到的麻烦儿童多与其出生"不被家庭期待"有关。现代科学研究表明，母婴之间的互动在孕期就已经开始，婴儿大脑发育和性格形成的关键时期是在母体中。

孕妇产褥期的状态也是一个需要面对的挑战。孕妇面临生育带来的身体健康受损及照顾孩子的辛苦劳累这双重压力，使其情感也出现更多新的需求，家庭关系不和谐导致的负性情感体验、养育孩子的诸多不确定性、需要的不被满足，家庭支持度不够、缺乏理解和照顾，习俗遵守上与家人形成的各种冲突，重男轻女观念的压力，以及工作和经济压力等，使母亲罹患产后抑郁症的情况多有发生。而研究表明，母亲的抑郁障碍、焦虑障碍和其他形式的慢性抑郁影响近 10% 的低龄儿童；婴儿则可以展现出难以安抚的哭泣、发育减缓、睡眠障碍等抑郁的症状。

原生家庭中的父母不得不参与年幼孩子的养育，这会使家庭的生活内容变得更加丰富而充满挑战。我曾有一个临床案例，其丈夫出现严重的焦虑情绪、失眠、发脾气。了解他们家庭的近况后得知，三胞胎孩子的降生使原来的夫妻二人世界突增到九人，双方的父母亲来了、雇用了两个保姆。突然而大幅度变化的转折阶段使小夫妻难当重负，焦虑也便成为一种应对方式。

**第四个周期是"孩子成长期"。**

这个周期的特点是家有青少年。他们围绕自主与独立的议题展开挑战，父母不再有绝对的权威，孩子转向同伴寻求支持和指导，反抗父母是常有的事情，而父母则面临中年危机。进入青春期的孩子开始发展出强烈的自我意识，家庭需要调整亲子关系，增加家庭界线的灵活性，以便允许孩子独立。同时，家庭中的祖父母开始面临衰老，照顾老人的负担不断增加。进入中年的父母还需要面对中年时期的婚姻和职业发展，夫妻二人与上一代及下一代的关系都需要重新调整和商议。

青春期是孩子心理结构发展的关键时期，在该阶段，孩子的发展有五项主要的任务：一是分离－个体化问题的再现，孩子在身体上和心理上都有朝向独立的推力（接近/回避父母），也面临着寻求更多的独立和仍旧依赖于家庭的内在冲突；二是认同的产生，不断增强的社会的、教育的和亲密的关系让个体形成认同模式（自我认同、性别认同和性取向、种族的、民族的、文化的及宗教的认同）；三是亲密感的建立，开始发展家庭以外的亲密关系；四是身体意象的稳定，从早期的身体改变，到对身体完整性和吸引力的关心，再到自我身体感受的稳定，都对社会的、性的和人际的互动至关重要；五是认知能力和结构的成熟，在生物、心理及环境的连续和动态的相互作用下，青春期的心理组织过程被感觉、知觉和情感体验的模式、强度和性质影响，能够看到/理解另一个人的观点，认知成熟与青春期大脑成熟和心理发育平行发展。青春期的青少年特别想达到自主和自我认同，他们要经历很多错误的起步、徒劳无功的过程以及激素分泌增加的冲动，这些都是人格发展的自然过程。如果个体进入成年期时具有稳固的自尊，有能力建立亲密关系，能做到一致性沟通，能担负起责任，那么，该个体青春期发展的目的就达到了。

处在此家庭发展周期的父母需要发展出更多适应性的策略，使家庭的发展需要与孩子的发展同步。很多在青春期出现问题的孩子或个体，都与在此家庭发展周期中出现的调适不当、失衡、僵化及固着等有关。

**第五个周期是"空巢期"。**

家庭中的孩子长大后就要离开，如同长大的鸟儿纷纷离巢一般。通常，"空巢"对于长大的孩子没有太大的问题，只是面临空巢家庭的父母需要一个适应和调节的过程。父母从照顾孩子的责任中解脱出来，接受有人离开、有人进入家庭系统的状况；与孩子建立成人对成人的关系；重新认识二元的婚姻系统，开始加强夫妻的婚姻关系；重组与公婆、岳父母及孙辈的代际界限关系。这个周期比较常见的问题是孩子离家使夫妻一起养育孩子时被掩盖的婚姻危机重新浮出水面，婚姻问题变得更加尖锐；或者孩子离家使家庭生活变得空虚、无意义，从而让父母感到孤单和沮丧。高质量的夫妻关系可以帮助"空巢期"家庭的父母彼此慰藉、相互支持、搀扶度过；不和睦的夫妻关系将面临极大的挑战，家庭生活也会显得风雨飘摇。而家庭动荡与变故会导致已经离家的孩子重返家庭、继续守护。我的一个来访家庭，夫妻长期不和，为了孩子，艰难地维系婚姻关系。夫妻俩暗下决心，等把孩子成功地送进大学就解除婚约。所以，在把孩子送上飞往海外的飞机后，夫妻二人转身便去了民政局。两个月后，儿子就因患抑郁症而回到了家中。

**第六个周期是"夕阳晚景期"。**

进入晚年生活，家庭成员需要面对退休、收入减少、社会地位丧失、自我认同转换、患病、祖父母去世等挑战，家庭成员需要接受辈分角色的改变，面对心理上的失落感，保持夫妻的功能和夫妻相互的兴趣：寻求家庭和社会新角色的选择，给中年一代更多的支持，给晚年的智慧和经验留出空间，在力所能及的范围内支持更年长的长辈，应对失去配偶、兄弟姐妹和其他同辈人的伤痛，对死亡做好准备。

家庭是一个与其所处的环境共同发展的动力系统，受到外部环境、文化、社群和其他系统的影响，所有这些外部事件都有其调控的规则，且随时发生变化；在家庭内部，家庭关系也受到家庭成员的发展及其相互关系改变的影响。因此，在发展过程中，家庭始终处于波动的状态，家庭必须对来自外部或内部的波动和改变重新做出适应与调整。像所有生命的整体一样，家庭处在一个持续变化的过程中。从整体意义上讲，家庭有维持现状和不断进化两种功能，两者相互影响，互为因果。改变可以增强系统的生存与适应能力，平衡可以为成员提供稳定与安全的居所；家庭具有弹性，则可以适应不同时期的各种内外变化。

家庭生命周期的概念让我们对个人和家庭的发展增加了两个理解：（1）家庭必须重组以顺应成员的成长和改变；（2）家庭中每一代的发展都会对一位成员或所有成员产生影响。

## 父母的专项工作

在养育孩子、陪孩子长大的进程中，父母专项工作的要领有以下几点：（1）父母要阶段性、一致性且持续地应对、处理亲子三角关系；（2）父母要照顾自己的心理卫生；（3）父母要兼顾夫妻关系与亲子关系；（4）父母要配合社会文化的变迁而适应亲子关系。

孩子是生长发育中的个体，不同的发展阶段有不同的发展主题和任务，在某一领域的成熟不代表在其他方面也已成熟，某一方面不成熟也并不代表其在所有方面都尚不成熟。每个人都有自己发展的节律，既有普遍性，也有特殊性。因此，客观地看待孩子的成长，将其放到所处的环境中进行评估是关键。父母应理解孩子在不同发展阶段的需要，尊重孩子的个性和特点，帮助孩子发展兴趣和长处，相信孩子潜能无限，做孩子发展的鼓励者、支持者和促进者。

夫妻关系是家庭中的基础关系，父母与孩子的关系是夫妻关系的继续和完成。夫妻双方将各自原生家庭的价值观和习惯带入婚姻关系中，这些价值观和习惯有很大的差异。如果父母建立一个共同的系统，让孩子有一种团结一致的感觉，孩子就会有安全感，并且愿意跟随父母；如果父母相爱，孩子就会感到安全和自由；如果父母中的一方控制了另一方的价值观，孩子便会自动地与被控制的那一方联合起来；如果父母关系出现问题，孩子则会想办法分担父母的痛苦以表示关心，他们很难拒绝这个诱惑，甚至会用伤害自己的方式应对；如果父母一方被排除，孩子（如接受母亲对父亲的恨）会感到不完整和空虚，或者被恨意捆绑，跟父母纠缠不休；如果父母的情感需要在婚姻关系中无法得到满足，而要通过孩子得到满足，在这种情况下，父母无意中视孩子为成年伙伴，孩子则在情感上必须成为照顾父母的角色，家庭的角色和功能被颠倒；原生家庭未解决的依恋，是孩子在今后成长路上发生关系冲突或困难的重要原因。

父母在处理亲子关系的同时要兼顾夫妻关系，为此，我们主张先做好夫妻，再做好父母。生活中亲子关系高于夫妻关系的现象比比皆是。有人研究了父母及其婚姻对孩子的影响。研究报告指出，童年期父母关系有冲突的成年被试对自我和他人的评价更偏负性，且在亲密关系中出轨概率更高；学龄期儿童长期面对父母疏离者，对自我的肯定明显较低，在与他人建立关系中表现出更多的焦虑、犹豫不决、不自信；由于婚姻冲突和工作压力而体验到更多焦虑的妈妈所养育的孩子，在社交中表现出更多的焦虑和退缩等不安全行为。影响和导致孩子产生心理问题的最重要的因素是孩子的核心安全情绪。父母的婚姻冲突是影响孩子核心安全情绪的最重要的因素。父母婚姻系统的冲突会导致亲子关系改变、父母教养方式改变，会影响孩子建立情绪安全，从而导致孩子人格、情绪及行为方面的心理异常。因此，关照自己的心理状况、呵护配偶的心理健康，是父母成功养育孩子的基石。

孩子与父母的发展议题不只涉及孩子发展的议题，父母也会面临发展阶段的挑战；在孩子的发展进程中，要改变的不仅是个体本身，还有其所处的环境；父母也要配合文化的变迁而适应和调整亲子关系模式，与时俱进、相互促进、协调发展。有人说，"父母好好学习，孩子天天向上"。

专业人员的工作重点则应放在：了解孩子的心理需要，探索形成僵局的原因；处理父母的危机，为孩子解脱和松绑；鼓励孩子自我分化（情绪和理智的分开、自我和他人的分开），专注于个人的正常发展，用发展表达对家庭的忠诚，用成长回报父母的养育；协助父母腾出时间和精力关心孩子发展的问题。

在当代社会中，家庭主要有两项基本功能：经济支持和保护易受伤害的成员。在面对各种压力、危机和变化的过程中，家庭、社会环境中的关键性保护因素（包括父母、照料者，或者其他具有支持性的成年人、家庭的结构、认同感或凝聚力等）是维系系统平衡的重要因素，其中家庭人际关系是个体韧力的生命线。如名家所言：如果我们想正常生活，就需要常常在愉快、持久、充满爱心的关系中互动。

最后，为便于阅读，在无具体指代的情况下，本书对人称代词不再区分性别，统一使用"他"。

孟馥

# 目录

# 第一篇

## 婴幼儿篇

家庭生命周期的框架提供了人事关系中的自我视角，包括个体与人际两个方面。社会性的大脑培养了我们的灵活性，使我们可以和周围的人和谐共处。夫妻为人父母，双方孕育子嗣，形成三口之家，这使小家庭第一次确立了永久性关系，是家庭生命周期的关键阶段。在这个阶段，小两口辈分升级，变成下一代的照料者。对养育0~3岁孩子的现代双职工家庭来说，这个阶段的核心困难是面对儿童养育的责任及由此而来的琐碎事宜。并且，这个阶段也会伴随婚姻满意度的普遍降低，因此需要夫妻团结，共同调整，才能互相理解，互相支持。

从家庭生命周期的视角来看，养育0~3岁宝宝的家庭属于"养育新人的阶段"中养育婴幼儿期儿童的子阶段。在这个阶段，对于整个家庭而言，情绪发展转变的关键原则是接纳新成员进入家庭系统。这一发展过程给家庭带来的变化主要包括三个方面：（1）本来作为二人世界的父母需要调整婚姻系统，给孩子留出空间；（2）家庭增加了养育孩子的任务，财务和家务负担增加；（3）需要重组家庭关系，包括接纳父母亲和祖父母的角色。

为了适应上述变化，家庭需要做出一些调整。**首先，家庭需要在基本的二人世界这个家庭结构的基础之上给孩子留出空间。**夫妻需要将自己的角色转变为父母的角色，承担起养育新人的任务。大量研究表明，生命的头三年是个体社会性和情绪性反应发展的敏感期，也是培养安全感的关键期。因此，新手父母需要了解0~3岁孩子的心理发展特点，学习如何培养对个体一生非常重要的安全感。**其次，作为照顾者，父母自身的身心健康、情绪稳定及夫妻间的相互支持，均是建立良好亲子互动的基本保障。**因此，父母对于彼此养育角色的相互支持、夫妻角色的良好互动、父母自身的心身健康都是这个阶段需要注意的。**最后，父母接纳自己的养育角色，在面**

对0~3岁孩子的一些发展性问题和常见议题的时候，需要学习一些应对的方法和策略。

　　因此，在这个阶段，家庭的主要任务是夫妻调整自己的角色，尽量适应为人父母这一新角色，学习如何养育孩子；夫妻需要在伴侣和父母这两个角色之间进行恰当的转换，其中培养孩子的安全感是父母的重要任务之一。因此，本章将从促进0~3岁儿童发展的视角重点讲解如何培养孩子的安全感；从如何承担养育角色的父母视角，分享父母在养育0~3岁孩子时最容易发生冲突的场景和话题，并且提供相应的建议，以期能帮到众多家有0~3岁婴幼儿的父母。

**沈世琴　王继堃**

# 高质量陪伴是培养婴幼儿安全感的关键

2 岁的妞妞去上早教班，当早教中心的工作人员热情地邀请妞妞加入游戏时，妞妞却紧紧地拽着姥姥不松手。姥姥一遍又一遍地催促妞妞加入游戏，妞妞却越来越紧张，最后甚至哭了起来。热心的工作人员也尝试用各种方法安抚妞妞、吸引妞妞，但都没能缓解妞妞的哭闹。半小时过去了，妞妞还在抽泣，无奈之下，姥姥只好带着妞妞回家了。妞妞这是缺乏安全感的表现吗？

## 什么是安全感

**安全感是指孩子在与重要照顾者的关系中体验到自己值得被爱，照顾者值得信赖，并且在关系中有安心、安全的感觉。**在这种安全的关系中，孩子能够真实地表达生气、害怕、悲伤等负性情绪，也能真实地表达对安慰、关爱的渴望。**缺乏安全感是指孩子在与重要照顾者的关系中体验到自己不值得被爱，照顾者不可信赖，在关系中有不安的感觉。**缺乏安全感的孩子在生活中有时候表现为黏人、纠缠，无法离开照顾者出去探索；有时候表现为动辄哭闹，长时间难以被安抚，案例中妞妞哭闹不止的行为就属于缺乏安全感的这类表现；有时候表现为动辄就发脾气，摔玩具，大吼大闹，甚至歇斯底里，长时间无法恢复平静；有时候表现为在疲倦、害怕、悲伤时不敢寻求照顾者的保护和安抚，也不敢表达生气、愤怒等情绪，这样的孩子常常被照顾者误解为"独立""坚强"或"懂事""乖巧"。

## 安全感是儿童一生发展的基石

孩子天生对未知的世界抱有好奇心，想要出去探索这个世界。例如，婴儿会爬后就不会总与母亲黏在一处，有时候会稍微离开母亲一些去探索周围的环境，甚至会离开母亲的视线。但如果孩子感到疲倦、害怕、受伤，则会中断探索，回到照顾者身边寻求安抚、保护，以获得安心、舒适的感觉。例如，婴儿时不时地会回到母亲身边并寻求母亲的拥抱。

**有安全感的孩子对环境保有更浓厚的兴趣和更强烈的学习动机。**一方面，有安全感的孩子把照顾者当作安全基地，并以这个基地为中心勇敢地探索未知的世界，学习知识与技能，不断挑战新任务，发展自己的能力，调整对自己、他人和世界的认识，提升对环境的适应能力；另一方面，有安全感的孩子也把照顾者当作安全港，在感到受伤、受挫或恐惧时，在自己难以应对时，在自己难以调控时，孩子都会回到这个港湾，以获得休息，寻求安抚、保护。

**缺乏安全感的孩子可能在离开照顾者出去探索时出现问题。**例如，面对新的任务、新的挑战时表现得缩手缩脚，或者在生活中抗压能力和抗挫能力弱，面对困难选择退缩，不坚强，不独立，无法离开照顾者独立生活，严重者甚至在成年后也离不了家。缺乏安全感的孩子也可能在需要回到安全港寻求保护和支持的时候出现问题。例如，有的孩子可能长期报喜不报忧，压抑自己真实的愤怒、恐惧、悲伤等负性情绪，压抑自己对关爱的渴望，直到这些压抑的内容超出自己的容忍限度而出现情绪爆发。例如，瞬间出现的、无法掌控的、破坏性强的攻击性；或者出现头痛、失眠、肚子痛、拉肚子、胸闷、心慌等躯体症状，焦虑、抑郁等负性情绪，以及注意力下降等问题，导致孩子无法维持上学等正常的社会功能；或者孩子从一个乖巧、懂事、听话、勤奋的孩子变成一个容易生气、乱发脾气、懒惰的孩子，严重者甚至发展为品行障碍。

关于安全感的研究发现，与缺乏安全感的儿童相比，拥有安全感的儿童具有以下特点：相信自己爱的人，和照顾者在一起能享受到更多的幸福感；

对照顾者怀有更少的愤怒；懂得如何善待他人；与兄弟姐妹的关系更好；能更好地与朋友相处，能够与朋友一起解决问题，有更稳固的友谊；自尊水平更高；更相信好事情总会发生。

大量的儿童发展研究也发现：只有当孩子与照顾者之间建立起足够稳固的安全感，孩子才能把照顾者当作安全基地并以这个基地为中心出去探索，才能把照顾者当作安全港以寻求安抚与保护，才能表现得更加自信，更安心、勇敢地探索世界。**孩子能否在与照顾者的关系中建立起安全感，对孩子的认知、情感、意志力的发展，对孩子学习能力、社会交往能力、抗压抗挫能力都具有十分重要的影响，对孩子的人格塑造及身心健康的影响也十分深远。**长期缺乏安全感的儿童更容易出现情绪、行为、社交及学习问题。

## 高质量陪伴是生命早期培养宝宝安全感的关键

**安全感不是一经形成便固定不变的，而是动态发展的过程，是可以随着环境的改变而改变的。**此处所指的环境既包括外部环境，也包括个体内在环境。外部环境包括家庭环境（如亲子关系、家庭关系、家庭氛围、家庭的经济社会地位等）、所在的社区、校园、城市环境，以及所在的民族、种族、国家的政治、经济、文化环境。个体内在的环境指孩子的大脑发育和心智成熟度等。

影响安全感的因素有很多，而**照顾者力所能及的是通过改善家庭环境尽早地培养孩子的安全感。**生命之初的三年是帮助孩子建立安全感的关键期。在孩子大脑快速发展的这三年里，高质量的陪伴是帮助孩子建立安全感的关键。对于这个时期的孩子，高质量的陪伴包含四个方面：一是指照顾者的在场与稳定，二是了解婴幼儿期孩子的心理需求，三是恰当地回应婴幼儿期孩子的需求，四是增强照顾者自身的安全感。

**沈世琴**

# 照顾者的在场与稳定

妞妞的妈妈是名儿科护士，常常需要值班，爸爸是一名销售人员，频繁出差。自妈妈产假结束后，妞妞主要由姥姥和奶奶轮流照看，每隔三个月轮换一次。这样的养育环境对妞妞的安全感有影响吗？

## 照顾者的身心在场

照顾者的在场是建立联结、发挥安全基地和安全港功能的前提。而在场包括**物理在场、情感在场和系统在场**。**物理在场**是指日常生活中照顾者陪伴在孩子的身边，照顾孩子的生活起居，可以简单地理解为我们平常说的"人在"。**情感在场**是指不管孩子表达兴奋、愉悦等正性情绪还是表达悲伤、害怕、生气等负性情绪，照顾者都可以接纳，能够心平气和地陪伴、安抚孩子的情绪，也可以简单地理解为我们平常说的"心在"。情感在场是一种态度，一种对孩子的情绪感同身受并帮助孩子调节情绪的态度。**系统在场**是指家庭的支持系统在场，孩子构成这个支持系统的一部分，当孩子找不到照顾者的时候，可以找到照顾者所在的支持系统，如延伸家庭中的祖辈或照顾者的朋友、同学、同事等。

对于每个孩子而言，三种在场都很重要。但**在某个时刻孩子更需要哪种在场，与孩子当时所处的情境及其年龄相关**。随着孩子的成长，对物理在场的需要越来越少；而对婴儿期的孩子来说，"人在"和"心在"都十分重要。在孩子最初出去玩耍、探索时，他们可能会短时间地沉浸在玩耍的快乐和探索的兴奋中，但时不时地会回头看看照顾者是不是在看着他们，或者会回到照顾者身边寻求照顾者安抚。在这些时刻，如果照顾者"人在""心在"，就更有可能及时、恰当地回应孩子的需求。只要多数时刻照顾者能够及时、恰当地回应孩子的需求，孩子离开照顾者出去玩耍、探索的时间就会越来越长，并且越来越不需要照顾者帮忙。只要照顾者待在那里，孩子就能安心地离开照顾者出去探索未知的世界。

在现实生活中，照顾者的物理在场是相对容易实现的，情感在场却容易被忽视。例如，当孩子在照顾者身边玩耍的时候，照顾者虽然人在，注意力却在自己的手机上；当孩子寻求帮助的时候，照顾者可能会敷衍孩子、不理会孩子，或者表现得不耐烦，甚至对孩子寻求帮助的行为感到愤怒。这是常见的照顾者人在心不在的现象。在这些时候，照顾者无法及时、恰当地回应孩子。如果这种回应方式反复出现，孩子就可能会抑制自己寻求安抚、保护的需要，逐渐发展出自己一个人玩的能力；或者夸大自己的情绪反应，以获得安抚和保护。而不管是抑制需求还是夸大反应都不利于孩子建立安全感。

## 如何做到与孩子的情感在场

孩子天生就有情绪，但处于婴幼儿期的孩子无法承载和调整自己的情绪，所以需要照顾者帮助他们逐步学习调节情绪。在照顾孩子的过程中，当孩子表达开心等正性情绪时，照顾者接纳它们并与孩子分享这些感受是令人愉悦的时刻，相对容易做到。但当孩子表露负性情绪的时候，有些照顾者却较难做到接纳孩子的情绪，更难以安抚孩子，甚至会忽视、拒绝孩子的感受。例如，有的照顾者会分散孩子的注意力，让孩子尽快回归正性的情绪；有的苦苦相劝，让孩子不要难过；有的给孩子施压，不允许孩子表达生气、害怕、哭泣等负性情绪。这些都会让孩子感觉孤单、害怕，甚至会误认为自己是个不够乖巧、不够坚强、不够勇敢的问题孩子。

如何做到与婴儿的情感在场呢？对还不能使用语言的孩子来说，**照顾者的非语言回应非常重要**。照顾者最初看到孩子眼中的负性情绪时可能并不一定会理解孩子的情绪，但照顾者通常会根据自己的猜测，用手指向物品，同时嘴里念叨着："是要这个吗？"如果不是，照顾者会换一个物品继续确认，以便了解孩子想要什么。当照顾者最终把孩子想要的东西给孩子的时候，就是与孩子的情感在场。这时的情感在场就好像在告诉孩子："我会在这里陪着你，我能体会到你的感受，我愿意陪你解决问题。"这个过程被称为"**协同情绪调节**"的过程。当这个过程不断被重复，孩子便会逐渐明白，人的情绪是自然产生的，是可以接受的，也是可以分享的。同时，孩子也会逐渐信任眼前这个大人（即照顾者）能够帮自己解决这些情绪问题，帮助自己慢慢学会自己解决这些问题。

对 2 岁左右的孩子而言，语言上的回应开始变得越发重要。当孩子有情绪时，照顾者需要帮助他们识别情绪，即给情绪命名，用温柔的声音帮助孩子说出那个情绪带来的感觉。例如，"孩子开心了。""孩子生气了。"然后，帮助孩子理解自己的情绪。例如，"孩子不开心了，因为孩子饿了。"或者"孩子开心了，因为孩子吃饱了。"在帮助孩子认识、理解情绪的同时，还要给予孩子非言语的安抚，例如，有节律地轻轻摇晃，让孩子的情绪逐渐平复。如果这类回应重复出现，随着孩子的成长，孩子慢慢就会识别自己的情绪，表达自己的情绪，并且学会在什么情况下需要寻求照顾者的帮助，让自己的情绪尽快平复并获得舒适感。

## 如何提供稳定的在场

在现实生活中，有的照顾者会因为工作原因不得不在外务工或常常出差（如妞妞爸爸），他们确实没有办法给予孩子足够的物理在场。在这种情况下，建议常年在外的照顾者尽量用视频的方式与孩子建立联结，因为在视频中，孩子不但可以听到照顾者的声音，还可以看到照顾者的面部表情和身体语言；照顾者也可以在听到孩子声音的同时，观察到孩子的表情和情绪变化，更容易体会到孩子的感受，就更可能对孩子的情感需要做出恰当的回应。要让孩子既感受到照顾者的物理在场，也感受到照顾者的情感在场，才能形成高质量的陪伴，让亲子间有更好的情感联结。当然，如果照顾者的工作环境特殊，无法跟孩子视频通话，使用电话替代也比完全不与孩子联结要好。重要的是在相对固定的时间与孩子交流互动，因为相对**固定的时间节律可以让孩子形成可预期的规律，逐渐建立掌控感和安全感**。

对于像妞妞妈妈那样常常值夜班的照顾者，建议每次离开时都和孩子交代清楚，不要因为孩子听不懂语言就认为孩子不懂，不必跟他交流。孩子虽然不懂语言，但能够根据事件发生的先后顺序对可能发生的事件进行预测。当妈妈每次上夜班之前都告诉妞妞，妞妞便可以根据妈妈的面部表情、身体动作及行为，逐步找到规律，形成预期，建立掌控感和安全感。照顾者也不要因为自己害怕分离就回避跟孩子沟通，不敢面对与孩子的分离时刻。照顾者突然不见会给孩子带来十分恐惧的感受。

如果夫妻双方工作都十分繁忙，分身乏术，无法成为孩子的主要照顾者，则建议在**寻找替代照顾者时把照顾者的相对稳定作为一个重要条件**。不管是祖辈、亲戚还是育儿嫂的频繁更换都不利于孩子发展安全感。

**沈世琴**

# 了解孩子的心理需求

一个夏天的傍晚，姥姥带妞妞出去玩，宽阔的道路中央有一个小小的水坑，姥姥担心妞妞摔跤，就一把抱起妞妞跨过水坑。可姥姥刚将妞妞放到地上，妞妞就立即回头跑向水坑。姥姥追到妞妞，再次将妞妞抱起，再没有将妞妞放下来。姥姥的这种保护行为妥当吗？妞妞的行为在表达什么心理需求呢？

## 支持孩子出去探索

孩子天生具有学习的动机，需要照顾者支持他出去探索。当婴幼儿融入更大的环境时，**照顾者的支持（包括言语的支持和非言语的支持）非常重要，且非言语表达更重要**。这种表达很微妙，主要通过面部表情和语调进行传递。例如，当孩子离开时，照顾者表达了怎样的情感？是平静，还是焦虑？因为照顾者与孩子之间难以用语言直接进行沟通，这就需要照顾者了解孩子离开照顾者出去探索时的心理需求。

当孩子出去探索时，他需要**得到照顾者的全力支持才会更进一步尝试冒险**。这种支持首先是孩子需要感到照顾者总是喜欢自己的，不是因为自己做了什么才喜欢自己，而是喜欢自己这个人，这样他就有力量、有勇气做自己想做的事情而不必担心、害怕失败后得不到照顾者的喜爱。只有照顾者对孩子的喜爱不是因为孩子对某些事情做得多好，而是喜欢孩子这个人，才会帮助孩子建立一种根深蒂固的自我价值感。

其次，当孩子在完成一项任务中能力尚且不足够而需要帮助时，照顾者要**及时提供刚刚好的帮助**。刚刚好的帮助是指刚好能帮助他们完成这项任务中需要得到帮助的那部分，孩子并不需要过多的帮助。例如，孩子在尝试上台阶，在孩子上第一个台阶却反复尝试未果的情况下，可以提供一定的帮助让孩子学习如何顺利走上台阶。当孩子在照顾者的帮助下成功地走上第一个台阶后，照顾者要学会停止帮助，等待孩子自己根据经验继续探索如何独立走上台阶，这就是刚刚好的帮助。如果照顾者在孩子第一次尝试失败后立即将孩子抱起来，虽然看起来保护了孩子，但同时也让孩子失去了宝贵的探索机会，这就是常见的过度保护现象。更为严重的过度保护情况就是妞妞姥姥的做法，在安全的环境中且孩子并不需要保护的情况下，为了保护孩子不受伤，直接忽视孩子的探索需求或者让孩子放弃探索的机会。

最后，**照顾者要与孩子分享快乐，或者和他一起玩耍**。在这样的分享时刻，孩子感到照顾者是在场的，而且对自己所做的事情照顾者是感兴趣的。当孩子在玩耍中想跟照顾者分享快乐或者邀请照顾者加入游戏的时候，如果照顾者正在全神贯注地盯着手机，或者在电话中洽谈生意，或者在和朋友闲聊，因而无暇顾及孩子，或者敷衍孩子，都可能让孩子认为自己被拒绝了，自己不重要，并且感到自己不被喜爱、不被重视。只有照顾者能够敏感地觉察到孩子的情绪和需要，并且在多数时候都可以用言语、非言语的方式回应孩子的情绪和需要的情况下，才有可能让孩子感到安心，同时学会分享情绪、表达情绪。

## 欢迎孩子回到身边寻求舒适感与保护

在孩子出去探索时，必然有些时刻会感到疲倦、害怕、不舒服或情绪低落，也可能对探索失去兴趣。在这些时刻，孩子首先需要感觉照顾者随时欢迎自己回到其身边。**在婴儿期还没有发展出语言沟通能力时，孩子主要通过照顾者的非言语信息判断照顾者是否欢迎自己回到其身边**。虽然婴儿还不能很好地理解照顾者在说什么，但照顾者的语调、语速、音量、节奏等都能传递出丰富的信息。不管孩子是因为疲倦、不舒服、害怕，还是因为受挫、失败回到照顾者身边，他们都需要通过照顾者的言语和非言语信息获得自己被照顾者喜爱和完全接纳的感觉。

照顾者在孩子感到恐惧时给予其保护和安抚十分重要，即使照顾者知道其实没什么危险，并不值得害怕。恐惧情绪是人类的原始情绪，面对这个全新的、复杂的、有时还会有些吓人的世界，每个孩子都会出现恐惧情绪。一般而言，**面对同样的恐惧源，越小的孩子产生的恐惧情绪越强烈**。当孩子通过言语或非言语表达害怕时，照顾者要提供及时的安抚和保护，让孩子确信照顾者会尽全力保护自己，让孩子知道当自己的内心被害怕占据时，照顾者会帮助自己调节情绪。如果孩子无法相信照顾者会安抚、保护自己，那即使在安全的环境下也可能感到害怕，甚至一生可能都会对新奇事物感到恐惧。

当孩子在面对这个复杂的世界感到难过、疲惫、困惑或孤独时，要及时给予他温柔的安抚。一般而言，孩子的年龄越小，需要安抚的时候越多。不要让孩子孤单地面对情绪，也不要担心及时安慰会宠坏孩子。恰恰相反，孩子是在他人的照顾下学会缓解和消除痛苦感受的，只有在孩子的情绪能得到及时安抚的情况下，孩子才能从照顾者那里学会如何安慰自己、信任他人，才能敢于同他人分享情绪。除此之外，当孩子存在这些负性情绪时，孩子也需要感受到照顾者如同先前一样喜爱自己。孩子只有在表达负性情绪时依然感到自己被喜爱，才能够学会面对和接纳自己的负性情绪。

## 比孩子更有力量、更强大

不管是出去探索还是回到照顾者身边，孩子都需要照顾者比他们更有力量、更强大。**只有当孩子知道照顾者有意愿、有能力保护自己的时候，孩子才会感觉到安全**。例如，当孩子在海滩乐此不疲地玩沙时，突然飞来一个沙滩足球，照顾者要立即将孩子抱起来或者将球踢开以保护孩子。或者当照顾者带着孩子去医院打针时，眼看着其他的孩子大哭大闹，照顾者要能够保持温和、平静的态度，用孩子能理解的方式告诉孩子疼痛是一种什么样的感觉，并且让孩子知道，有照顾者的保护和安慰，疼痛是可以忍受的。当孩子注射后因为疼痛和恐惧而哭闹时，照顾者要及时、温柔、耐心地通过语言、声音、动作安抚孩子，让孩子的恐惧情绪及时得到缓解。

如果在孩子需要支持、保护或安抚的时候，照顾者表现出来的是无力和脆弱，孩子就难以获得安全感。同样是带孩子打针的情境，脆弱的照顾者可能在听到其他孩子哭闹时就开始担心或害怕，担心孩子的哭闹无法被安抚，担心孩子会承受不了疼痛，或者自己莫名的害怕被唤起。在这些情况下，孩子的焦虑和恐惧情绪在打针之前就已经被唤起，打针后，孩子的焦虑和恐惧情绪就会更加强烈，其疼痛感也会更加强烈，因而孩子的哭闹就会如照顾者担心的那样难以安抚。

当孩子离开照顾者出去探索时，有的照顾者会感到孤独或沮丧，忍不住要去打扰孩子，或者在孩子没有危险的情况下，因为自己的焦虑情绪而总是限制孩子的探索，就像妞妞的姥姥限制妞妞探索小水坑那样。当孩子回到照顾者身边表达害怕时，有些照顾者会表现出不耐烦；当孩子哭泣时，有些照顾者则表现得惊慌失措；当孩子生气时，有些照顾者也会生气，甚至比孩子更生气……在这些情境中，孩子的需求都无法被看见，也无法被满足，孩子进行探索的能力、获得安抚与保护的能力就会受限，最终可能导致孩子的独立性、自主性、学习的动机以及抗压、抗挫能力发展受阻。

沈世琴

# 恰当地回应孩子的需求

　　姥姥在接电话，2个月的妞妞在睡觉。突然，妞妞醒了并哭闹起来。姥姥立即将冰箱里冷藏的母乳温热后，将奶嘴喂到妞妞的口中，妞妞却将奶嘴吐出来。姥姥立即去换了温开水，妞妞再次将奶嘴吐出来，哭得也更厉害了，甚至吵醒了正在补觉的妈妈。妈妈告诉姥姥：不用理她，让她哭一会儿，哭累了就睡了。妈妈的回应妥当吗？

　　照顾者了解孩子的需求并给予恰当的回应是孩子建立安全感的核心。恰当的回应包含三个方面的内容：一是在安全的情境下，尽量跟随孩子的需要；二是在危险的情境下，要适当掌控；三是在关系破裂时，及时修复与孩子的关系。

## 在安全的情境下，尽量跟随孩子的需要

　　跟随孩子的需求是指照顾者在识别出孩子的需求后，要**及时提供与孩子的需求一致的回应**。以孩子哭闹为例，一致的回应表现为：当孩子哭闹时，照顾者一边回应"这就来了"，一边走过来（也许照顾者不会说什么，但是脚步声由远及近），然后俯下身，孩子感到被两只手抱起，听到照顾者发出安抚性的语音，最后孩子依偎在照顾者的怀中。如果孩子没有立即安静下来，照顾者可能会轻抚孩子的身体或者有节奏地轻轻摇晃孩子。在这个回应过程中，照顾者的躯体信号（语音、脚步声、触摸和摇晃），激活了婴儿调节情绪的神经回路，使婴儿的心跳速度减缓，孩子渐渐平静下来，处于适度的警觉状态。短短几天之后，孩子就会熟悉这些依次发生的步骤。照顾者的手一接触他，他体内的神经回路就会运转起来，逐步恢复平静。再过几天之后，照顾者只是俯下身

并发出语音，孩子就会平静下来；随后，照顾者渐近的脚步声就会让孩子平静下来。几个月后，孩子听到隔壁房间里照顾者的声音，便会知道照顾者就要来了，并且会给自己带来舒适感、乳汁等，这时，虽然孩子还没有真正得到这些东西，但是孩子已经开始恢复平静。

孩子与照顾者之间反复进行的一致的安抚式互动，使孩子的特定神经回路得到强化。孩子学会了预测，并且可以使用自己的预测来调节自己的情绪。在与照顾者最初的交流过程中，孩子表达自己的需求，照顾者做出回应，这个过程是完整的，没有任何删减；神经回路形成后，交流过程便精简为信号交流：1岁半左右的孩子发出简短的信号后就只需要等待照顾者的回应，照顾者也只需要发出简短的语音，孩子就能平静下来，这与孩子的大脑逐渐成熟，可等待的时间逐步延长有关。

不一致的回应指照顾者对孩子发出的需求无反应，或者延迟反应，或者充满焦虑地给予回应。同样以孩子哭闹为例，无反应指当孩子哭闹时，如果照顾者不做出回应，孩子会继续哭闹下去，直到孩子习得，哭闹除了让自己更加痛苦之外，外界不会因此发生任何变化。孩子可能浑身发抖、面红耳赤，表现得非常痛苦，最后在疲倦中睡去。照顾者如果注意到这一点，可能会认为自己的做法是正确的，因为孩子现在睡着了，如妞妞妈妈说的那样。那么下一次，当孩子再次哭闹时，照顾者便很有可能会继续不予回应。在2~3个月大时，孩子很可能会抑制自己，不再哭闹，因为他已经习得，哭闹除了让自己更加痛苦之外，对周围世界的影响微乎其微，最终把自己变成一个安静、沉默的婴儿。这种情况可能会导致孩子迷走神经调节功能弱，吸吮、吞咽和消化功能可能受到影响，情绪表达、自我安抚、与照顾者通过眼神和声音进行情感联结的能力受限，难以获得安全感。

延迟反应指当孩子哭闹时，照顾者间隔很长时间才给予回应。焦虑的回应指当孩子哭闹时，照顾者在给予回应时自己本身处于焦虑状态，情绪激动、语速快、语调高、动作幅度大。这种回应方式多次重复，孩子可能会习得，只有自己大哭大闹的时候才能获得回应，于是他们从小哭小闹升级到大哭大闹的时间很短，且哭闹持续的时间很长，直至得到回应。在这种情况下，孩子同样难以发展出安抚自己、调节情绪的能力，也难以发展出安全感。

在生命的最初三年，孩子的发展迅速，不同月龄孩子的具体心理需求就会有所不同。这一方面要求照顾者根据孩子发展和需求的变化及时调整，尽量给出与其需求一致的回应；另一方面，从孩子自我控制能力发展的视角来看，照顾者并不需要百分之百给予孩子一致的回应。大体上，3个月内的孩子需要照顾者立即回应；3~4个月后孩子就会慢慢知道，有些时候照顾者不能立即回应自己的需求，并且逐渐开始发展自我控制能力。之后，随着月龄的增加，孩子的大脑逐渐发育成熟，其自我控制能力也越来越强，孩子能够等待的时间也逐渐延长。但因**不同孩子的先天气质不同，成长过程中发生变化的具体时间也有所不同，照顾者不要刻意比较，也不必追求百分之百的一致**。

## 在危险的情境下，要适当掌控

适当掌控是指在有危险的时候，照顾者要优先考虑孩子的安全，其次再考虑孩子的需求。此时，如果照顾者的决定与孩子的偏好不一致，则以照顾者的决定为主，孩子要遵从照顾者的决定。例如，孩子一个人走到了公路上，这时候照顾者需要果断将他抱回来，告诉他那样很危险。在安全的条件下，照顾者应积极关注孩子的想法，且把孩子的想法变成明确的语言，同时用孩子可以理解的语言说明规则、行动原因及行动后果，包括在必要的情况下惩罚孩子。这不但**有利于照顾者树立自己的权威，而且当孩子发现在有危险的时候照顾者会优先选择保护自己，并且自己也确实得到了保护，这反而更容易让孩子建立安全感**。

如果照顾者在安全的条件下强制孩子按照自己的要求去做，或者在游戏中过度控制孩子，就容易让孩子习得，自己不管在哪种情境下都要顺从照顾者，从而隐藏自己真实的想法，压抑真实的愤怒、恐惧等情绪，抑制对安慰的渴望等真实感受。孩子在应对某些紧急情况时可能表现出坚强、独立、勇敢。但如果照顾者长期让孩子遵从自己的要求，则会让孩子在安全的环境下也无法感到安全。

如果照顾者过度在意满足孩子的需求和消除其负性情绪，可能会在给孩子建立规则时感到无力，甚至在危险情境下也不能果断拒绝孩子的需求，导致不能很好地保护孩子。或者处于危险情境时，照顾者自己的情绪被唤起，出现过度紧张、过度愤怒或者过度恐惧等情况，那么当孩子面临危险真正需要被掌控的时候，照顾者却失去了掌控能力。还有一种情况是，照顾者认为有更重要的事情要做，与其干预孩子不如与孩子和平相处。这种情况可能会让孩子感到被忽视，并且难以建立很好的安全感。如果照顾者长期使用这种模式，孩子会表现出夸张的愤怒、恐惧或悲伤情绪。

## 在关系破裂时，及时修复与孩子的关系

关系破裂是指两个人在沟通中出现障碍或冲突。例如，当孩子想要在家玩一个新玩具而照顾者却已经预约好儿童保健医生时，即使孩子哭闹、抗拒，照顾者也要坚持带孩子去医院。关系破裂的情况随时都可能出现，学会修复关系也是照顾者帮助孩子建立安全感的重要能力。修复关系的能力跟照顾者自身的安全感有关。如果照顾者在人际关系中有足够的安全感，那么在遇到冲突时，他能够识别关系的破裂，并且能够正视、修复关系的破裂。当孩子情绪过于激烈时，他有能力接纳、安抚孩子的情绪；在孩子平静后，他能够通过直接沟通及时引导孩子，同时修复关系；在与孩子意见不一致时，他有能力倾听、理解孩子的意图，明确表达自己的意图，通过协商寻找双方都认同、满意的问题解决方法。

如果照顾者缺乏安全感，那么在面临关系破裂时，他可能会选择忽视，表现出冷漠。例如，有的照顾者跟孩子发生冲突后，选择不理孩子来惩罚孩子，以期让孩子听话。在亲子关系破裂时被照顾者忽视，孩子就会有一种孤

独感和被抛弃感，而这些感觉都超出了孩子的应对能力。有的照顾者会使用打手板、打屁股、罚站、不准吃东西等方法惩罚孩子。不管照顾者是采用冷漠的回应，还是采用剥夺性的回应来惩罚孩子，情况反复出现都可能让孩子压抑自己真实的想法和负性情绪，表现得顺从、听话，以保护自己。情况严重的，孩子到2~3岁时就可能发展出虚假的正性情感，如虚假的笑容，以掩饰自己真实的负性情绪，讨好照顾者，保护自己。

在面临关系破裂，特别是当孩子哭闹时，有些照顾者可能会感到内疚，从而做出过度补偿行为，例如，放低自己的姿态，不断给孩子道歉，对孩子的负性情绪给予过度的安抚。这不但会导致孩子的负性情绪被强化，也不能建立起安全感。有的照顾者可能会流泪或者跟孩子一起哭，表现出脆弱、无力、无助的状态，这会让孩子感觉照顾者没有能力给自己带来舒适与安抚，也没有能力保护自己。有的照顾者甚至会给出不一致的回应，有时候通过剥夺来惩罚孩子，有时候用冷漠来惩罚孩子，有时候又表现出过度在意孩子的负性情绪。**照顾者对关系破裂做出的不一致的处理方式让孩子更难发展出健康的应对策略，也更难建立安全感。**

以上是回应孩子需求的三个原则。在日常照顾孩子的过程中，因孩子的生物学基础、发育和发展速度有所不同，照顾者不能追求自己家孩子的成长变化与其他孩子的绝对一致，也不能要求自己在日常照料中做到完美。对安全环境下能否识别孩子的需求、自己的回应是否与孩子的需求一致、危险情境下自己的反应是否恰当，以及关系破裂后自己是否有能力修复等，家长要保持觉察和反思，也要及时做出恰当的调整。如果发现自己在自我调整方面有困难，建议尽早寻求专业人员的帮助。

**沈世琴**

# 增强照顾者的安全感

　　妈妈送 3 岁的妞妞上幼儿园，已经适应幼儿园生活的妞妞高高兴兴地跟妈妈说再见。可看着妞妞的背影，妈妈的心中却莫名地升起一种孤单的感觉——妞妞不喜欢自己、排斥自己。妈妈的感觉是怎么回事呢？

## 自我觉察与反思

　　离开照顾者出去探索、回到照顾者身边寻求保护是孩子的基本需求，然而孩子用语言清楚地表达自己需求的能力尚不成熟，这就需要照顾者对孩子的需求更加敏感，对自己给予孩子的回应有更多的觉察和反思。当孩子出去探索时，照顾者可以觉察：当孩子在游戏环境中表现出兴趣时，自己的感觉是孤独的还是平静的？自己会安心地陪伴孩子，还是总会忍不住去打扰孩子？当孩子回到自己身边寻求安慰与保护时，自己是否想拒绝孩子，甚至有推开孩子的冲动或行为？以上**这些心理活动是很微妙的，可能表现为一种态度、面部表情或很隐秘的行为，这些通常只有自己才能觉察，因为这些隐秘而微妙的活动常常伴有隐含的情绪唤起。**

　　照顾者在孩子出去探索时常常莫名地感到生气、害怕、不安全、孤单，或者在孩子独立玩耍时感到被孩子排斥，认为是孩子不想和自己在一起，或者总是忍不住打扰孩子；当孩子回到身边时，照顾者感到紧张、害怕，但又无法用言语表达清楚为什么紧张、害怕；照顾者只能接纳孩子的正性情绪，无法面对孩子的害怕、生气、伤心等正常的负性情绪，无法在孩子需要时安抚孩子；照顾者常常莫名地感到不喜欢孩子的亲近，甚至会拒绝孩子的亲近，让孩子无法安心回到照顾者身边寻求安慰和保护。以上种种情况可能跟照顾者小时候类似的需要没有被满足导致其缺乏安全感有关，照顾者需要及时调整，否则会影响孩子建立安全感。

如果出现这些情况，照顾者可以先从调节自己的情绪做起。如果照顾者无法调节好自己的情绪，让其在照顾孩子时无法满足孩子的需求，则可以**开启探索**（探索自己与早期照顾者的关系及成长经历），**促进自我反思与成长，增强自己的安全感，以便更好地帮助孩子建立安全感**。必要时尽早寻求专业人士的帮助。

## 调节自己的情绪

情绪是我们对刺激源所产生的反应，这种反应表现在三个方面：一是情绪的心理体验，如我感到高兴、我感到很悲伤、我感到很愤怒等；二是身体的反应，如紧张时可能会出现心率加快、呼吸急促、多汗等生理反应；三是行为方面的表现，如愤怒的时候会表现出语言方面或行为方面的攻击。依据情绪的本质，情绪又分正性情绪和负性情绪。正性情绪如愉悦、兴奋、好奇等，负性情绪如愤怒、悲伤、恐惧等。情绪没有好坏与对错之分，只是负性情绪需要花更多的时间和精力来处理和应对。

**情绪调节始于婴儿时期，是借着与重要他人的关系发展而形成的，包括自我调节和通过他人调节两种策略。**良好的情绪调节是既能依赖自己调节情绪，也能依赖他人调节情绪。只能依赖自己调节情绪或者只能依赖他人调节情绪是情绪调节不良的两种极端形式。安全感强的个体能够真实地表达自己的正性情绪和负性情绪，在遇到强烈的情绪时，既能依赖自己调节情绪，也能接受别人的帮助以进行调节。缺乏安全感的个体可能表现为在安全的环境下也只允许自己表达正性情绪，不允许自己表达负性情绪；面对强烈的情绪时，常常通过压制的方式处理情绪，也不会轻易接受他人的帮助。缺乏安全感的个体还可能表现为情绪不稳定，或者常常表现出过于强烈的情绪，且自己难以调节，也难以被他人调节，或者总是需要他人的安慰或帮助，甚至是再多的安慰都不够。

对于不会轻易表达真实情绪，也不会轻易接受他人帮助的照顾者，重要的一点是学会表达自己的真实情绪。以表达愤怒情绪为例。愤怒情绪的表达包括攻击性表达和适应性表达两部分。攻击是人类面对愤怒情绪时的原始反应，个体没有在后天环境中学会适应性表达前，攻击可能的表现是打、骂、扔东西、摔门等向外攻击的行为，或者向内攻击自身，表现为躯体的各种不适，甚至做出自残、自杀等行为。适应性表达是后天习得的既不向外攻击他人，也不向内攻击自身的表达方式。例如，通过绘画、舞蹈、歌唱等艺术形式进行表达；或者通过语言进行适宜的表达，如乔治·巴赫的**愤怒表达三步法**，即第一步说明引起愤怒的事情，第二步以"我"开头表达自己此时的感受并说明原因，第三步温和而坚定地向对方提出建议。此外，照顾者要学会寻求他人的帮助和支持。在无法向家人、朋友、同事倾诉自己的情绪时，可以选择向专业人员求助。

对于情绪不稳定又较多依赖他人处理自身情绪的照顾者而言，首先要学会反思。反思的时候可以借助情绪 ABC 理论引导自己反思。A 代表引发情绪反应的事件或情境，B 代表对事件的看法，C 代表事件引发的情绪和感受。情绪 ABC 理论提出，当诱发事件 A 发生的时候，如果对事件 A 的理解是正性的（B+），则会产生正性情绪（C+）；如果对事件 A 的理解是负性（B−），则会产生负性情绪（C−）。反思是指当事件 A 发生后，觉察自己对事件的理解是否包含歪曲的认知。例如，想法太偏激、太绝对，或者把事情想得太糟糕，把后果灾难化，等等。如果发现有歪曲的认知，就要矫正这些歪曲或错误的认知，寻找客观的认知，从而改变自己的情绪。其次，这类照顾者要学会自己调节情绪。这里也介绍一个简单的三步法：第一步是**识别出自己的情绪**时，暗示自己停一下；第二步是深呼吸五六次，**缓解自己的情绪**；第三步是**反思发生了什么事情**，以及自己对事情的看法和理解，并且辨析自己的理解，寻找新的理解。

## 反思自己的成长

当照顾者感到在支持孩子出去探索或者安抚、保护孩子时无法调节好自己的情绪，可以尝试花一些时间回想一下自己成长的过程。例如，自己在童年早期与主要照顾者的关系是怎样的？照顾者的情绪模式是怎样的——是温暖有爱的，还是暴躁的，抑或是疏远的，甚至冷漠的？照顾者是如何表达他们的爱和关心的？当自己焦虑、疲劳或不安时，照顾者是如何回应自己的？自己与曾经的照顾者的关系是如何影响自己作为一个照顾者的态度和行为的……如果在反思中能够理解自己情绪模式的根源，便可能在照顾孩子时对自己的情绪有更多的觉察和管理，更好地满足孩子的各种情感需求。

照顾孩子是一份 24 小时的工作，这对于任何一个照顾者来说都是充满压力的，所以**从支持系统中得到帮助便非常重要**。当母亲在照顾孩子面临困难时，父亲的呵护、安抚和照顾是最好的支持，也是母亲最想要的支持，其次才是来自其他家人的关爱。因此营造积极、温暖、充满爱意的家庭氛围，建设和谐、稳定、安全的家庭关系至关重要。当各照顾者之间关系紧张时，孩子会通过非言语信号觉察到这些并感到不安；如果照顾者之间的冲突较多，大部分孩子会选择抑制自己的部分需要和感受，变得听话和顺从，以减轻照顾者之间的矛盾；也有孩子为了缓解照顾者之间的冲突，表现出问题行为，以分散照顾者的注意力，让照顾者转而注意自己的"淘气"行为。如果家中没有支持者，照顾者可以向朋友、邻居或专业人员求助。总之，任何一个照顾者都要牢记，**所有的照顾者 – 孩子的关系都必须在一个支持网络中才能够健康地发展，才能让孩子在早期关系中建立起安全感**。

**沈世琴**

# 孩子总闹情绪怎么办

爸爸妈妈刚刚给小林买了饼干和黏土。2岁的小林一只手拿着吃得只剩一口的饼干，另一只手拿着一盒黏土，跟家人正步行穿过购物中心。就在这个时候，小林看见路边的一个商店橱窗里陈列着许多毛绒玩具。他飞跑过去，用手指着一只蓝色的毛绒兔子，匆忙之中，他把那盒黏土掉在了地上。妈妈和爸爸跟着他来到橱窗前，捡起洒落的黏土。小林想要那只蓝色的小兔子玩偶，指着说："我要，我要！"爸爸妈妈也称这只毛绒兔子看上去很可爱，但他们说改天或许可以给他买一只，因为今天已经给他买了饼干和黏土，就不买兔子。小林对这个回答不满意，就马上躺在地上，打起滚来，而且又蹬腿，又挥拳，大声哭喊着："我要！我要！我就是要！"他的哭喊声引来了众多路人的关注。妈妈十分尴尬地看着四周，而爸爸则站在小林旁边大声命令他马上站起来，可是小林仿佛什么都没听见一样，依然躺在地上大声哭喊着。爸爸妈妈的心中腾地窜出一股火，直冲脑门。就在这个时候，小林的脚无意中踢到了爸爸的膝盖，爸爸的声音变得比小林还大，大声喊着："你赶快给我起来！信不信我揍你！你这个孩子怎么这么不听话！"这个时候，妈妈内心特别无助，恨不能找个地缝钻进去。爸爸和妈妈觉得路边的每个人都看到了这一幕，并且定会认为他们是多么糟糕的一对父母。

## 理解"闹情绪"

"闹情绪"通常是孩子在表达生气或愤怒的情绪。生气是人的五种基本情绪之一，是一种正常现象。在电影《头脑特工队》中，人的五种基本情绪（快乐、悲伤、愤怒、厌恶和恐惧）外化成五个小人，这五个小人可以说话，彼此间也可以对话。家长可以跟孩子一起观看，对情绪有更多的了解。

为了让孩子学会情绪表达，**父母需要帮助孩子获得丰富的表达感情的词**

汇。例如，在孩子因为玩具被抢走而大声哭泣的时候，父母可以轻声跟孩子说："你是因为不甘心，所以才生气吗？"这样孩子就会明白，原来这种心情是不甘心。随着这类经验不断积累，到了 4 岁之后，孩子才能慢慢学会表达"我不甘心"。

如果没有人教导，那些关于情绪的词汇是不会自己冒出来的。为了让孩子掌握这些表达情绪的词语，父母需要多帮助孩子发声。孩子在 2 岁左右开始获得感知喜怒哀乐的能力，在不同的场合下让孩子把不同感情和相关的词语联系起来十分重要。孩子在心中将某种感受和某个词语对应起来，那么孩子慢慢就可以学会情绪表达，就不会在不高兴时发脾气、闹情绪。

每个人都有自己的情绪。**情绪只是信息，可以帮助我们每个人决定自己需要怎么做才能保持自身的安全和健康。**然而，强烈的情感可能会给人造成挑战，无论家长是否喜欢，所有的孩子都会时不时地闹些情绪。理解孩子为什么闹情绪，以及该如何对待孩子闹情绪，能够帮助家长即便是在猛烈的情感风暴中，也可以保持平静和沉着。

## 孩子为什么闹情绪

我们从小都被教导什么是好的，什么是不好的。例如，我们被教导说："消极的情绪是不好的，我们不应该那么想，我们应该为那样的想法感到羞愧。"但事实上，所有的情绪（如喜、怒、哀、思、悲、恐、惊等）都是一个人非常正常的感受。无论是怎样的情绪，都是自然而然发生的，并不存在好坏之分。就好像鱼儿会游泳、鸟儿会飞翔一样，人会感知情绪。

我们有时候开心，有时候不开心。生活中，我们会感到愤怒、恐惧、悲伤、开心、贪婪、内疚、渴望、不屑、喜悦、厌恶等，无论是哪一种情绪、哪一种感受，都是人类共有的情绪和感受，都不以我们的个人意志而转移。如果我们能够知道这些情绪是什么，就可以根据自己的意愿选择在什么时候、以何种方式表达情绪了，这是非常重要的。

很多人被教导得不知道自己的真实感受是什么。例如，有的时候，当我们感到害怕时，我们被告诉说："没什么好害怕的。"就好像当孩子打预防针的时候，很多家长都会说："哎呀，不疼不疼，一点儿都不疼"。事实上，这完全是否认孩子真实的感受，因为打针确实会感到疼痛，而照顾者否认疼痛就让孩子错误地以为：难道我的想法和感受不重要吗？我不应该表达真正的想法吗？所以当孩子感到害怕的时候，他们也许就不敢向父母诉说。因为，也许父母会说："有什么好害怕的，你别害怕呀，那都是假的呀！"

**闹情绪是因为孩子无法用言语表达自己当下的心情，或者没有办法理智地分析当下的心情而导致的。**处于幼儿期的孩子因为缺少经验，且负责管理和调节情绪的前额叶还没有完全发育好，因此不知道自己应该如何处理这种不愉快情绪。0~3岁的孩子还没有学会如何用语言表达自己的情绪和需求。对于幼儿期的孩子来说，自己无法了解并控制自己的情绪是正常的。而且，用语言表达自己的感情也不是孩子自然而然就能掌握的事情。

实际上，案例中小林父母的表现一点儿也不糟糕，小林也不糟糕。在小兔毛绒玩具出现之前，他们的出行一直很顺利，小林的父母已经给孩子买了饼干和黏土，而且他们也平静地回应了他的要求。那么小林为什么会发脾气呢？因为他想得到自己想要的东西，并且想马上得到，他不理解诸如合理、可行或延迟满足之类的概念。

如同成年人一样，幼儿也拥有所有的感受。他们会感到愉悦、开心，也会感到伤心、难过，但是他们缺乏表达这些感受的词汇，也缺乏处理这些感受的技巧和控制冲动的能力。事实上，个体大脑中负责情绪控制和自我安抚的部分（即前额叶皮层），在20~25岁之前还没有完全发育成熟。家长需要理解，因为孩子承受了过多的感受，所以有时候会表现为闹情绪。有时候无论家长说什么或做什么，孩子都有可能会感到难以承受，并大闹情绪。

## 如何应对 0~3 岁孩子的闹情绪

案例中，小林的爸爸以自己发脾气的方式介入后，小林闹情绪的情况并没有因此得以缓解，反而更加激烈，亲子之间的对抗进一步升级，双方的情绪都变得更加激烈。而如果父母在孩子闹情绪时让步，满足孩子的需求，那么孩子便可能学会一种消极的方法，即用哭闹达到自己的目的。

在这种情况下，妥当的做法是**用一种和善而坚定的方式应对**，如家长情绪平静地抱起尖叫的孩子。家长需要先做几次深呼吸，或者从一数到十，以便让自己平静下来；要允许孩子有自己的感受，包括闹情绪；也可以共情孩子的感受，说出生气的可能原因，并且帮他命名情绪，以便他能开始理解这些情绪。然后提出一个替代的方案。例如，"我们没有买那只蓝色的毛绒兔子，你真的很失望。你可以失望，爸爸妈妈会陪着你的。今天我们已经买了饼干和黏土，下一次我们可以考虑买这个小兔子。"

在这个过程中，**家长要避免说教，原因有三**：第一，当孩子的大脑被情绪控制时，他是无法思考的；第二，讲道理通常只会火上浇油；第三，不说话可以防止情绪第二次失控。家长需要和孩子一起喘口气，经过一段时间之后，他能学会自己缓和难以处理的情绪、情感。

心理学研究表明，当我们发脾气的时候，大脑的前额叶皮质会断开连接，我们主要受到情绪的支配而沉浸在情绪伴随的身体感觉和情绪体验中，无法冷静地思考和行动。闹情绪也是会传染的。处理闹情绪，无论是对于家长还是孩子，首要的就是平静下来，深呼吸并数到十。专注平静的呼吸有助于大脑的整合，也就是说大脑会重新连接，以便可以清醒地思考和寻找解决问题的办法。家长自己花时间冷静下来，然后帮助孩子也冷静下来，而且孩子确实需要家长的帮助。一般而言，闹情绪的孩子缺乏识别和处理自己情绪、情感的能力，所以惩罚他们根本无济于事。

如果孩子到了 3 岁或者稍微大一点儿，就可以在闹情绪这个事情没有发生之前教给孩子在生气时让自己平静下来的一些方法，如深呼吸、从一数到十等。对于不到 3 岁的孩子而言，家长处理闹情绪之前要努力安抚他，温柔的抚摸、有节奏的呼吸或轻柔的音乐都有助于孩子恢复平静。

父母需要用语言说出孩子的感觉。这有助于他们理解自己是怎么想的。例如，孩子看到镜子中的自己，从而知道自己长什么样。同样，孩子听到父母反映出他们身上的感受，从而了解自己的情绪、情感。如果孩子表达自己感受的时候被父母否定，就会感到困惑不解：

我是不是不应该拥有自己真正的情绪、情感？我的想法是错的吗？

如果这样的场景反复发生，就会让孩子怀疑自己真正的情绪、情感，而不能确定的感受自然也无法得以表达。父母可以做的就是像镜子一样，映射镜子所照出来的事物，即父母说出孩子内心的感受。例如，"你看上去很生气。""听起来你好像非常恨那个人。"具体而言，对于闹情绪的孩子，父母能够说出他的感受是非常有帮助的。

父母说出孩子的感受一方面能够让孩子了解自己的感受，另一方面也能够让孩子体会到自己的感受是被别人理解的。而这种被理解的感觉能够让孩子更好地理解自己。

## 具体方法

应对孩子闹情绪的具体方法有很多，父母可以在和孩子互动的过程中总结经验，也可以参考下列五种通用的处理方法，形成适合自己家庭教育的行之有效的措施。

第一，**家长自己需要先平静下来**。因为身教重于言传，而且只有家长自己平静下来才会对孩子的激烈情绪做出更有效的回应。花点时间自己做深呼吸，如果孩子处于安全状态下和安全的环境中，家长可以离开几秒钟，让自己想出办法，要尽一切可能保持温柔而坚定。

第二，**保证安全，防止损伤**。虽然闹情绪可能是孩子生活的一部分，但损坏物品和伤害身体是不被允许的。如果是在公共场所，可以把孩子带到一个僻静的角落，不要对孩子大声喊叫或说教，要平静地把孩子可能会扔掉或损坏的物品移到他够不着的地方。

第三，**克制自己，不要试图压制孩子的闹情绪，或者用奖励的方法哄劝孩子**。要记住，闹情绪是正常的，而向孩子的要求让步只会导致孩子更加频繁地闹情绪。家长需要保持和善、平静和坚定，并且让"暴风雨"自己停止。

第四，**不要纠结孩子的行为**。孩子闹情绪一般不是针对家长的。要记住，孩子并不是故意闹情绪或者"不听话"，而是他们缺乏完全控制自己情绪的能力。

第五，**了解并说出孩子的情绪和感受**。对孩子来说，知道他们怎么想比知道他们为什么这么想更重要。当孩子通过父母的话语知道了自己内心的真实感受后，他们就会觉得舒服一点儿。

**王继堃**

# 怎样对待孩子的"犯错"

2 岁的球球吃饭的时候把饭菜弄得到处都是，还把勺子扔在地上，一次又一次地让奶奶帮他捡。洗澡的时候，他把浴室里弄得到处都是泡泡。画画的时候，纸用完了，他就用颜料在墙上画。妈妈下班回来看见墙上到处都是颜料，气得火冒三丈，大声地训斥球球。球球则吓得浑身发抖，哇哇大哭起来。

## 理解孩子的"犯错"

在两三岁这个年龄段，出于好奇心和自主性发展的需要，孩子希望发展出更多的技能，他们会对世界进行一些探索。但在探索的过程中，孩子因为还**不具备完成探索需要的技能**，所以可能会有一些在家长看起来"错误"的行为，像案例中的球球画画的时候把颜料弄得到处都是。

## 为什么孩子会"犯错"

第一，**"犯错"是孩子学习技能的过程**。两三岁的孩子还太小，他们正在开始学习新的技能，如吃饭、穿衣、如厕等。没有谁天生就具备用勺子吃饭的能力，因为这些技能都是后天习得的，而非天生具有的。

第二，**家长认知的误区**。有的家长不了解那个年龄段孩子正常发展的心理、行为和表现，没有把孩子视为独立的个体，把孩子那个年龄段的正常行为误以为是问题行为。例如，认为一个 3 岁左右的孩子是在跟自己对着干，不听话。而实际上，孩子可能只是在用不成熟的方式表达自己的失望和某种需求，而这种表达是符合他的年龄特点的。3 岁的孩子还没有学会如何用语言表达自己的需求。再举例而言，如果一个 3 岁的孩子一旦做错了什么事情，家长立刻就大发脾气，斥责道："你怎么这么不听话！""你怎么犯这么低级的错误！"这也是家长不理解孩子发展特点的表现。

第三，**家长心态错误，对孩子的期待太高**。孩子做出的很多被视为"错误"的行为，只不过是这个年龄段孩子在好奇心驱使下的无辜行为；有的则是家长对于一个年幼孩子的期待过高；也有的是家长自己在成长过程中的创伤被孩子的行为激活。如果家长被孩子的行为激怒，自己也大发脾气，那只会让亲子关系越来越糟糕。

第四，**孩子的气质类型不同**。在日常生活中，有的孩子和球球一样，脾气非常急躁，他们在婴儿期就表现得很难养育，情绪非常容易激动，一点点不顺心便能引得他们瞬间大发雷霆，像个不定时炸弹，而且很难被安抚。稍大一些，他们仍是急脾气、暴脾气，即使别人不小心踩到他们的玩具，他们也很可能立即大喊大叫。不过对他们而言，并非只有坏情绪来得快，突然的兴奋感也会不期而至，他们在高兴的时候哈哈大笑，手舞足蹈，反应也很强烈。在心理学的气质类型中，这种情绪反应比较强的孩子属于高需求的孩子，他们情绪的发生突然、强烈、持久，常常会用哭声、肢体动作等方式表达自己的情绪，而且变化比较强烈，常常无法合理地控制自己的情绪。这种气质类型在很大程度上是由父母的遗传素质决定的。这种气质类型的个体容易反应强烈，行为冲动。

当然，孩子的先天气质类型和后天环境是相互影响的，孩子脾气急躁也和一些环境因素相关，包括家庭环境中父母的性格、教养方式和生活环境等。如果孩子本身脾气很急躁，又碰到了脾气同样急躁的父母，就更容易产生和激化矛盾，加剧孩子的情绪反应。这样的孩子有很多优点，他们热情、精力旺盛，遇到困难也能劲头十足地迎难而上。发脾气也是他们表达需求的一种方式，他们在情绪控制方面还很不成熟，因此往往一旦不如意就会大动肝火，只知道用大吵大闹的方式发泄不良情绪。这些是孩子成长过程的一部分，是孩子表达需求的一种方式。

## 应对 0~3 岁孩子"犯错"的原则

家长眼中孩子的"犯错"，可能只是孩子这个年龄段的正常行为，可能是家长对年幼孩子的期待太高，可能是孩子的行为激活了家长自身的创伤。孩子发脾气可能有很多原因，如果家长在这个时候也被孩子激怒了，认为孩子不听话，不懂事，发了更大的脾气，那么亲子关系只会变得越来越糟糕。

家长需要站在孩子的角度，**了解孩子行为背后的想法和意图**，从而理解孩子，进行良好的亲子沟通。

### 爱的连接

绘本《忘了说我爱你》讲述了日常生活中妈妈和孩子之间关于早上出门去幼儿园的一个矛盾。到学校之后，比利伤心地哭了起来，小兔子不见了。这个时候，妈妈来了，带来了小兔子，也带来了妈妈的"我爱你"。"我爱你"是妈妈和孩子之间爱的表达的一个仪式，从而让妈妈和孩子之间充满爱的力量和联结。

### 示范

很多家长抱怨："我的孩子不听话。"当家长说孩子不听话的时候，他们**其实说的是孩子不顺从**。那么家长要想想，自己是希望孩子因为有主见而更具有创造力，还是希望孩子因为恐惧而顺从。孩子不听话很可能是因为家长在说教和命令。如果家长抱怨孩子不听话，也很可能是家长没有以身作则。

在阅读绘本《怕浪费婆婆》的过程中，一方面，孩子可以感受到，浪费是不好的行为，家长可以教孩子如何厉行节约；另一方面，家长可以在这个过程中学习到，如何为孩子做出示范性行为。著名的教育学家维果茨基提出的**"最近发展区"**的概念，指的就是每个孩子在每一个年龄段，存在他们已经具有的本领，也有通过别人帮助和自我学习可以习得的能力。而这两者之间的差距即为最近发展区。家长可以做出行为示范，以帮助孩子从已经具有的本领中发展出可以达到的本领。学习的过程就此发生了。

## 宽容和接纳

绘本《和甘伯伯去游河》讲了这样一个故事：孩子们和许多小动物想和甘伯伯一起去游河，大家在船上不守规矩，结果全都掉到了河里，甘伯伯让大家到家里去喝茶，并邀请大家下一次再去游河。

在阅读《和甘伯伯去游河》的过程中，一方面，孩子感受到，无论孩子的行为如何，**家长是爱孩子这个人的，只是不能接受他们的一些行为**；日常生活中有一定的规则是孩子需要遵守的；另一方面，家长在读这个绘本的过程中，也能够学到，我们爱的是孩子这个人，当孩子出现一些不遵守规则的行为时，可以持宽容的态度。总而言之，和善而坚定的育儿态度和育儿方式有助于培养孩子的归属感和价值感。

## 共情

和女儿说话的时候，为了与她的视线平齐，我一般都会蹲下来。有一天，我们说话的时候，女儿突然说："妈妈，我看见了，我——在你的眼睛里。"我意识到，她在我的瞳孔里看见了自己的影子。我也认真地看着女儿的眼睛，然后说："妈妈也看见了，我——在你的眼睛里。"于是，我们俩都哈哈大笑起来。

于我而言，这是一段多么妙不可言的经历。我们彼此在对方的眼睛里看到了自己，我们感到温暖、安全。

泰戈尔在诗中写道：

"鱼说，你看不到我的泪，因为我在水中。

水说，我能感到你的泪，因为你在我的心中。"

这是一个生命被另一个生命看到、感受到的温暖的感觉。**于孩子而言，被父母或其他的主要养育者看到、感受到、温暖到，是他们形成安全感和安全依恋的基础。**

有一天，一只爱哭鼻子的小猪发现了一棵奇怪的树。他本来心情很不好，想大哭一场。树却先哭了起来，树哭了以后，小猪就不哭了，仿佛树在替小猪哭一样。从此以后，小猪只要心情不好或者想哭的时候，都会去找这棵树。有一天，小猪又去找这棵树并在树下睡着了。树落下了很多树叶，像被子一样盖住了小猪。等小猪醒来以后，树的叶子已经落光了。从此以后，树再也没说过话，也没有哭过。后来，小猪还是继续会找这棵树，他怀念他们在一起哭、一起说话的日子。因为，他们是好朋友。

这个故事中的树可以被视为孩子的父母、主要养育者、朋友、老师或其他人。当孩子遇到一些麻烦事的时候，他首先需要的不是解决问题的办法，而是有人可以静静地陪他先哭一场。如果孩子的情绪可以被关注到，孩子被另一个人看到、感受到、温暖到，孩子就会感到安全。他感到自己有一个"安全基地"，**当他累了、倦了的时候，会有一个安全的地方永远接纳他。**于是，他就像充了电一样，拥有重新面对外面世界的力量。

**王继堃**

# 孩子黏人怎么办

朋友的女儿刚满 6 个月。我们有次聊天时他说，6 个月的女儿开始认人了，在家里只认妻子和丈母娘，只让她们两人抱。自己和老丈人抱都不行，一抱女儿就哭。如果是丈母娘在卫生间洗澡，一定要抱着女儿站在卫生间门口才行。接着他说，可能是平时在家里妻子和丈母娘带孩子时间长，自己平时出差多，没怎么抱过孩子，所以孩子现在认人认得厉害。

小吉是个 2 岁的小男孩，当妈妈在家时，小吉一直盯着妈妈，不让妈妈去任何地方。如果妈妈有事情必须出去一趟，他就会大哭大闹，他人无法劝阻。而等妈妈回来的时候，小吉就嘟着嘴，妈妈想抱抱他，以便安抚他的情绪，他却不断往后退。

3 岁的小林上幼儿园了，可是他几乎每天都是哭着去的。每当妈妈要离开幼儿园的时候，小林总是抱着妈妈哭，不愿意松手。进了幼儿园之后，小林的情绪整天都很糟糕。他极易哭闹，即使不哭不闹，他也一直显得很紧张，不跟他人说话，独自安静地坐着。

## 理解“黏人”这种焦虑情绪

6 个月的孩子“认人”是怎么回事呢？为什么孩子会“认人”？

### 分离焦虑

儿童精神分析师马勒提出，从心理发展的角度来看，婴儿的心理发展分为自闭、共生和分离－个体化等几个阶段。自闭指的是刚出生的婴儿沉浸在自己的世界中，与外界没有交流（当然最新的研究对此提出质疑，认为刚出生的婴儿并不是完全自闭的）。共生指的是婴儿和母亲完全融为一体，在此阶段，婴儿会产生一种全能感，即一种无所不能的感觉：饿了，有奶吃；哭了，有人抱，有人安慰。

大概在 6 个月左右，婴儿逐渐进入分离 – 个体化阶段。他可以识别自己与周围人是不同的个体，从而生出害怕、恐惧等感觉，害怕自己会被照顾自己的人抛弃（分离焦虑）。

### 陌生人焦虑

发展自我心理学家斯皮茨指出，婴儿 3 个月时会出现第一个社会性反应——微笑反应。3 个月大的婴儿会对母亲、银行出纳员微笑，对形态完整的人脸面孔具有明显的偏好。这种反应会逐渐细化。8 个月大时，婴儿不仅能从所有人中识别出母亲的脸，还会对陌生的面孔表现出焦虑和退缩，这就是"陌生人焦虑"。这种行为反应标志着婴儿已经获得一种心理能力，可以建立单一且个人化的依恋。这就是为什么当有不熟悉的人要抱婴儿时，婴儿会害怕、哭泣的原因。

此外，很多孩子在刚入幼儿园的时候总出现哭哭啼啼的情况：有的孩子紧紧抓着家长的手不放，甚至使劲拽着家长往外走；有的孩子看着家长离去的背影哭喊着说"我要回家"；有的孩子即使暂时乖乖地坐在座位上，也可能下一秒就放声大哭起来。幼儿园小班经常哭声一片，孩子激动的情绪久久难以平复。这其中有分离焦虑的作用，也有陌生人焦虑的影响。

## 0~3 岁孩子"黏人"的应对

### 轻松应对陌生人

当有陌生人（指的是孩子从未见过的人）来看孩子时，家长一边笑脸相迎、与其亲切交谈的时候，一边也要注意和对方保持一些距离。孩子需要一些时间观察家长脸上的表情，逐步适应来访的陌生人。**孩子会根据家长对陌生人的反应界定自己的态度**。如果家长觉得这个人不错，孩子也会觉得这个人不错。接下来由家长介绍，这是某某阿姨，她是个很好的人。当阿姨接近孩子时，家长可以拉着孩子的手轻轻摸一下阿姨的脸，同时根据孩子的反应决定何时进一步接近，何时撤退。

### 应对分离焦虑

分离焦虑通常开始于孩子 6 个月的时候，在 12~18 个月时变得更强烈。孩子经历分离焦虑是一种正常而健康的行为。当孩子在屋子里到处爬时，每隔几分钟就回过头看看照顾者是否在看着他。如果他发现照顾者要离开房间，就会表现得焦虑不安。

**分离焦虑是让孩子变得独立的安全手段**。一个与孩子感情深厚的照顾者让孩子有勇气继续自己的探索。设想照顾者和孩子在一个有许多陌生玩具的房间玩耍。孩子开始的时候会黏着照顾者，但如果照顾者给予他"没问题"的信号，孩子就会离开照顾者，探索并熟悉陌生的环境，然后定期回到"大本营"，查看照顾者是否依然在，之后继续探索新环境。例如，当孩子要开始攀爬独立的阶梯时，他会先确认是否有人在旁边扶着梯子。

### 可以玩的小游戏

儿童发展心理学家皮亚杰提出"客体恒常性"概念，就是指我们成年人知道一个人或物体是永恒存在的，但小婴儿不知道这一点。我们可以和小婴儿玩一个游戏，把一个玩具先放在他面前，然后用一块布盖住，接下来再把布拿开，让他看见这个玩具依然存在。当孩子发展到一定阶段时，**客体恒常性的概念就会逐渐稳定而清晰了**。他就会知道，**经常照顾自己的人即便一时看不见，但他们依然是存在的**。这样经过一段时间后，孩子的分离焦虑就会逐渐减轻。

### 应对 2~3 岁孩子的 "黏人"

对于年幼的孩子来说，初入幼儿园是他们人生中的第一次大挑战，因为这意味着一次重大的环境改变。孩子要离开熟悉的家长，进入一个陌生的环境，接触陌生的同学和老师，这会激发其强烈的分离焦虑。**孩子的分离焦虑是指孩子在和父母分离或者面临分离的威胁时表现出恐惧、紧张、烦躁、焦虑不安的情绪，在行为上表现为大哭、发脾气、不停地纠缠等。**

孩子上述表现的目的就是回避环境的改变。分离焦虑一般在幼儿 6~8 个月时开始出现，14~18 个月时达到顶峰，这种情况可能会反复出现或者一直持续到 4 岁，在进入幼儿园的阶段表现得格外明显。

即使孩子比较大了，和妈妈或爸爸分离的时候，还是会出现一些哭闹的行为，这也是正常的。**家长的过度保护容易加重孩子的分离焦虑。** 幼儿园的生活需要孩子具有一定的自理能力，但有些家长包办孩子本来可以自己做到的事情，如总是喂孩子吃饭、抱孩子上厕所、给孩子刷牙等，这种养育行为会导致孩子缺乏基本的日常生活自理能力，使孩子在幼儿园里容易遭受较多的挫折。幼儿园生活还需要遵守一些基本的规则，但是有的家长总是无原则地原谅孩子的过错行为，或者过度满足孩子的各种需要，这同样会造成孩子难以适应幼儿园的各种要求而让其产生较大的压力。

另外，**孩子的分离焦虑可能是对家长自身焦虑情绪的反应。** 有的家长把孩子送到幼儿园，自己恋恋不舍，甚至眼泪汪汪。情绪是可以相互感染的。家长的一个眼神、一个表情、一个手势，甚至说话节奏的快慢和声音的高低，都会传递情绪的信号，所以焦虑的家长也在无形之中增加了孩子的压力，使其更难以被安抚，更难以平静下来。

## 家长的应对

应对孩子的 "黏人"，最重要的是和孩子建立安全的依恋关系。

研究发现，影响孩子心理健康的一个很重要的因素是亲子关系。依恋理论的创始人约翰·鲍比认为，**一段安全的依恋关系对一个人的一生有很重要的影响。**

一段安全的依恋关系是一个安全的港湾。就像鸟儿出去觅食，倦了、累了，巢就是它安全的港湾。孩子也一样，家是一个安全的港湾，可以让其休息、疗伤、充电，待其能量恢复之后再出去打拼。

一个人的一生中至少需要一段安全的依恋关系。这种关系最早是在亲子之间发展出来的。对于婴幼儿来说，他们的生存取决于其与主要养育者之间的情感联结。婴幼儿本能地知道，自己的生存依赖于照顾者。

当婴儿产生某种需要（如饥饿、不舒服、孤独、害怕等）时，他们会以啼哭或肢体动作发出信号，表达自己的需要。照顾者会满足婴儿的这些需求。当需求得到满足时，婴儿就能放松下来。在婴幼儿时期，这类循环每天都要重复好多次。在这个过程中，孩子可以慢慢学会预测接下来会发生什么，并且决定接下来要做什么。**如果照顾者对婴儿需求的回应协调且前后保持一致，婴儿就会形成一种安全的依恋。**而安全感是所有早期学习的基础。

那么，应该怎样给到孩子足够的爱和安全感呢？

一方面，著名精神分析师温尼科特说，**做60分的父母就够了。**具体来说，孩子一两岁之前，父母可以给予孩子足够的爱和照料；而大约2岁之后，父母需要学会逐步放手，让孩子承担恰到好处的挫折，这样就可以让孩子逐渐完成分离个体化的过程，并且开始慢慢认识到，父母不是万能的，自己也需要承担一些责任。

另一方面，**父母要成为孩子遇到困难时的安全港湾。**当孩子做错事时，父母可以说："我爱的是你，可是我不喜欢你的行为。"父母需要把孩子这个人与其所做的行为分开。也就是说，父母爱的是孩子这个人，但是孩子有些行为是不可以接受的。

在绘本《杰瑞的冷静太空》中，杰瑞把给爸爸的礼物弄坏了，自己就非常生气。回家后门被他猛地推开，又被他狠狠地摔上。妈妈对他说："我能看出来你很生气。想说说是怎么回事吗？""不！"杰瑞喊着，踢了餐桌腿一脚，结果却把自己的脚踢疼了，他哭了起来。妈妈张开双臂，杰瑞在妈妈的怀抱里大声痛哭了很久。妈妈先表达了对杰瑞的情绪的理解，然后对他说："感到伤心和生气都没有关系，但伤害自己、损坏桌子就不好了。"妈妈的反应表现出她是**爱孩子**的，她能**共情孩子的感受**，同时也能**指出孩子不当的行为，给出处理情绪的替代性行为**，如"深呼吸"或其他，目的是创建自己的冷静空间。

## 其他方法

帮助孩子建立对幼儿园的积极预期。可以讲一讲幼儿园吸引人的地方：有小朋友一起玩，有活动区，有新的玩具。

提前练习分离。例如，可以给妈妈安排短期的出差，或者安排孩子去奶奶家或姥姥家过夜，等等。

营造告别的仪式感。例如，亲吻孩子的手心。

分离的时候，家长不要情绪激动，要保持冷静，面带微笑，语气平静而坚定地和孩子说再见。

王继堃

# 孩子不愿意睡觉怎么办

小云每天晚上都会把爸爸妈妈"逼疯"，她知道睡觉的时间到了，但总要再听一个故事，再喝一杯水，还要反复多次上洗手间。最后，当爸爸妈妈要求她必须睡觉的时候，她会像发了疯一样大声尖叫。有一天晚上，当小云又不愿意睡觉而在床上大喊大叫的时候，父母终于忍不住大发雷霆，冲着孩子大声喊叫起来。小云被吓坏了，大声地哭了起来。

明明快 3 岁了，白天跑跑跳跳玩一天，到晚上还是特别有精神，非要缠着家长给他讲故事，不讲故事就不睡觉。家长给他讲故事的时候，他总是听得津津有味，有时候即使是同样的故事也愿意再听。

## 理解孩子不愿意睡觉的原因

几乎所有的孩子都有过晚睡的经历。**而严重的不睡觉问题很多时候是父母与孩子之间权利争斗的结果**。很多父母在睡觉、上厕所等事情上对孩子有很多控制，于是表面上看，不愿意睡觉的孩子好像是不听话，实际上是孩子需要被平等地对待。

对孩子来说，睡觉意味着进入了黑夜，孩子通常会对黑夜产生恐惧。研究发现，4～12 岁孩子怕黑的比例高达 73%。从进化的角度来说，**对于黑夜的恐惧是人类自我保护的方式**，人类的祖先在黑夜中往往看不清野兽，也看不清危险信号，所以为了生存，人类进化出对黑夜的恐惧。

此外，孩子的想象力十分丰富，他们会对从图书、电视等媒介上看到的内容进行加工，从而把黑夜和不好的事物联系起来。例如，孩子认为晚上会有妖魔鬼怪出现。在孩子心中，**父母是温暖的港湾，父母温柔的言语会让孩子感觉安全温暖**，所以他们在睡前需要父母的陪伴，这会让他们更加勇敢地面对黑夜的到来。孩子在父母温柔的言语中入睡，会认为父母一直陪伴在自己身边。

另外，白天父母通常要工作，无法在家里长时间陪伴孩子，而孩子在 6 个月左右就会和父母形成强烈的依恋。如果由于白天孩子上幼儿园离开父母时会产生分离焦虑，到了晚上孩子会悄悄地走到父母的身边，并投到他们的怀抱中，缠着他们给自己讲故事，以弥补白天缺失的陪伴。

## 如何应对 0~3 岁孩子不愿意睡觉

家长要和孩子一起建立睡觉之前的惯例，如洗澡、刷牙、讲故事、上厕所等。注意，要让孩子有一定的选择权，让孩子清楚地知道每件事情大概需要多长时间。

在孩子睡觉之前，要把时间留给孩子。**孩子睡觉之前会寻求更多关注，其中一个重要原因是，他们觉得没有得到家长的充分关注。**在睡觉前 20~30 分钟里，家长可以和孩子待在一起，度过一段双方都觉得开心的时光。

家长要让孩子学会依靠自己，而不是让其在睡觉这件事上操纵或依赖别人。孩子需要知道，父母会尊重他们，但是不会受他们的操控；他们并不能总是得到自己想要的，为此感到生气并没有关系，他们可以挺过去。

有些家长认为，对孩子的不合理要求让步是爱孩子的一种表现。但是从长期来看，给孩子一种自己的要求总是得到满足的印象是对孩子的不尊重。孩子需要知道别人会对自己感到失望，并且他们自己经得起别人对自己的失望。如果在睡前的陪伴时间里孩子感觉自己得到了父母充分的爱和陪伴，他们就不会因为要学习独自入睡而受到心灵创伤。

家长要了解孩子身体发育的力量，以及孩子控制自己身体的能力。对于孩子来说，**家长不能强迫他们做某件事情。**对此，家长可通过角色扮演的方式让自己对孩子的体验和感受有所了解。

在日常生活中，与伴侣或其他照料者或身边的朋友两人一组，一个扮演孩子，一个扮演家长，被扮演的孩子的年龄大概是两三岁。以下是三个场景的角色扮演。

第一个场景是强迫孩子吃自己不喜欢的食物。对于扮演家长的人来说，你成功了吗？你尝试了什么方法？你是用惩罚的方法、奖励的方法，还是其他什么方法？当孩子拒绝吃这个东西的时候，你心里的想法是什么？你的感受是什么？你的决定又是什么？对于扮演孩子的人来说，当家长强迫你吃自己不喜欢的食物的时候，你有什么样的感受、什么样的想法？你又做出了怎样的决定？

第二个场景是强迫孩子睡觉。对于扮演家长的人来说，你们的任务就是强迫扮演孩子的人睡觉。对于扮演家长的人来说，你成功了吗？你用了什么方法让自己的孩子睡觉？当孩子拒绝睡觉的时候，你有什么想法和感受？做出了什么样的决定？对于扮演孩子的人来说，当家长强迫你睡觉的时候，你有什么感受和想法？又做出什么样的决定？

第三个场景是强迫孩子上厕所。对于扮演家长的人来说，你成功了吗？你成功地让孩子上厕所了吗？你都用了什么方法呢？当孩子拒绝上厕所时，你有什么样的想法和感受？又做出了什么样的决定？对于扮演孩子的人来说，当家长强迫你上厕所的时候，你有什么感受和想法？你做出了什么样的决定？

当做完上述练习以后，在三个场景的角色扮演过程中，你们注意到了什么？在现实生活中，很多父母对于 0~6 岁的孩子（即幼儿和学龄前孩子）采用控制、命令的方式，命令孩子必须做哪些事情。当家长采用命令和控制的方式强迫孩子吃自己讨厌的食物、强迫孩子睡觉、强迫孩子上厕所的时候，家长会遇到什么？如果你们家里的孩子刚好处于这个年龄段，你们有没有用过强迫和命令的方式呢？你们和孩子沟通的结果又怎样呢？

父母都希望给孩子建立良好的生活习惯。但是，用惩罚和奖励的方法可以解决这些问题吗？

在现实生活中，很多家长经常会用奖励或惩罚的方法对待孩子，在吃饭、睡觉、上厕所等很多事情上也是如此。例如，家长对孩子说："你只要吃饭、上厕所，我就给你……奖励；如果你不吃饭、不睡觉，我就要给你……惩罚，剥夺你的……权利。"这些方式能够解决现实生活中的问题吗？有的家长可能会觉得这些方法有的时候管用，有的时候又不管用。从短期来看，就某件具体的事情来看，有的时候奖励或惩罚的方法也许能起到一定的作用。可是从**长期的效果来讲，奖励和惩罚的方法是无效的，因为这种效果基于外在反馈，而非孩子的内在动力。**

家长经常会在吃饭、睡觉、上厕所等事情上和孩子发生激烈的权力之争。也许孩子偶尔会因为某些奖励或惩罚去做这些事情，但从长远来讲，往往难以达到预期的稳定效果。家长实际上是没有办法强迫孩子做这些事情的。

随着孩子一天天长大，家长需要意识到，这些事情是孩子自己需要做的，**家长可以做的是专注于和孩子合作一起来解决问题，通过调动孩子的内因、内在的积极性，让他自己主动地愿意做这件事情，以达到长期的目标，**而不是用权威的方式强迫和命令孩子一定要做这件事情。

在晚上睡觉之前，很多父母和孩子都会发生争执。例如，上幼儿园的孩子要求父母帮他们把被子铺好，而父母觉得要锻炼孩子的自主能力，所以拒绝孩子的要求，其实在这个时候，父母可以跟孩子说一些亲密的话，让孩子慢慢学会跟父母分享自己的担忧、希望和心愿。父母和孩子的亲密交流能够缓解孩子内心的不安，让他们平静地进入甜美的梦乡。

要缓解孩子的不安，父母还可以有一个方法——讲故事。如果白天孩子遇到一些不开心的事情，父母可以跟他讲讲故事，可以直接用书上的故事，也可以根据孩子碰到的具体情况编一些故事给孩子听。这对于孩子来说也是非常重要的甜蜜时光。

　　讲故事的一个功能就是帮助孩子安然入睡。有的家长发现，睡觉前给孩子讲故事，越讲，孩子越兴奋，一个故事不够，还要再讲一个，最后把自己都讲累了，孩子还是毫无睡意。其实，这时候家长要关上灯，让孩子安安静静地躺在床上，讲一个适合他所处年龄段的故事，内容适合他，他就会安然入睡。

　　每天给孩子讲一个故事，同一个故事起码讲三次，最好讲一个星期。因为**重复的故事会形成一种天然的韵律，帮助孩子健康成长**。孩子有时还会主动要求家长讲某个或者某类故事。

　　故事要重复几遍取决于孩子的年龄，年龄越小的孩子，重复率要越高。因为在孩子 12 岁以前，身体有个非常重要的工作就是调整心跳和呼吸，让呼吸和心跳变得规律，并且借此强健免疫系统。重复性故事可预见的情节可以帮助孩子建立呼吸和心跳的规律，尤其对小孩子非常有用。

**王继堃**

# 孩子干什么都说"不"

3 岁的小夏总是说"不"。不管是爸爸妈妈让他做一件事，还是冲着他喊叫，他都说不。甚至在爸爸妈妈让他挑选一本故事书的时候都说"不"。

## 理解孩子干什么都说"不"的执拗

不同年龄段的孩子具有符合其相应年龄段的心理发展和行为特征，家长需要根据孩子不同的心理发展和行为特征调整自己的养育态度和养育方式。

想要和0~3岁的孩子做好亲子沟通，家长首先必须从发展心理学的角度了解孩子在这个年龄段的心理发展和行为特点。人的一生有两个叛逆期，第一个叛逆期就在这个阶段，第二个则是青春期。这个年龄段的孩子的行为和青春期孩子的行为有一些相似。在这个年龄段，孩子会展现出强烈的好奇心、探索欲，经常会问"为什么"，经常会说"不"。同时，孩子也慢慢地与母亲进行分离，他一边具有探索世界的自主性；一边又在遭遇挫折时，黏着家长，渴望得到家长的帮助。

如果孩子总是说不，或者拒绝做父母让他们做的事情，并不意味着他们不合作。有的时候，对于0~3岁的孩子来说，"不"只是一个说起来简短、好玩的词。另一方面，从2岁开始，孩子需要经历一个正常的与父母分离–个体化的发展过程，也就是说，孩子开始作为一个独立的个体与父母亲逐步分离，或者练习开始有自己的想法。**在这个年龄段，最关键的是在建立尊重和界限的过程中，家长需要学会培养并支持孩子的个体化过程。**

## 如何应对 0~3 岁孩子的 "干什么都说不"

　　家长需要提升自身的反思能力，努力理解孩子的行为及其行为背后的心理世界，包括其情绪和想法等，而不是一味地指责和批评。家长需要站在孩子的角度，理解孩子"说不"背后的意图，对孩子为什么会有这些行为保持好奇，进而理解孩子，与孩子进行良好的亲子互动。

　　家长需要学会管理和控制自己的情绪。有的家长听到孩子说"不"的时候，觉得自己做父母的权威受到了挑战，心里感到十分不舒服，甚至会认为孩子说"不"是和自己对着干，所以十分受挫。在这样的情绪状态下，家长有时难免会发脾气。事实上，如同上文所说，孩子说"不"可能有不同的原因：可能是发展过程中的阶段性叛逆；可能是表达与他人沟通不畅的不满；可能是传达自己难以表达的情绪……无论出于何种原因，此时都是家长帮助孩子澄清情绪和想法并进行表达的好机会。家长要明白，孩子说"不"并非针对家长。这样，家长就不会因为孩子说"不"而产生许多情绪，而是心平气和地看到孩子说"不"背后的心理需求。

　　家长要学会倾听并肯定孩子的感受。肯定不是认同，肯定是父母共情性地理解孩子当下的感受。当然，父母并不是总能清晰地理解孩子的感受和意图，此时可以尝试做一些猜测。在上述理解的基础上，家长可以说出孩子的感受和意图，然后给孩子一个可以替代的选择。例如，孩子在外面玩滑梯玩得很开心，可是已经到吃晚饭的时间了。此时，若家长直接对孩子说："已经到吃饭的时间了，我们该回家了。"孩子很可能不会理睬，或者简短地说"不"，甚至可能会发脾气："不！不嘛，我还要再玩一会儿。"许多家长会认为孩子不懂事儿，明明该吃饭了还玩个不停。在这样的思想指导下，耐心一些的家长会劝说孩子，没有耐心的家长可能就直接命令甚至强制带孩子回家。这样的处理方式很容易造成亲子关系紧张。相反，理解孩子的感受和意图的家长可能会说："你不高兴了，甚至有些生气，因为你不能在外面多玩一会儿（肯定孩子的感受）。你希望可以多玩一会儿（说出孩子的意图）。可是现在是吃晚饭的时间，你可以选择再玩两次滑梯，或者再荡十次秋千，然后我们就回家吃饭。或者吃过晚饭我们再出来玩一会儿（给出替代的选择）。"

家长要学会不命令孩子，给他们选择的空间，当然，这种选择是有限制的选择。因为太多的选择往往令孩子不知所措。例如，早上起床后，如果家长只给孩子拿一件衣服让孩子穿，孩子有时不愿意穿。有的家长为避免这种情况，打开衣柜让孩子自己选，常常又因为孩子选了非当季应该穿的衣服而产生冲突，或者因孩子选择时间过长而加剧矛盾。其实，家长可以拿两件衣服，对孩子说："这里有两件衣服，你选择哪一件？"这样就在给孩子选择空间的同时，又不至于让孩子面对太多选择而不知如何是好。再以买玩具为例，如果孩子同时看上几个玩具，家长往往习惯性地直接告诉孩子买哪个，在这种情况下，孩子说"不"的概率就会很高。家长可以让孩子自己选择。当孩子不知道怎么选择时，有的家长会说，都差不多，随便选一个。可是这并不能帮孩子做决定，往往会换来孩子说"不"。此时，家长可以帮助孩子分析，这是亲子沟通和陪伴的过程，也是教育孩子分析利弊、做出决定的过程。

## 家长的自我照顾

我们有一个常识：我们自己状态好的时候，教育孩子的过程中就更加有耐心，更容易理解孩子。所以，家长的自我照顾也很重要。

**当家长感到自己的心理状态欠佳时，可以做一些简单的放松练习，如10分钟左右的正念练习。**

正念练习的方法有很多，如佛教中的打坐、瑜伽中的冥想等都属于正念练习。正念练习有四个主要的方向：一是觉察身体的各种感觉，如感觉腰有点酸、手指有点凉、心跳有点快等；二是觉察心理的各种感受，如感觉内心很平静、有点伤心难过、有点焦虑等；三是觉察心理的各种想法，如我想让自己平静下来、我希望能够尽快适应工作节奏、我晚上要读一会儿书等；四是觉察周围的一切现象，如我听到空调吹风的声音、我感受到硬邦邦的椅子、我看到白色的墙壁等。在忙碌了一天后，我们可以用 10 分钟的时间进行正念练习，和自己的心灵进行对话。当自己的感受、情绪、想法被看到时，它们便不会因为没有被关照而不时地跑到个体的潜意识里作祟。

除了静坐之外，在平时的工作、学习间隙我们也可以进行正念练习，如认真吃饭就是比较容易做到的一种。回忆一下，上一次你很投入、很享受吃一顿饭是在什么时候？在工作日里，为了节省时间，我们大多依靠最便捷的快餐填饱肚子，吃饭不再是一件享受的事情，更像工作中必不可少的一个环节——因为要完成工作，所以要吃饭维持体力。一种常见的状态是，我们在吃饭时也常常想着还没完成的工作或下午会议需要的资料。你是不是也存在这样的情况呢？你对这样的生活状态感到满意吗？如果你感到有些累了，有些倦了，你可以尝试正念的方法，让吃饭成为平淡日子里令人享受的时光。你可以这样做：每天留出一个固定的用餐时间（如 30 分钟），在那个时间段一个人静静地享受眼前的美食，尽量清空你的大脑，让它保持空无杂念的状态，慢慢地嚼碎每一口食物，品尝它们的味道，感受美食带来的最真实的快乐感。

**王继堃**

# 第二篇

## 学龄前儿童篇

## 学龄前儿童的心理发展特点

学龄前（3~6岁）是儿童发展过程中的一个重要时期。孩子的生活从完全依赖父母转变为在很多方面已经可以独立地应对。**在这个发展阶段，孩子的知识和能力都呈现出爆炸式的增长，其中最重要的是关于社交和情感的能力。**

在埃里克森的理论中，3岁儿童进入社会心理发展第二阶段的尾声，其任务是"自主对羞耻与怀疑"。在这个阶段，孩子会学习和发展生活中自我调节的能力，如尝试自己大小便、自己吃饭和自己穿衣等。而到了4岁左右，儿童就进入了社会心理发展的第三阶段，其任务是"主动对内疚"。从这个阶段开始，孩子变得更加独立，他们会通过玩耍、幻想和对外界的探索等方式扩展自身的能力。

学龄前儿童对世界充满好奇，他们总会问"为什么"，每次提问对孩子而言都是重要的学习机会。这个阶段是他们学习各种关于身边事物的知识的时期。孩子的想象力非常丰富，虽然他们已经能够在很多情况下区分现实和想象，但有时仍会把想象当成现实。

孩子开始对其他人感兴趣，并且能够在与他人交谈时保持眼神交流。他们开始更多地与家庭之外的人进行接触和互动，如与小伙伴一起游戏、学习与合作等。他们在与同龄孩子进行游戏的过程中社交的成分增多（跟伙伴分享自己的想法或者交流从游戏中获得的乐趣）。在和同龄人互动的过程中，孩子通过游戏的方式学习妥协以及如何遵守规则。他们也开始学习理解和接受他人的观点，调节自己对他人的回应和与他人互动的方式，发展等待和忍耐的能力。

学龄前儿童已经开始具有同理心，他们能够意识到可以通过提供帮助等行为积极地影响其他人（如哭泣的小伙伴）。但他们**在控制情绪方面仍比较原始和稚嫩**，当需要得不到满足时，他们容易发脾气，并且将怒火指向外部。

学龄前儿童社交和情感能力的发展主要是在与自己的重要抚养者的互动中完成的。**这个阶段对于孩子的最大挑战是既要保持婴儿期延续下来的对父母的安全依恋感，同时还要使自己变得更加独立。这就需要家长一方面能够更加积极地回应儿童的情绪（尤其是负性情绪），另一方面能够尊重孩子独立发展的需要，给予他们成长的勇气。**但要注意，并非所有的孩子都是一样的——有些孩子的发展速度要快一些，有些孩子的成长需要相对长一点儿的时间。家长需要调整好心态，充分了解和尊重自己的孩子，尽量给他们营造包容而温暖的成长环境。

## 家庭发展在这个阶段的主要任务

在子女成长的同时，家庭也要做出适当的调整。家庭在这个阶段的任务是平衡子女成长所需要的家庭收入和支出，并且促进子女的成长和发展。

因为父母在这个时期还要处理自身的发展任务，所以要做出相当多的调整才能适应。**父母在这个阶段首先要明确自己在孩子成长过程中的角色：（1）父母是孩子最重要的互动伙伴；（2）父母是孩子最直接的指导者；（3）父母是孩子成长的促进者。**父母必须在这几个方面付出必要的精力才能保证孩子走上健康成长的轨道。如果父母无法处理好自身发展和父母角色的冲突，就有可能导致孩子在心理发展方面有不同程度的困难。事实上，留守儿童或者在成长过程中父母一方长期不在场的家庭中的孩子出现心理问题的概率更大。

然而，与上一个家庭生命周期的阶段相比，父母在这一阶段面临的各方面的情况更加复杂。父母既要维持并巩固自己的社会身份，还要侍奉老人、养育孩子，这个阶段父母会更加忙碌。如果家中有两个以上的孩子，家庭中的生活节奏将会更加紧凑，生活压力相对也会更大，家庭氛围也会更加"热闹"，父母的焦虑感也会更强。因此，在家庭的这个发展阶段，父母无论是在现实层面的调整还是在心理层面的适应，都是极具挑战性的。

**李闻天**

# 学龄前儿童家庭中的 8 条规则

学龄前是儿童心理发展的重要时期。在这个阶段，孩子在各方面都会发生变化，这就要求家长做好充分的准备，调整自身对于孩子发展的反应，积极地转变养育方式，制定适合孩子成长的家庭规则。

以下是 8 条适用于学龄前儿童家庭的规则，其中一些是要求孩子遵守的，一些是需要家长注意的。但要注意，这些规则并不是对家庭成员提出的简单要求，打印出来裱个框挂在墙上即可。这 8 条规则更像一系列训练计划，在实际操作中，需要家长仔细研读和理解，以身作则，耐心而坚定地执行下去，循循善诱地带领孩子一起成长。

## 规则 1：说话要简洁

这条规则是针对家长的，而不是针对孩子的。因为学龄前儿童正处于语言发展的重要时期，在这个阶段，他们需要多说话，多表达。在家庭养育中，家长总是倾向于说得过多，其实他们说的话 80% 都是多余的。在教育孩子的过程中，**很多家长常因长篇大论而失去表达的重点，这只会让孩子感到厌烦，而难以记住家长所想表达的内容。**因此家长说话应尽量简洁，抓住重点。

家长称赞孩子时也要注意说话简洁，但简洁不等同于笼统。事实上，很多家长夸奖孩子的话没有任何意义。"你真棒！""你太聪明了！"诸如此类的表达并没有什么实质性的作用，并不会激发孩子进步的动力。家长应具体而明确地称赞孩子在做某件事情的过程中付出的努力。关于称赞孩子的技巧我们会专门进行讨论。

## 规则2：学会等待

在孩子眼里，有两件事是理所应当的：第一，家长总是有时间回应他们的需求；第二，他们的需求都是至关重要的，必须马上得到满足。这两点往往会集中体现在一件事情上。例如，当家长正在因工作事宜打电话或者开视频会议时，孩子会跑过来大声地吸引家长的注意力："爸爸，快帮我搭一下这个积木！"这时，家长应告诉孩子："你得等一会儿。"紧接着还要补充一句："**谢谢你的耐心等待！**"**这两句都要说，因为这既是在设立规则，也是在照顾孩子的自尊心。**

这个规则要反复几次才会显出效果，它能够培养孩子的耐心和控制冲动的能力，还会让孩子意识到，他们并不是家里唯一一个有事要做的人，这对于孩子形成人际间的边界意识和尝试接纳他人都是非常有帮助的。

## 规则3：想要拿不属于自己的东西，先要征得他人的同意

学龄前儿童通常都是手比嘴快，他们不会自发地询问其他人的意见。因此，家长应该教会他们使用类似以下的句式，征得他人的同意——"我可以玩一下你的小汽车吗？"**这是孩子产生人际之间边界感的重要一课。但家长不要期待孩子能够非常顺从地执行这个规则，因为学龄前儿童不太能控制自己的冲动，他们往往等不及先征得别人的许可。**

家长可以尝试跟孩子用角色扮演的方式让他们理解这个规则的意义。例如，父母可以互相配合做一个演示，爸爸在触碰妈妈之前先询问妈妈的意见，当妈妈说停止的时候，爸爸就停止触碰的动作。家长还可以帮助孩子亲自体验这个规则的含义。例如，和孩子玩挠痒痒的游戏。当家长给孩子挠痒痒的时候，把孩子的感受讲给孩子听，挠痒痒的时候发出的笑是被迫的，这和发自内心的、自然的笑是截然不同的，所以征得别人的同意就是为了不让别人有这种被迫的、不舒服的感觉。这个规则有助于孩子尊重人际关系的界限，

能够让他们更融洽地跟小伙伴相处。

## 规则 4：在问题出现后帮助孩子寻找解决的办法

学龄前儿童的精力十分旺盛，所以免不了会在家里"闯祸"，如打翻了杯子、弄脏了沙发等。面对这种情况时，家长最好不要说："你为什么老是这么做？总是给我们添乱？"更好的说法是："接下来我们要怎么做？"这比较考验家长的耐性，却能够激发孩子思考解决问题的办法，并且能让他们更好地为自己的行为负责。所以家长不要"勤快地"马上替孩子收拾"乱摊子"，而是让他们自己尝试解决问题。

这个规则不仅会**让孩子知道哪些事情不能做**，也能让他们**在尝试解决问题的时候获得价值感**，同时可**锻炼他们的思维能力和想象能力**。家长还可以参与孩子提出的解决方案，帮他们一起实现他们的想法，通过这个过程，孩子能够增强协作能力和团队意识。

## 规则 5：养成收拾的习惯

学龄前儿童非常喜欢创造性的游戏，如搭积木、画画等，完成一件作品的获得感会让他们感到非常满足。但是在没有建立规则意识之前，他们总是会把东西乱扔乱放。因此家长要在孩子每次结束玩耍时要求他们把自己的东西收拾好。当然孩子并不会那么容易就遵守这条规则。每当孩子拒绝收拾时，家长不要对他们大喊大叫，那样只会让他们过度关注家长的情绪。家长应该平静地对孩子说："我还是会把收拾的工作留给你，如果你仍然选择不收拾，那你就别让我帮你做其他的事情。"

孩子一开始可能会大哭大闹，试图让你打破规则，放他一马。这对家长是十分有挑战性的时刻。但当家长坚持这条规则，**孩子发现哭闹的策略无法发挥作用时，他们最终会选择遵守这条规则。**孩子完成收拾的任务，同样也会有获得感，其独立性也会得到发展。

## 规则 6：不要嘲笑

嘲笑就像刺耳的噪声制造机，含有攻击和贬低的意味，会让孩子感觉非常不舒服。例如，孩子玩原地转圈的游戏没有保持好平衡，摔了一跤，家长在旁边看到这一幕觉得孩子的动作很滑稽，脱口而出："你都老态龙钟了啊！"这种评价会让孩子感到羞耻，进而可能产生恼怒情绪，对家长心生对抗，没有任何积极意义。家长恰当的回应可以是："你还好吗？"这句简短的回应包含了关心、帮助孩子自我观察等积极的信息。在这种积极的反馈中，孩子更愿意和家长交流自己的感受。**要做善于理解孩子的家长，这对孩子提高自尊水平相当重要。**

## 规则 7：帮助孩子进行反思

当孩子乱发脾气或者乱扔玩具时，很多家长下意识的反应可能是："又搞得一团糟！"这样的回应并没有什么实际意义。家长可以选择用更加关注事实的方式进行回应："你这么做是怎么想的呢？"这样的方式并不是要压制孩子的情绪表达，也不会让孩子感觉不舒服。家长的这种提问其实是在**帮助孩子思考，原来他们还可以选择其他的方式表达情绪**。当孩子思考其他不同的表达方式时，他们**仍然掌握着选择的主动权**。家长运用这条规则还能**帮助孩子理解自己的感受，使其逐渐发展出用语言表达情绪的能力**。这对于孩子学习如何处理负性情绪是非常重要的。

## 规则 8：凡事要保持冷静

这是一条适用于处理所有事情的规则。当一个人情绪过于激动或者处于吓懵的状态时，就很难集中注意力进行思考和讨论。因此当家长处于上述这两种状态时，在说话和行动之前，不妨先让自己有意识地暂停一下，哪怕只是几秒的暂停，都会有利于家长控制自己的情绪。家长只有在冷静下来的时候，才能用理性的方式思考和解决问题。家长的情绪反应对于孩子来说非常重要，**当家长对孩子肆无忌惮地发泄负性情绪时，孩子不会把注意力放在解决问题上，而只会怀疑是不是自己不够好，以至于父母有可能不喜欢自己。**当父母比较冷静地跟孩子探讨问题，采取温柔而坚定的态度时，孩子就会在内心充满安全感的情况下遵守家庭的规则。

**李闻天**

# 与孩子进行"双向沟通"

### 不听话的可乐

可乐爸爸的耐心都快被消耗殆尽了，原因是女儿可乐不听他的话。

可乐玩过家家，摆了一地玩具和洋娃娃。可一会儿她又坐在电视前看动画片去了，刚才的玩具还原样摊了满地。爸爸想告诉女儿应该养成收拾自己物品的好习惯，就开始喊她："可乐！可乐！"但连叫几声可乐都没有反应，爸爸就用力敲了一下桌子，可乐被吓了一跳，问爸爸在干什么。爸爸有点生气地说："叫你半天没反应，大人跟你说话，你怎么能理都不理，真是不像话！"可乐嘴一瘪，泪珠开始在眼睛里打转。

"不许哭！"爸爸这回打定了主意要贯彻自己的教育目的，不能让步！

"你看看你，玩过家家摆了一地玩具，每次都是我和你妈帮你收拾，小孩子在家都没有规矩，去了幼儿园那还不被老师训？现在去把东西收拾好了再看电视！"

可乐的眼泪终于憋不住了，扑簌簌地往下掉。爸爸又敲了一下桌子并大声说："还哭！你还觉得委屈了？你看看每次都弄得那么乱，以后不许这样了！"

可乐一边哭一边问："那你桌上乱七八糟的怎么不收拾？"爸爸更生气了："大人跟你说话，你还管起大人来了？大人的事情要你一个小屁孩管？今天这个规矩一定要立起来，现在就去把玩具收拾好！"

可乐的哭声更大了，她跑去跟奶奶告状："爸爸是个坏爸爸，就知道冲着小孩喊！"

其实可乐爸狠下心来教训女儿时，自己心里也很不舒服，但每次跟女儿苦口婆心地讲半天，她好像一句都没听进去。几次下来，只要他一板起脸，可乐准会马上就捂着耳朵跑开。

## 为什么要与孩子进行"双向沟通"

在孩子成长的过程中，大多数父母面临的最大挑战就是如何与孩子进行有效的沟通。尽管很多父母在与孩子交流之前已经做好了充分的心理准备，希望以最开诚布公的态度跟孩子进行一番促膝长谈，但是眼看着一分钟都坐不住的小鬼头对父母想要谈的主题毫无兴趣，想把他们的注意力拉回到谈话内容上比拉回一头牛都难的时候，父母心头难免会涌起沮丧感。

但是父母不能因此放弃，孩子的成长需要持续获得来自父母的支持，以应对越来越多的人生困难和挑战，如果亲子之间能够形成高效的沟通，将有助于孩子的心理健康。有研究表明，如果**父母与孩子在孩子学龄前就形成良好的双向沟通，孩子会发展出强大的沟通能力，长大后也能够更好地处理人际关系，取得事业的成功，获得家庭的和谐。**

很多父母或许有丰富的为人处世的经验，却不知道如何跟孩子进行交流。家长似乎只会非常直接地向孩子宣布规则或指令（"立刻收拾玩具！"），却不知道如何应对孩子的反应。孩子好像总有问不完的问题、说不尽的奇思妙想，但是父母总是有很多事情，总没有耐心听孩子说话，也总没有时间解答孩子提出的所有问题。因此，很多父母就斩钉截铁地发出"不要那样做"的命令，而根本不会花时间充分了解孩子的想法和意图。

然而事实却是，如果父母和孩子之间的交流是单向的，即总是父母单方面向孩子发出命令式或否定式的表述（如"不要""不行"），那孩子就会认为父母对他们感到失望，并且对他们想要表达的内容毫无兴趣。这只会让孩子越来越不自信，做什么事情都束手束脚，或者不敢有自己的主见。

因此，想让父母和孩子的交流真正成为"沟通"而不是"命令"，让孩子发展出正常的自尊、自信，就要想办法把亲子间的对话变成"双向沟通"，学会倾听孩子想跟家长分享的想法和情感。

# 和孩子进行"双向沟通"的方法

### 做好沟通的准备工作

学龄前儿童的注意力很容易分散，这并不代表他们天性顽劣，只是因为他们的神经系统（包括语言系统）尚未发育成熟。因此**在跟孩子沟通之前，父母要先营造一个能让孩子全身心投入沟通的氛围。**

首先，父母要以身作则，不要一心多用，如一边做家务一边跟孩子说话，这样的行为只会让孩子觉得父母并不重视这次沟通。其次，要减少一切可能妨碍沟通的干扰因素，如把手机放在一边、关上电视等，防止突然的噪声打断对话的进行。总之，在开始和孩子对话时，要尽量保证亲子双方都全心投入。

在沟通前，还要**做好情绪上的准备**。家长要有一种相对平静、愉悦的心情，这样才能在与孩子交流时保持充分的耐心，并且能够以包容的心态给孩子一个表达的空间。同时也要注意孩子的情况，如果父母发现孩子显露出疲惫的状态，或者孩子刚经历过什么不开心的事情而有些沮丧，那这个时候就不是一个很好的交流时机，因为孩子难以有足够的兴趣听家长说话。在这种情况下，父母最好可以把这次沟通推迟，等孩子的状态恢复了，情绪受到控制了，再进行交流，这样才会使沟通更有效率。

### 尽力让沟通成为"双向"的

学龄前儿童的语言系统尚不完善，因此他们并不能像成年人那样流畅而准确地表达自己的想法和情绪。所以父母在与儿童进行交流时，切记不要着急，要给孩子充分的空间让他们尝试表达，鼓励他们用自己的语言描述他们的想法和关心的事情，哪怕他们说出来的话语天真幼稚，让父母忍俊不禁，但父母仍然要耐心地听完，而不要打断孩子，更不要迫不及待地单方面给出终极答案或者生硬地批评孩子。

当孩子说完，轮到父母回应时，**父母要尽量使用孩子听得懂的语句，多用比喻和类比，并且要避免大段的演讲**。要对孩子的想法保持好奇心，并给予孩子积极的回应，可以说："哇，刚才你说得太有趣了，能再多说些吗？"孩子都有表达的天性，当他们感觉自己的表达得到了父母的认可时，就会更仔细地思考，更大胆表达，然后能够接受更加成熟合理的想法。这才是"双向沟通"的目的。

父母要对沟通抱以合理的期待，**并不是每次对话都能让孩子充分理解事情背后的复杂含义，也不是每次沟通都能完美解决父母想要处理的问题**。因为父母认为理所当然的事情，对于孩子来说，还需要更多的时间才能消化和吸收。很多情况下，孩子并不想听父母说太多，他们只需要父母真诚、耐心的倾听。

### 帮助孩子练习表达和倾听

**表达和倾听是"双向沟通"的基本技能，是可以通过练习获得并加强的。**父母可以选择一天中某个合适的时间（如晚餐时间）和孩子一起分享这一天的经历，并且在这个过程中练习与孩子进行双向沟通。

在练习双向沟通的过程中，有意识地教孩子明白自己的感受（如生气、悲伤、失望、惊讶等），并且鼓励他们准确地运用词汇表达情绪。对学龄前的孩子而言，他们往往不能很好地理解自己的情绪，因此他们才会通过行为进行表达。如果父母能够帮助他们对自己的情绪进行命名，并且运用语言表达出来，他们就能慢慢学会管理自己的情绪。

另外，在和孩子进行语言交流时，还要注意观察并学习孩子的肢体语言。学龄前儿童在无法清晰、准确地表达自己的情绪时，通常会用动作（如挥舞着小手）进行辅助表达。有的时候，孩子的肢体语言所传递出来的信息比他们用语言实际表达出来的还要多。学习孩子的肢体语言可以帮助父母更好地了解孩子的感受和想法。

## 父母应该保持积极的态度，采用易于理解的表述

孩子对于父母的反应通常都非常敏感，因此父母要始终保持积极的态度，才能更有效地和孩子进行沟通。"双向沟通"能够得以进行的一个基本前提就是避免用严厉的态度、批评性的语气和孩子说话，"你的房间真是一团糟"这样的语气和评价，只会让孩子感到家长对自己的失望，从而产生明显的抵抗情绪。事实上，无论多么调皮、顽劣的孩子，身上都会有熠熠发光的优点。即使是在管教孩子的过程中，父母也不要吝啬对孩子的欣赏，也不要忘记称赞孩子。

父母在表述想法时，一定要用孩子易于理解的语句，最好是使用简单的第一人称（"我"的句式）进行表述。例如，"我注意到，你好像不太开心，而且你的积木今天没有收拾，想跟妈妈说说发生了什么吗？"这样的谈话句式是一种邀请，是鼓励孩子表达自己的看法和感受，从而使沟通变为"双向"的。当父母做出表率，不带批评地分享了自己的感受时，孩子也会在分享自己的想法和感受时更加自在。

李闻天

# 孩子害羞怎么办

## 吴女士的烦恼

吴女士最近比较烦。她是名副其实的业务能手，为人处世得体大方，待人接物举重若轻。这么擅长交际的她，偏偏养了个腼腆害羞的儿子。儿子今年4岁多，小名扬扬，可个性一点儿都不张扬。

带着扬扬出门迎面碰到熟人时，吴女士想让扬扬打个招呼，可小家伙立刻把头埋得低低的，眼睛看着鞋尖不说话。而且妈妈越催他，他就越往妈妈身后躲，每次都弄得吴女士很尴尬，回家自然免不了一顿批评教育："男子汉大丈夫，有什么好害羞的。你这么胆小，妈妈以后怎么指望你保护妈妈？"

去幼儿园参加亲子活动，更是让吴女士气不打一处来。别的小朋友又是拉手又是唱歌，扬扬就躲在妈妈的怀里。吴女士推推他，让他加入小朋友的"圈子"，可他的脚底板好像焊在了地板上，纹丝不动；别的小朋友过来拉他玩，他的小脸涨得通红，头扭到一边去。吴女士很着急，几乎都要冲他喊起来了："你怎么这么没出息啊！你看看别的小朋友哪个像你？你要是都不跟别的小朋友玩，下次跟老师说一声不要让我来参加活动了，我都觉得丢人！"

就算是家庭聚会，扬扬照样"不争气"。一屋子的伯伯、大妈、叔叔、婶婶，聚会的气氛开心热烈，可是扬扬只愿意缩在角落里玩积木。总有亲戚过来逗扬扬说话，可扬扬头都不抬，一点儿"面子"都不给。吴女士总觉得没面子。有的亲戚半开玩笑半认真地跟吴女士分享"教育经"："你们家啊，要多让扬扬锻炼锻炼，小孩子这么害羞可不行，这么小就没个活泼劲儿，长大到社会上可是会吃亏的！"吴女士越听越着急。

## 什么是害羞

很多家长把孩子害羞视为一种缺点，那是因为家长对孩子期望过高，浑然忘了自己儿时害羞的窘境。

其实，害羞的情况人人都有，这是一种再平常不过的基本反应。**害羞并没有看上去那么简单，它是各种情绪（如恐惧、紧张、兴奋等）的综合。**除了情绪，人在害羞时身体也会有反应，如心率加快、血压上升等。

要想分辨害羞很容易：如果一个人在社交场合不敢看人，只把眼睛朝下瞟，说话的时候轻声细语，声调还带着颤抖和犹豫，那就是害羞了。但是有的时候小孩子的表现还会特别一些，如有的孩子害羞的时候会吃手。

但是要注意，**害羞一般发生在社交场合。**有的孩子并不喜欢跟别的孩子扎堆，更喜欢自己玩，其实他们并不是由于害羞，而是因为他们的个性里有更多"独行侠"的特质。他们并不惧怕在社交场合展现自己，只是需要更多的个人空间罢了。

家长不要认为孩子的害羞是个多么独特的"问题"。事实上，**几乎所有的孩子都会害羞，这是他们在成长过程中的必修功课。**当孩子还是小婴儿的时候，就已经会对陌生的成年人产生恐惧，从而出现害羞的情况；在 2 岁左右时，随着对这个世界（包括对自己）有了越来越多的认识，孩子在社会交往方面有了小小的"玻璃心"；而到了四五岁的年纪，孩子已经有了自我意识，会在外人面前感到不好意思了，这时家长最容易观察到孩子害羞的情况。

## 为什么孩子会害羞

### 孩子害羞的原因说不定在父母

现在为人父母实属不易。虽然家里只有一两个孩子，但真是操碎了心，生怕自己的孩子输在起跑线上，竞争的战斗往往从幼儿园就吹响了号角。看到别的孩子长得壮，父母赶紧给自己孩子的饮食中每天增加肉蛋奶的量；听说别的孩子在学钢琴，咱也报名学；发现别的孩子在幼儿园的活动中能说会道，回家马上让孩子背唐诗、读英语。

如果父母在养孩子这件事上压力太大，就不可避免地会在自家孩子的身上找到其不如他人的地方。这时，有的父母开始坚决贯彻自己的"培养天才计划"：各类兴趣班和各种能力训练一起加码。为了让孩子专心学习，干脆包办了孩子生活中的一切事务，从起床吃饭到收拾书包都帮孩子代劳。结果，孩子做的所有事情都是为了家长，没有自主权的孩子自然很难发展出自信。

父母将危机感传递给孩子，孩子也会意识到自己有很多方面不如他人。**自尊水平低的孩子很容易过于在意他人对自己的评价。**当这个孩子暴露在别人的灼灼目光下的时候，自然会害羞得希望有个隐身斗篷。可是很多父母偏偏还会在这个时候气急败坏地宣布让孩子更加不快的"事实"——这是一个"胆小""害羞"的孩子！这些标签就这样被深深地印在了孩子的脑海里，每次都会在不同的场合"证明"给所有人看，最终把自己害羞的"毛病"坐实了。

到了这时，有的父母还会变本加厉，逼迫孩子在各种社交场合锻炼胆量，想要像训练马戏团的动物一样让孩子练就开朗、活泼、外向的性格，却往往被打脸——孩子越锻炼胆子越小，父母也越崩溃。

### 有的孩子也许天生就害羞

研究表明，遗传在害羞这件事上起了很大的作用。也就是说，有的孩子可能天生就害羞，就像有人天生就不喜欢吃香菜、有人天生就是一头卷发一样。天生就害羞的孩子在社交场合会比较腼腆，不太喜欢大声说话，更别说活泼好动了。

但是，父母如果因此就失望，感慨自己怎么会养育出一个害羞的孩子，那就大可不必了。因为害羞虽然有的时候也许会给孩子带来一些社交"小麻烦"，但是害羞也是上天赐予孩子的礼物。因为也有**研究表明，害羞的孩子可能更聪明。**

天生就害羞的孩子也不一定一辈子都会见人就脸红。有研究表明，即使遗传在害羞方面扮演着重要角色，但通过后天恰当的养育，孩子的性格也会被重新塑造。《国王的演讲》这部励志电影讲了一个严重口吃的国王经过训练终于能在众人面前口若悬河的故事。日常生活中，原本害羞的孩子变得自信、大方的例子也比比皆是。

## 如何帮助害羞的孩子

### 认识并接受自己的孩子

很多父母其实并不真的像自己以为的那样了解自己的孩子。他们无奈地摊着手说："他学什么、做什么甚至吃喝拉撒都是我在帮他操办，我怎么还能不知道他到底想要什么？"

持这种观点的父母其实已经掉入了误区。他们丝毫不觉得自己为孩子操办所有的事情其实只是在把孩子塑造成自己想要的样子，而从来都没有给孩子机会让他们尝试成为自己。没人喜欢上班，因为打工要做的就是让老板满意；创业虽然艰苦，但创业路上的风景总是那么让人振奋和憧憬，因为创业是在实现自己。做父母的不要大包大揽地当孩子的"老板"，而要多看看孩子"创业"的雄心，看看他们想要什么、想做什么。**多鼓励孩子在自己成长的人生之路上"创业"，这样他们才会发展出直面人生的自信和勇气，才不会害羞一生。**

### 帮助孩子建立自尊心

害羞的孩子很有可能对自己的评价也不高，他们可能经常感到自己不被他人接受。换句话说，孩子不够喜欢自己。怎么才能让孩子喜欢自己呢？父母应该要用好"称赞"这一法宝。不要吝惜对孩子称赞的语言，不要担心"捧"孩子几句就会让孩子经不起挫折，不要在夸奖孩子的时候表现得那么含蓄。**孩子喜欢自己的前提是能从父母那里获得"我很不错"的信息。**

但是父母千万别又掉进另一个怪圈——只在孩子按照父母的意图做的时候才给予热情洋溢的称赞；除此之外，哪怕孩子做出了不错的尝试，父母都视而不见。这种做法其实又是在温柔地控制着孩子的方向，暗地里引导孩子成为自己想要的样子。只有孩子打心眼里觉得自己还不错，才不会那么在意别人的目光。

### 帮助孩子发展社会技能

**父母可以有意识地让孩子拥有几个应对社交场合的"武器"，让他们在面对别人、与别人接触的时候不至于那么不知所措。**有心理学家建议，可以教给孩子一些"实用社交技巧用语"，例如"我也可以玩吗？""我们可以交换玩具吗？"也可以在家和孩子一起进行角色扮演，重现孩子容易害羞的场景，让他们知道在这些场景下可以怎么做。这样，当他们在现实中再进入类似的场景时就不会那么紧张了。

如果害羞的孩子在面对一群吵闹的孩子时压力太大，父母也不要那么心急，可以尝试让自己的孩子先跟一个孩子结对玩耍，这样孩子就更容易获得社交的成功经验。再告诉家长一个小秘密，如果让害羞的孩子与新的同龄孩子一起玩，他们就不会总想着之前害羞的经历，从而能够建立新的关系，并且有机会体验交到新朋友的成就感。

### 帮助孩子获得安全感

父母千万不要逼孩子进入令他们害羞的场景来锻炼孩子的"胆量"，否则只会让他们一遍遍重温挫败的感受，从而在他人面前更加退缩。

父母应该想办法帮助孩子获得安全感，允许他们先跟其他人保持一定的距离；只有当孩子不那么害怕了，他们才有可能向前迈出一步。

父母还可以利用孩子的好奇心，找一些需要和其他小朋友一起合作才能玩的有趣的游戏；当孩子面对他们无法拒绝的"诱惑"时，他们就有可能忘掉害羞这回事，尝试拉起其他孩子的手。

**李闻天**

# 如何给孩子设定限制

### 无休止的"电视精"

刘先生对自己的孩子壮壮束手无策了。壮壮一从幼儿园回来就要看电视，最喜欢的动画片就是《熊出没》，他对熊大熊二和光头强之间的"爱恨情仇"如数家珍。开始时，刘先生觉得孩子能从动画片里学到一些知识也挺好的，所以支持孩子看动画片。可渐渐地，刘先生就发现了问题，壮壮一看电视就难以控制，积木也不搭了，对绘本的兴趣也没了，整天就端坐在电视机前痴痴地盯着屏幕。最令人恼火的是吃饭问题，其他人都吃完了，壮壮手里的勺子却一直悬在空中，半天不吃一口，注意力都在电视上。

刘先生跟壮壮商量："咱能不能吃完饭再看？"壮壮看都不看爸爸一眼，回答得很干脆："不要！"刘先生一生气，转手把电视关了。这下可捅了马蜂窝，壮壮把勺子一摔，哭了起来。一旁的爷爷马上过来教训刘先生："孩子喜欢看电视就让他看好了，在幼儿园一天都不能看！再说，你小时候看电视、玩游戏不比你儿子少，我看你也没长歪！"爷爷边说边回手又把电视打开了。奶奶也在一旁帮腔："孩子回到家就让他放松一下，再说正吃饭呢，让孩子哭多不好！"奶奶索性让孩子专心看电视，自己在一旁拿着勺子一口一口地喂他吃饭。

家里几乎天天都要上演一次"电视争夺战"，每次都是刘先生铩羽而归。时间久了他也不管了。壮壮边看电视边吃饭，经常一顿饭要一个小时才能吃完。而且壮壮越长越瘦，一看就是没好好吃饭造成的。

## 为什么要给孩子设定限制

随着孩子的成长，他们会越来越有自己的想法。很多父母对此并没有做好足够的准备。在父母的印象里，孩子还是那个躺在婴儿床上乖乖地全然接受父母照顾的样子。因此，当学龄前的孩子希望自己的要求能够得到父母不折不扣的满足时，几乎所有的父母都会经历一场巨大的内心冲突。孩子的哭声常常会让父母变得焦虑，因为好像孩子在用眼泪控诉他们没有扮演好父母的角色。而深爱自己孩子的父母，除了温柔地回应孩子的各种需要外，还没有意识到"设定限制"也是爱的重要组成部分。

对于孩子的成长来说，规则意识的养成是非常重要的。一个社会如果没有规则就会变得一团糟。一个孩子如果没有规则意识，太过任性，内心也会非常困惑：他们可能不知道为什么平时稀松平常的行为会引来家庭以外的人的嫌弃，甚至愤怒；他们甚至不知道哪些行为是危险的，也没有保护自己的意识。限制就是一种"规则"，既能让孩子慢慢产生人际交往中的边界感，也有助于保护孩子的安全。

父母给孩子设定限制也是孩子的一个重要的学习机会。在这个过程中，虽然孩子的感觉并不好，但是他们却能从中学到什么行为是可以被他人接受的，什么行为是不能被接受的。慢慢地，他们就学会了自我控制，这样，当父母不在身边时，他们也能够从容地在与他人的接触中观察和学习社会交往的规则，为将来能够融入同龄人的世界打下基础。

虽然在设定限制的过程中，孩子和父母的体验都不愉悦，但请一定记住，孩子能够通过父母的反应而感受到父母对他们的在乎，这同样也是一种爱的表达。尤其是当父母向孩子耐心地说明为什么要设定限制的时候，孩子知道这是父母在帮助他们适应这个世界。这种体验是他们所熟悉的，就像他们在1岁左右学走路的时候父母在身后帮他们支撑身体一样。

有些父母只知道无条件地满足孩子的需求，即使看着孩子在做不恰当的事情也不愿喊停，担心这会让孩子不高兴；他们甚至误以为这才是对孩子的"爱"。其实对于孩子来说，这不仅是一种溺爱，也是情感上的忽略。学龄前的孩子固然可以在父母面前短暂地过无忧无虑的生活，但随着他们的成长，终有一天他们要走向社会；当他们在屡屡试图突破社会规则而碰壁甚至受伤的时候，他们也许才会恍然大悟，原来自己从未有过学习"纪律"的过程，而在这个时候，孩子体验到的便是当年父母对自己的忽略，而不是"爱"。

# 如何给孩子设定限制

### "设定限制"往往和"拒绝"联系在一起

当下的各种育儿经似乎不再将"狼爸虎妈"作为养育孩子的榜样，因为对孩子太过严厉、控制太强往往会削弱孩子的自主性和独立成长的动力，继而影响他们心理的健康发展。对此，不少父母产生了困惑：如何把握好这个度？其实，"设定限制"和"爱的给予"并不矛盾，相反，那些感觉自己被爱、被珍视的孩子更愿意接受父母所设定的限制，因为他们在情感上是安全的，不会因为父母的拒绝而怀疑自己是不是值得被父母爱。但如果父母只是一味地施加限制，而很少对孩子的情感需要给予回应，那么孩子就有可能在情感上遭遇危机。事实上，不少父母平时因为工作繁忙，很少抽出时间关注孩子的情感需要，跟孩子的交流仅局限于"立规矩"和"讲道理"，导致孩子在亲密关系的建立中产生了一种不安全感。因此，在**设定限制之前，要先保证孩子能感觉到来自重要抚养者的爱与珍视。**

### 学龄前儿童都具有"孩子的天性"

学龄前儿童在想要一件东西或者想做一件事的时候不会再考虑其他的东西或其他事，只想马上获取或者一直做下去。即使非常乖巧的孩子，也有"蛮不讲理"的一面。设定限制对父母来说是一件极具挑战性的事情。因此，在给孩子设定限制之前，**父母先要做好心理准备：自己即将面对的很可能是孩子的嘶吼与眼泪。**父母要知道，一旦开始给孩子设定限制，就要坚持下去，不能半途而废。

### 设定限制的过程中，父母要说得最多的关键字是"不"

虽然在设定限制的过程中，父母要说得最多的关键字是"不"，但是要注意，父母不能为图省事就简单地勒令孩子不能做，而是要耐心地向他们解释为什么不能做。

例如，男孩子拿着玩具枪向别人身上发射"子弹"。命令式的口吻是："你再朝别人打一枪试试，看我不抽你！"解释性的口吻是："不能用枪瞄准别人发射'子弹'，因为'子弹'打到人身上会疼，那种疼就像你去医院打针的时候针头突然扎在身上一样，会非常难受。明白了吗？"

**一旦孩子理解了不能做的原因，就会更容易接受这个限制。**

### 提供其他的选择

设定限制还有一个小技巧，就是当父母告诉孩子不要做一件事的时候，可以**给他们提供其他的选择。**

例如，孩子吵着要到公园玩滑梯，而外面正在下雨。父母命令式的做法可能是："跟你说了不能去外面，再吵就别吃糖果了！"父母提供选择的方式可能是："你今天不能出去玩滑梯，因为外面在下雨，出去会淋湿，还可能生病；但你可以在家玩积木，昨天你搭的那个小汽车好像还没完工。"

这样能够更快地让孩子转移注意力，并且迅速地投入其他事情，而不会长时间地沉浸在被拒绝的情感中。

### 不要马上打断

当父母希望孩子停止做某件事的时候，不要强硬地打断他们，让其马上停止，而是可以给他们做一个预告式的预警。例如，"这一集动画片还有 5 分钟就完了，5 分钟后今天看动画片的时间就结束了，不能再继续看了，知道了吗？"**孩子因为设定的限制而要停止做一件事的时候，通常需要一些缓冲的时间才能做到，突然的打断往往让他们难以接受。**

### 设定限制要合理

父母要了解学龄前儿童的发育特点，知道这个年龄阶段的儿童能做什么和不能做什么。例如，希望学龄前儿童特别自律就有点期待过高了。在给孩子设定限制的时候，父母尽量不要采取居高临下的态度，可以考虑以平等的姿态邀请孩子进行合作。**与简单地接受父母的命令相比，孩子因合作而采取的行动总是带有更多的主动性。**

### 设定限制的过程要保持一致性

设定限制的过程要保持一致性，只有这样才能保证父母所制定的规则行之有效，才能进一步强化孩子的规则意识。如果家长在某件事上给孩子设定了限制，如规定孩子在 10 分钟内结束玩皮球的游戏，那么家长在 10 分钟后就要停止自己手中的事情，履行自己定下的规则，坚决让孩子执行这个限制。始终保持一致是设定限制过程中最重要的一环。**如果家长在设定限制的过程中出尔反尔，或者跟孩子讨价还价，那么孩子就会认为父母在设定限制这件事上并不在乎，就不会再把父母的话当回事，因而也不会再在父母设定限制这件事上产生信任感。**

### 尽量不要一下设定太多的限制

学龄前儿童无法非常自律地控制自己的行为，因此不能心急。如果孩子能够很好地遵循父母设定的一个限制，就要**适时地肯定**他们，然后再做进一步的限制。在这个过程中，父母还要做好心理准备，设定限制的过程并不会一帆风顺，在给孩子设定限制的过程中，父母也可能会频频遭受挫折；但是只要坚持下去，一定会有成效。

### 设定限制时父母要给予孩子更多的关注

在设定限制的过程中，父母要给予孩子更多的关注。家长现在已经知道设定限制对孩子的成长非常重要，但也要注意，设定限制永远是**就事论事**，不要在这个过程中打击孩子做事的积极性，更不要让孩子觉得在父母眼里他们很糟糕，尽量避免让孩子产生自卑感。因此，即使父母必须坚持给孩子设定限制，也要确保孩子在这个过程中知道父母是爱他们的——让他们在接受限制的同时，也要保持亲密关系层面的安全感。

**李闻天**

# 帮助孩子不再"怕黑"

## 不敢睡觉的"可怜虫"

包包今年4岁，长得虎头虎脑的，平时胆子可大了，总在妈妈面前说："包包是男子汉，什么都不怕，包包要保护妈妈！"

最近爸爸出差了，只剩娘俩在家。包包的表现却很奇怪，夜里总是不敢睡觉。有两次妈妈都已经睡着了，包包却又把妈妈拍醒，紧紧地抱着妈妈说："妈妈你不要睡着，我害怕！"妈妈忙了一天，刚睡着就被吵醒，有点不高兴："你不是男子汉吗？害怕还能是男子汉？妈妈工作累得很，你不是要保护妈妈吗？那就快睡觉！"妈妈好不容易迷迷糊糊又要睡着时，却再次被包包拍醒了。这下妈妈睡不着了，她索性一下子坐起来，把床头灯打开，问包包："来来来，你倒是说说，你怕什么？"

包包害怕得缩成一团，小手指着衣柜说："那里面有怪物。"妈妈听了很奇怪，她从来不给包包讲关于鬼怪的故事，家里的老人也都不迷信，从来不讨论这类话题，包包怎么会突然害怕衣柜里有怪物呢？妈妈就问他："你怎么会觉得衣柜里有怪物呢？"包包说："那天我看动画片，有一个怪物从衣柜里钻出来吓唬小朋友。妈妈，我害怕！"

原来是这么回事！于是妈妈对包包说："哦，原来是那个怪物呀，妈妈知道，妈妈能打败那只怪物。妈妈已经用了神奇的力量把它赶跑了，这下你可以放心地睡觉了！"

妈妈以为这下终于可以安心睡觉了，可刚躺下，包包就把小身体凑过来，对妈妈说："妈妈你听，好像柜子里的怪物又回来了！"

这下妈妈都不知道该怎么办了。

## 孩子为什么会怕黑

很多孩子在成长过程中都经历过晚上睡觉"怕黑"的阶段。相对而言，学龄前儿童更容易出现类似的问题。其实，成年人也很难自如地应对恐惧和焦虑等不良情绪，例如，老年人入睡时如果感到孤独、悲伤或绝望，第二天他们体内的一种和压力有关的激素（皮质醇）水平就会升高。

成年人尚且如此，对于孩子而言，这更是一项极具挑战性的任务了，因为孩子的身体和心理机能尚未发育成熟，他们缺少较为有效的应对技巧。总体而言，孩子"怕黑"主要有以下几点原因。

### 缺乏良好的时间感

随着自我意识的发展，学龄前儿童开始出现和爸爸妈妈的"分离焦虑"，这会加剧孩子睡前的怕黑问题。但是儿童在这个阶段对于时间的感知还不稳定，**在黑暗环境下，"分离焦虑"的体验会更加强烈，**因此孩子往往会产生较大的不安全感。"我何时才能见到妈妈？"当看不到妈妈在身边时，孩子的恐惧感就会油然而生。

### 缺乏情绪控制能力

孩子的智力和情绪控制力的发展还处于比较低的水平。当受到惊吓或者感到害怕时，他们不知道如何使自己平静下来。因此，孩子通常以情绪冲动的形式（如大哭等）表现出来。即使随着成长，孩子慢慢发展出对自己情绪的觉察能力，家长也不要期待他们能很快掌握有效应对恐惧的方法。这就是为什么有的孩子到了学龄期仍然怕黑的缘故。

### 缺乏区分幻想和现实的能力

虽然学龄前的儿童已经能够分辨出图片中的动物只是图像，不会真的跑出来，并不是现实中存在的，**但他们在很多情况下仍会把自己的幻想与现实情况搞混。**例如，很多孩子在玩过家家时会全身心投入游戏中，以至于认为手中的那些玩偶真的具有生命。因此，当他们说担心柜子里可能有怪物时，这种感受是非常真切的。

### 缺乏纠正错误的感官信息和进行推理的能力

当成年人遇到类似于"杯弓蛇影"的情况时，在经过确认发现这只是视觉上的错觉后，便不会再纠结于这种感受了。但对于学龄前的孩子而言，这个过程并不容易。如果一个孩子因为看到地板上凹凸不平的阴影，觉得那是一个怪物而受到了惊吓，那么即使家长告诉他那只是一堆衣服，不必害怕，但下次孩子看到同样的阴影时仍然会担心那是不是自己上次看到的怪物。

上述的这些能力都和孩子大脑额叶的发育有关。大脑的额叶掌管着人的推理、解决问题、提前计划等能力，除此之外，还能够帮助人们处理那些初级情绪。而这个大脑区域的功能直到孩子五六岁时才得以发展，在此之前都是极不成熟的。而且有些孩子天生就比其他孩子更胆小，他们处理恐惧的能力本来就要弱一些，这类孩子更容易出现怕黑的问题。

孩子怕黑的恐惧表现为很多不同的形式。有的孩子害怕柜子里或床底下藏着怪物，有的孩子害怕自己醒来的时候爸爸妈妈不在身边，有的孩子就是单纯害怕伸手不见五指的黑暗。对于孩子怕黑的程度也要看具体的情况。如果孩子只是偶尔表现出怕黑，从整体上来看并不会打乱他们的睡眠习惯，家长就不必太担心，淡然处之就可以了；但是**如果孩子的恐惧感越来越严重，且明显影响到了他们的睡眠质量，那家长就需要正视并帮助孩子解决这个问题了。**

## 如何帮助孩子不再怕黑

### 首先要了解孩子害怕什么

要解决孩子一到睡觉就怕黑的问题，父母首先需要知道他到底害怕什么。父母要保持足够的耐心，对孩子秉持愿意倾听的态度，向孩子提出一些开放性的问题，让他们在比较宽松的氛围中说出是什么让他们在睡前感到害怕。注意要保持真诚的态度，**也许孩子说的在父母看来既幼稚又好笑，但不要嘲**

**笑孩子的恐惧，因为他们说出来的事情在他们眼中是非常真实的。**只有当孩子感到自己的恐惧并不是一件让人羞耻的事情，而是被父母接纳的，他们才会表达更多的内心感受，才有可能更好地面对恐惧感。

### 帮助孩子区分幻想与现实

如上所说，学龄前儿童普遍还不能很好地区分幻想与现实，而在辨别幻想方面存在困难的孩子更容易怕黑。对于那些担心柜子里或床底下藏着怪物的孩子，父母应该邀请他们一起讨论幻想与现实方面的区别，向他们证明柜子里并没有怪物。在证明的过程中一定要保持坚定的姿态，这种态度会让孩子更加确信父母说的话。**不要借由孩子的幻想进行教育，**如同案例中包包妈妈的做法，**这样做其实强化了孩子对于怪物的想象，只会让孩子更加确定怪物的存在，反而起了强化的作用，让孩子更加害怕。**父母要肯定地告诉孩子，怪物只是他们的想象，在现实中并不存在。

### 了解孩子的日常压力

有时，孩子白天在幼儿园里经历了不愉快的事情（如听其他孩子分享了一些可怕的故事），或者孩子虽然已经跟父母分床睡但还没有完全适应，或者孩子本身有一些情绪问题，这些情况都会令孩子更加怕黑或者害怕独自睡觉。**如果父母能够敏锐地觉察到孩子的这些问题，并且帮助孩子应对这些日常生活中的压力感，孩子怕黑的情况就可能大大改善。**

### 了解孩子的睡眠需求和时长

不少父母高估了孩子对睡眠的需求，有的家长会秉承老一辈的养育理念，认为孩子睡得越多越好，所以总是很早就把孩子送上床，关了灯让孩子安静地睡觉，但孩子总要在被窝里花很长时间才能入睡。其实这样的举动会让怕黑的孩子更加煎熬，因为他们需要在黑暗中花更多时间面对无法确知的恐惧感。因此，父母应该更好地**了解孩子对于睡眠的真实需求**，选择更加适合孩子的入睡时间，以便让他们在上床后能够尽快入睡。

### 尽量避免让孩子观看可怕的影音节目

有科学研究表明，五六岁的孩子在观看面向成人的电视节目后，整体的睡眠时长会比其他孩子少很多，并且这些孩子更容易出现睡眠障碍。因此，父母要以身作则，尽量避免在孩子面前观看那些可能会给孩子造成困扰的电视节目或图书杂志，尤其是在孩子睡前更要注意。有的时候家长在看电视，孩子在一边玩游戏，这个时候家长往往会放松警惕，其实**孩子被动地观看针对成年人的电视节目中的可怕画面，哪怕只是一些片段，都有可能让孩子害怕，进而影响其睡眠。**

### 尽量为孩子提供有安全感的环境

有研究表明，如果在**怕黑的孩子身边放一个柔软的动物玩偶**，那么这些孩子会比没有玩偶的孩子**更少出现夜间恐惧和睡眠障碍**。无论孩子把这个动物玩偶想象成能够保护他们的超级侠客，还是把它想象成需要他们保护的弱小生灵，都能更好地让孩子应对夜间的恐惧感。

家长还可以在孩子的卧室放一盏小夜灯，在熄灯后这盏小夜灯的灯光还能一直陪伴并抚慰孩子。小夜灯的灯光一定不要太过明亮和刺眼，明亮的光会抑制孩子大脑中褪黑素的产生，反而会让孩子不容易入睡。但如果小夜灯的灯光是柔和而温暖的色调，会让孩子感觉更加舒适和安全。

### 父母要温暖、镇定、耐心

事实上，孩子对于父母的表情和举止都非常敏感，如果家长对孩子怕黑的反应是担心和焦虑，孩子反而会"模仿"大人的表现，变得更加恐惧。家长应该用温暖而镇定的态度回应处于恐惧状态中的孩子，告诉孩子家长知道他很害怕。但是，不要让共情变成过度保护，那样会使孩子过分依赖家长。

还有一点很重要，**即使孩子因为恐惧使家长无法安稳地睡觉，也请尽量**

**保持耐心，不要对孩子动怒**。如果孩子感受到父母厌烦的情绪，只会加剧他们的"分离焦虑"，从而使情况变得更糟。

家长还可以给孩子一个大大的拥抱，温暖的肢体接触会让孩子感觉更加安全，帮助他们缓解恐惧。

### 通过角色扮演的方式教会孩子应对恐惧的技巧

有些聪明的父母会和孩子玩扮演医生－病人的游戏，以帮助孩子克服去医院检查身体的恐惧。角色扮演也适用于帮助孩子克服怕黑的恐惧。

角色扮演应放在白天进行，这样可以放心地和孩子讨论他们的恐惧，并且讨论如何消除这种恐惧，然后帮助孩子将讨论的结果通过行为练习加以强化。例如，可以教孩子一些简单的放松技巧（如调整呼吸法），然后帮助孩子把令人恐惧的虚构怪物转变为有趣且没有威胁的事物。

如果家里还有另一个大一些的孩子就更好了。家长可以与大孩子分角色扮演怕黑的孩子和伸出援手的父母。父母先向大孩子展示如何应对黑夜的恐惧，然后让大孩子演示练习各种应对技巧。大孩子的扮演结束后，再让小孩子也参与其中，还可以让小孩子尝试扮演伸出援手的父母。

**角色扮演会将一些抽象的道理具象化**，可以非常直观且高效地让孩子理解并学会在现实场景中的应对方法。对于怕黑的孩子来说，只要方法得当，效果往往会更明显。

### 必要时应及时带孩子到专业机构进行心理评估

如果孩子怕黑的情况较为严重且焦虑情绪持续存在，更有甚者，孩子在白天也会存在较为明显的恐惧和焦虑情况，那家长就应考虑带孩子到正规的专业机构进行心理评估，以预防和治疗儿童情绪障碍。

**李闻天**

# 如何应对孩子乱发脾气

## 家里有个"火药桶"

欣然今年3岁多，人虽不大，脾气却不小。看见邻居家小姐姐新买的洋娃娃，回来就要爸爸买。一听爸爸不给买，欣然立刻就像点燃了的爆竹，拖着长音的哭声极具穿透力。耳背的奶奶听着都头疼，就赶紧从里屋出来哄："爸爸让我们欣然哭了是吧？看奶奶打爸爸，不哭了不哭了，再哭就不好看啦！"

爸爸一见孩子哭，觉得她在耍无赖，对她说："你再哭，等会儿就不让你看动画片！"哪知这句话就是火上浇油，欣然索性往地上一躺，打起滚来，在厨房里做饭的妈妈也听到了动静。妈妈都顾不上擦手上的油，就冲出来把孩子从地上拉起来，照着屁股就是一巴掌："每次都发脾气，为什么不能好好说？"

欣然的哭声更大了，奶奶一把护住孙女："你们当大人的跟孩子一般见识干什么？我看见隔壁家孩子那个玩具了，又不贵，值得让孩子这么哭吗？去给孩子买来！"一见有奶奶撑腰，欣然反而哭得更起劲了，一头扎进奶奶的怀里，仿佛受了天大的委屈。

欣然的脾气已经成了一种"习惯"，只要是她想要的、想做的在家里得不到允许，不能遂自己的意，她就会大发脾气。爸爸妈妈一见欣然发脾气就心烦，有的时候为了快速平息事态，只能满足她；连一直袒护她的奶奶也经常摇头，说："这娃的性格可能是天生的，也真不知道是随了谁？"

## 孩子的哪些表现是乱发脾气

孩子在成长过程中有一个时期特别容易乱发脾气。学龄前的孩子无论在语言表达还是情绪控制方面均尚不成熟，因此会把不高兴写在脸上，并且常常会以比较激烈的方式表现出来。

孩子乱发脾气时的表现并不一样。有的孩子会发出刺耳的尖叫，在地上打滚；有的孩子会噘着嘴，直跺脚。孩子乱发脾气的样子有的时候太过激烈，甚至会让父母怀疑孩子是不是出了什么问题，如孩子躺在地上打滚会不会是癫痫发作。其实这样的担心大可不必，只要父母了解了这个阶段孩子的心理发展规律，就会明白孩子乱发脾气这一行为背后的意义。

乱发脾气其实是孩子的一种本能反应。这个年龄的孩子还不能给自己的情绪命名，也无法像大人那样用语言来表达自己的情绪。因此，当某些事情没有按照他们的预期进行时，他们就只会通过行为表现出来，而最原始的行为就是不顾一切地乱发脾气。通过这样的行为，**孩子的情绪得以宣泄**，并且乱发脾气的行为在亲子关系层面也有更深的含义——孩子在通过这样的方法**试探自己跟父母之间的边界**。

当孩子乱发脾气时，父母的反应很关键。如果只要孩子乱发脾气，父母就大惊失色，立刻上前百般安慰并一味地满足孩子的要求，那在孩子看来，乱发脾气就是达到自己目的的有效途径，下次再想让父母按照自己的意愿行事时，他们就会哭得更大声，效果可能会更好。只有当孩子发现乱发脾气没有办法得到自己期待中的父母的反馈时，这种行为才会被他们认定为“无效”，他们才有可能放弃这种“费力”而“尴尬”的行为，转而寻求以更加成熟的方式表达自己的情绪和诉求。

## 当孩子乱发脾气时，父母应该怎么做

### 给孩子一个拥抱

孩子咆哮时就像一头孤独的小兽，这时父母可以伸出双臂，把孩子紧紧拥在怀里。孩子在发脾气时完全将父母放在自己的对立面，因此父母的拥抱往往出乎孩子的预料。在父母包容的臂弯里，**父母的体温让孩子感受到温暖，孩子的情感也会受到一次温柔的冲击，这有助于让他们卸下被怒气包裹**

的防备，然后，父母可以轻声地询问孩子发生了什么，是什么让他如此愤怒、抓狂。

提问永远比训斥更有效。因为提问是在邀请孩子进行对话，并且向孩子表明，父母已准备好倾听他们的心声。这样是在鼓励孩子用语言表达情绪，并且鼓励孩子用真诚的态度对待自己暂时还无法处理的情绪。当孩子接受了邀请，学会了用语言表达情绪，他们就会发现，语言的沟通比尖叫和在地上打滚更加有效，他们才有可能慢慢放弃乱发脾气的表达方式。

### 细心地观察孩子

有的时候孩子乱发脾气是有一些现实原因的。例如，有的孩子在幼儿园里受到太多规则的约束，天性没有发挥的空间，所以需要在一个更加安全的环境里释放过剩的精力；有的孩子因为玩了一天没有得到足够的休息或者睡眠不够，莫名地感觉烦躁，当有一件事成为导火索，孩子就会把积压许久的烦躁一下子发泄出来。

总之，**不要急于给孩子贴上"乱发脾气"的标签，在处理他们的情绪之前，尝试找出他们突然暴躁的原因。**有的父母工作太忙，回到家里已感觉身心俱疲，所以很容易用简单粗暴的方式喝止孩子的情感表达。而不问缘由的强制措施往往会让孩子产生一种错觉，即在家里表达情感是不被允许的，这对于孩子的情感发展并没有好处。因此，在理解的基础上和孩子一起寻找合适的情绪表达方法，才是更加有效和合理的解决途径。

### 不要妥协

如果孩子一发脾气家长就妥协，以满足孩子要求的方式换取他们停止吵闹，那"妥协"就相当于"许可"，孩子会认为他们可以通过乱发脾气得到任何他们想要的东西。

处理孩子乱发脾气其实也可以是一个契机，用以帮助孩子树立规则意识。孩子遵守规则有一个前提，是家长要有足够的权威性和可信度。**毫无原则的**

**妥协无疑是对规则意识的毁灭性打击**。因为在孩子眼里，父母的原则是有漏洞的，父母制定的规则是可以被推翻的，父母的可信程度是非常低的。当孩子了解了家长的底线，他们将放弃"无用"的规则，继续采取行之有效的"脾气攻击法"。

因此，当家长已经明确表明某件事是不可以的，那么请一定坚持下去，这关乎家长在孩子心中的整体形象。

### 忽视乱发脾气的行为

有的家长，尤其是稍微懂点儿童心理学的家长，一听到"忽视"就会觉得很残忍。其实这里所说的"忽视"只是对待孩子乱发脾气这一行为的策略。因为孩子乱发脾气有一个很大的目的是想得到家长的关注。如果他们乱发脾气的行为总是能够得到家长的关注并因此而达到目的，他们屡试不爽，最终就会把这种行为变成一种习惯。

需要强调的是，这里的"忽视"是**对"行为"的忽视，而不是对"人"的忽视**。家长要有意识地对孩子乱发脾气这一行为采取消极的应对方式；但在此过程中，要持续暗中关注孩子，以防他们做出更加过激的举动，如伤害自己或攻击他人等。在保证孩子安全的基础上，在他乱发脾气的过程中，不要跟他说话。当发现乱发脾气这一行为是被父母忽视的，他们就会渐渐觉得无趣，最终不再乱发脾气，转而尝试其他的表达方式。家长在这一过程中唯一要做的就是忍耐，这就如同一场比赛，谁坚持到最后，谁就会取得胜利。

### 关注孩子的基本需求

要让孩子的基本需求得到满足，这是让他们保持心态平和的一个前提。**家长对孩子的基本需求保持关注，孩子才能在心里建立爱的确定感，即使他们大发脾气时得到家长说"不"的回应，他们也仍然能在亲子关系中获得安全感。**

如果孩子玩了一天，那一定感到比较疲惫，这时家长可以有意识地将每天孩子必须要做的事情提前一些完成，如吃饭、洗漱、读绘本等，这样他们就可以提早上床睡觉。如果注意到孩子有可能饿了，也可以早一点开饭。偶然打破一下生物钟并不会造成严重的后果。如果孩子的基本需求得到满足，他们就不会用乱发脾气的方式表达自己的烦躁了。

### 帮助孩子转移注意力

在使用"忽视"法时，可以搭配使用"转移注意力"的方法。在应对孩子乱发脾气时，这是一种相对积极的方式。

当孩子乱发脾气时，他们通常沉浸在一种负性情绪状态里。这时，家长可以试着寻找一些孩子感兴趣的话题。例如，聊一聊今天幼儿园老师奖励的一枚小红旗，或者讨论一下光头强和天才威的终极对决到底谁会赢，等等。通过这种方式，让孩子从负性情绪中走出来。

学龄前儿童的注意力并不会保持太久，所以分散他们的注意力往往相对容易。只要引导得当，孩子会非常迅速地投入自己感兴趣的活动中，刚才让他们大发脾气的事情就会被抛到九霄云外。

### 家庭成员在规则确立方面要保持一致

最后也是最重要的一点，要想让上述方法有效，必须保证家里不出现"破坏者"。在本案例中，奶奶就是一个"破坏者"。父母试图给孩子设立规则，奶奶却充当孩子的"拯救者"和"庇护者"，这时孩子就不会认真对待父母的管教，而会在奶奶的支持下，更加理直气壮地乱发脾气。

**孩子都是天生的观察家，他们对于家长之间的权力平衡有非常精准的判断。**因此，家长要想制止孩子乱发脾气，在做出反应之前一定要首先确保所有的家庭成员都站在统一战线上。只有家庭成员的观念达成一致，家长才会把清晰而确定的信号传递给孩子，规则才会在孩子的心里生根发芽。

李闻天

# 帮助孩子结交新朋友

### 不爱交朋友的"胆小鬼"

小明3岁多,爸爸妈妈工作都很忙,就请外婆从外地农村赶过来帮忙带孩子。外婆很勤快,把家里收拾得井井有条,对小明的照顾也细致入微。但外婆在这里人生地不熟,语言也不通,所以除了买菜之外很少出门,也基本上不会带小明到外面玩。小明就一个人在家搭积木、看电视,时间过得倒也挺快。

等到小明上幼儿园,麻烦就来了。小明比其他孩子更难适应新环境,别的孩子哭了几天就慢慢开始结伴玩耍,而小明对幼儿园的抗拒期要长得多,还总是离小朋友们远远的,他更愿意一个人摆弄积木。老师给小明的评语是:"小明是个安静的孩子,更喜欢一个人幻想和创造。"看到老师的评语,爸爸妈妈不淡定了。妈妈在家给小明做思想工作:"男子汉大丈夫要学会结交朋友,看看你爸工作这几年老是在原地打转,就是吃了性格上的亏,你要开朗一点儿,多交朋友,知道了吗?"小明却不买账:"可是我不喜欢跟别的小朋友玩,我觉得他们玩的东西没意思,什么过家家、木头人,都很无聊,我就喜欢自己玩积木!"

爸爸妈妈想来想去,觉得小明不合群的原因是因为胆小。他们商量好,要多带小明出去"练胆量"。爸爸妈妈开始在周末特意带他到小区玩。别的孩子之间玩一会儿就熟了,开始一起滑滑梯,可小明一个人跑去看树叶、捉蝴蝶。爸爸过去把小明抱过来放在滑梯旁边,推推他:"你看小朋友一起玩得多开心,你也加入他们玩呀!"小明回头生气地瞪了爸爸一眼,说:"我不去!"说完就又跑开了。

## 和同龄人建立关系是成长中的重要一环

友谊是孩子健康成长的重要组成部分。和同龄人建立友谊关系可以让孩子在情感上发展得更加成熟,在结交朋友的过程中,他们也会潜移默化地学习社交方面的技巧，诸如怎样与他人沟通、怎样解决问题、怎样进行团队合作等。但是，学龄前儿童在结交朋友方面会面临很多挑战。

### 孩子结交朋友的空间变小

在城市化高度发展的大环境下，孩子结交朋友的空间反而变得比以前狭窄了。如今，住宅小区里的邻里关系已不同于以前的年代，大多数人和邻居之间基本上是零交流，孩子很难在家周边寻找到玩伴。

出于对安全的考虑，家长也不放心让孩子离开自己的视线，因此孩子也难以自如地发展与同龄玩伴的关系。而且孩子之间如果发生冲突，在一旁的家长一般都会马上介入，孩子也无法自然地学习怎样处理与同龄人的矛盾、怎样和同龄人一起解决问题。

在快节奏生活的今天，家长的工作都比较忙，隔代养育已经是一种非常普遍的现象。因为身体、语言和社会习惯等原因，很多老年人并不会特别积极主动地带孩子去跟其他同龄孩子接触，因此孩子也就比以前缺少了结交朋友的天然平台。

### 学龄前儿童的心理发育尚不成熟

学龄前儿童所处的心理发展阶段具有特殊性，他们还不成熟，结交朋友的过程也不会那么自然、轻松。和成年人不同，**学龄前儿童与其他孩子建立的友谊并不牢固，他们通常不会保持一段非常持久的友谊**，可能上午还和一个小朋友玩得很好，下午就各自找到了新的玩伴，甚至用"转瞬即逝"形容他们和同龄人之间的友谊也并不为过。

还有一点很重要，孩子的性格并不一样。有的孩子是天生的外交家，在结交朋友时就容易得多。而有的孩子就喜欢独自做个人感兴趣的事情，并不喜欢太多的社交活动，这样的孩子在和同龄人相处时，会面临更大的挑战。所以，根据孩子的独特性情，父母应该合理地调整对自家孩子在结交朋友方面的期待。

# 如何帮助孩子结交朋友

### 父母应发挥积极的作用

有的家长带孩子出去玩时有一个错误的认识，在小区和游乐场里都会看到这样的家长：他们完全甩手让孩子自己去玩，而自己则坐在一旁，沉浸在手机的世界里。可能这些家长认为孩子们的交往会自然发生，自己只要坐下来不加干扰就好。但其实，**学龄前的孩子有时需要成年人投入更多的精力帮助他们学会交往。**

在从家庭这一"安全城堡"走出来面对其他小朋友时，有的学龄前儿童会有一些害羞甚至恐惧的情绪，所以在玩耍的时候可能不会那么自然、开心，甚至有的小朋友听说家长要带他们出去玩还会有些抗拒。家长这时不要误以为孩子不喜欢接触外面的世界和人，他们很可能只是需要更多的鼓励。在结交朋友这件事上，父母应始终给予孩子积极的回应，温和而坚定地鼓励孩子和小朋友进行互动，这会给孩子更多的勇气。孩子迈出脚步与他的同龄伙伴接触并一起玩耍，就会获得社交方面的成功体验，结交朋友就会变成一件激动人心的事情，在以后和同龄人的社交活动中，孩子才会变得更加主动。

当然，并不是每一次结交朋友的过程都会那么顺利，因为每个孩子的性情和家庭环境并不一样。孩子在刚开始结交朋友的尝试中遇到一些小的挫折时，家长应该给予更多的支持，不要让孩子认为自己不受欢迎。孩子总会有成功交到朋友的时候，家长要做的，就是和孩子一起，不要因为挫折而轻易放弃。

### 帮助孩子学习社交技巧

随着语言能力的发展，学龄前儿童的面前仿佛打开了一扇通往新世界的大门，他们正在快速地学习生活中的各种知识，其中就包括社交技巧。在这个过程中，家长需要扮演相当重要的角色。

首先，家庭中成年人之间的亲密关系有着重要的模范作用，**孩子会通过观察家庭中成年人的相处模式而学习如何建立关系、处理冲突的方法**。如果在家庭中存在暴力行为，孩子在外面也容易对其他孩子动手。因此，家庭中的所有成员都应该做出表率，共同努力营造一个沟通良好、轻松、和谐的家庭氛围。这样，孩子才会在结交朋友的过程中拥有安全感。

其次，家长可以主动教给孩子一些实用的社交技巧。例如，家长可以跟孩子分享一些自己成功的社交经验，或者与孩子一起做角色扮演的游戏，家长假装成一位小朋友，和孩子一起模拟在与人交往时应该说些什么、做些什么。学龄前儿童通常是不会拒绝游戏的。家长还可以帮助孩子练习微笑，并且练习说"请进""你好吗"之类的关键性社交短语。**孩子学会一些社交技巧并知道如何在社交场合中做出恰当的行为，会让他们更加自信。**

### 尊重孩子的个性

有很多针对儿童个性的研究表明，不同个性的儿童在社交行为方面存在差异。

有的孩子可能拥有十几个好朋友，而且特别容易结交新的朋友；而有的孩子可能只有一两个朋友，但是朋友之间的关系却非常紧密。**这两种结交朋友和维持朋友关系的方式并没有好坏之分，这和孩子的性格、和他们熟悉的关系模式有关。**

有的孩子可能渴望有自己的个人空间，他们更需要独自一人玩耍和思考。对于这样的孩子而言，过早或过于频繁地把他们强硬地推入社交场合、逼迫他们结交朋友，结果可能会适得其反；孩子可能会对社交场合更加厌烦和恐惧，并且由此怀疑、贬低自己，认为自己独立的个性是一种缺陷。

结交朋友并没有统一的标准，家长要充分尊重孩子的个性和社交风格，站在孩子的立场，看看他们真正需要的是什么。当父母真正了解自己的孩子之后，才能够帮助孩子发展适合他们个性的社交关系。

### 为孩子参加社交活动提供更多的机会

除了幼儿园和游乐场，家长还可以留意一些高质量的社交活动，和孩子一起报名参加。**高质量的社交活动不仅可以让学龄前儿童能有更多机会与别的孩子接触，还能让孩子获得一个相对稳定的结交朋友的平台。**例如，参加社区组织的亲子郊游活动，孩子可以在大自然里畅快地奔跑，还有机会和其他孩子一起协同解决一些临时性的问题。

家长也可以带孩子去别人家做客，或者让孩子邀请他的朋友来自己家里玩耍。这是非常好的机会，家长可以通过观察孩子之间的互动了解学龄前儿童在社交方面的需求和困难。家长还可以结识孩子的朋友及其父母，了解对方的家庭状况、价值观念。每个家庭的情况都不相同，所秉持的价值观也不相同，在结交朋友的过程中，孩子可以更理解自己父母的价值观，并且认识他的朋友所拥有的价值观，这能为孩子和不同的人相处并接纳价值观的差异提供很好的帮助。

### 帮助孩子树立正确的价值观

当孩子树立了正确的价值观，他们也会用类似的标准衡量身边的同龄人，在结交朋友的过程中也会更具判断力，从而在哪些人适合做朋友的问题上做出更恰当的选择。但对于**学龄前儿童来说，由于他们的世界观和价值观尚未发展成熟，所以他们十分需要父母正确、耐心的引导。**

例如，一个孩子回家告诉父母，他的朋友给他出主意，让他回家撒谎以学校收钱的名义向家长要钱，其实是用这钱去买零食。如果家长只是简单粗暴地加以批评，并且命令孩子不准再跟这样的人交往，但并不告诉孩子原因，那下次孩子可能就不会回来询问家长的意见了。其实这是一个很好的引导机会，父母应该认真听取孩子自己对这件事情的看法，了解孩子真正想做什么，并告诉孩子，如何能够以正确的方式实现自己的目的，朋友的方法有什么问题，为什么是错误的；然后再进一步与孩子讨论应该和什么样的人成为朋友，如何用恰当的方法维护友谊。

只要父母足够耐心，并且能清晰准确地传递正确的价值观，孩子自然会在结交朋友这件事情上有自己的主意，做出正确的判断。

李闻天

# 如何夸奖孩子

## 越夸越退步的菀菀

菀菀今年 5 岁，上幼儿园大班。这天她一进家门就扬着手里一张五颜六色的纸，冲着妈妈兴奋地喊："妈妈，快看！我在幼儿园做的手工多好看，老师给我奖励了两个小红花呢！"妈妈正在炒菜，哪顾得上看女儿的幼儿园作业，于是敷衍地说："我的菀菀真棒，一下就得了两个小红花！我的菀菀最聪明了！等会儿妈妈就把你的大作贴在墙上，让你爸回来也看看！"

过了几天，爸爸把女儿从幼儿园接回来。一进门，爸爸对妈妈说："你女儿今天有点不高兴啊！"妈妈忙问怎么回事。菀菀扭捏半天，从小书包里拿出一个超轻黏土捏成的"四不像"，有点委屈地说："今天的手工课好多小朋友都得了两个小红花，可我只得了一个。"妈妈认为这是一个很好的教育机会，就语重心长地对菀菀说："这次你没有捏好，一定是没有认真对待吧？你这么聪明，如果认真，一定会比别的小朋友更棒，妈妈相信你，下次会做得更好！"

可是妈妈渐渐发现菀菀表现不好的时候越来越多，有时幼儿园让孩子把手工作业带回来在家长的帮助下完成，菀菀竟然会忘记。妈妈找老师了解情况，才知道菀菀经常不完成手工作业。这下妈妈可有点儿生气了，问女儿怎么回事。菀菀撇撇嘴，说："这么简单的东西，我这么聪明，一看就会了，根本不用做！别的小朋友不聪明，做得再多也比不过我！"

妈妈也不知道女儿这样说到底是因为自信还是懒惰，但她仍然会坚持夸奖女儿——"真棒！""真聪明！"可菀菀反而越来越"输不起"，只要别的小朋友比她做得好，她就特别受不了，回来非得哭一场不可。

妈妈也很困惑，自己明明总是夸女儿，为什么女儿反倒越来越退步？

## 什么样的夸奖是不恰当的

随着心理学知识的普及，很多父母已经意识到鼓励对于孩子成长的重要性。但孩子仍然出现了低自尊的情况，很多父母对此非常困惑——明明在生活中已经常常在夸奖孩子了，为什么孩子还会这么不自信？殊不知这可能是父母不自觉地采取了不当的夸奖方式。

常见的不当的夸奖方式有如下几种：（1）夸奖孩子做某件事做得"非常好""很棒"，但没有想到要激发孩子进步和改进的潜力；（2）夸奖孩子某件事做得很对，但没有帮助孩子思考尝试的过程；（3）夸奖孩子的某个决定做得很好，但没有和孩子一起回顾做决定的过程中孩子所做出的努力；（4）向孩子表达父母为孩子感到十分骄傲，却没有表达在其他情况下父母也会无条件地接受孩子并持续予以支持。

其实上述夸奖都有一个共性，即父母只是在评价某件事情的结果，而没有看到孩子在做事过程中的努力。即使这些评价是正向的，却在无形中反复给孩子传递了一个信息，即父母只看重孩子做事的结果。这会导致孩子认为自己是否努力、是否需要多花心思持续地进步并不重要。孩子更关心的是我做的事情"父母喜欢吗？""我做得好吗？""父母为我感到骄傲吗？""我做对了吗？"这样**会让孩子觉得父母的看法比自己在选择、行动等方面的想法更加重要，从而破坏了孩子独立发展的主动性、探索尝试的勇气和应对不同情况的能力。**因此，这样的夸奖其实是在破坏而非培养孩子的自尊心，他们往往会习惯于过度关注他人对自己的看法而忽略自己内心的体验。

让家长始料未及的是，这样的夸奖还会给亲子关系蒙上阴影。家长在夸奖的时候往往出于好意，却没有意识到这种夸奖方式在不知不觉间已经成为操纵孩子行为的工具，因为注重结果的夸奖往往带着父母对事情的主观判断。只有当孩子所做的事情合父母的意时，父母才会予以夸奖；而当孩子做的尝试不符合父母的意愿时，即使该尝试非常具有创造性，也不会得到父母的夸奖。长此以往，孩子就会产生一种错误的想法：只能做父母想让自己做的事情。这对于培养孩子独立自主的能力极具危害性。当孩子无法发展自我，只能依赖于父母的意志时，孩子往往会对父母产生怨恨，认为是父母阻碍了自己的发展，从而把亲子关系也推到了危险的境地。

## 如何正确地鼓励孩子

### 强化孩子的成长心态

只有当孩子知道自己能够持续地进步和提高时，他们才会具有直面挑战的勇气。

父母在夸奖孩子时，应尽量避免强化他们的"**固定心态**"，即"我之所以能做成这件事，是因为我的本性使然"。本性只和遗传有关，而和自身的努力无关。因此"固定心态"往往会让孩子认为他们只能做以往成功了的事情，而不敢尝试更多的新鲜事。

父母应该有意识地强化孩子的"**成长心态**"，即"我可以通过学习和反思变得更好"。只有当孩子意识到自己是可以成长的，并且相信自己具有成长的能力，他们才会敢于成长。

帮助孩子拥有"成长心态"的关键点是父母需要认识到，对孩子努力的称赞比对他们能力的称赞更有价值。即尽量不要总是夸孩子"你很聪明！""你很棒！""你很厉害！"而是可以称赞"你在做事的时候很努力！""你刚才完成这件事时很用心！""你在认真地思考！"有研究表明，**如果家长经常称赞孩子在做事过程中的努力，孩子在未来会更愿意选择尝试解决具有挑战性的问题。**

家长在称赞孩子之前不妨先想想自己的夸赞是否会强化孩子的"固定心态"，还是会强化他们的"成长心态"，是否在帮助孩子把学习视为进步的旅程，把自身的能力视为可以扩展的工具。

### 多角度克服"必须"心态

解决问题的方法有很多种，但学龄前儿童还看不到这一点，家长可以通过鼓励的方式让孩子慢慢形成这种意识。但是只夸奖结果的方式容易使孩子局限在某一种方法上，而不大会冒着失败的风险尝试其他的可能性。父母应该称赞孩子做事情的过程，鼓励他们寻找多种解决问题的方法。

不要让孩子形成一种刻板印象——"我必须这么做！""我只能这么做！""只有这一种方法会让爸妈夸奖我！"父母可以这么说："从另一个角度看会怎么样？""你想过其他办法吗？""或许尝试一下别的方法也能成功呢？"这样的回应会让孩子有一种新的认识，即正确的结果并不是唯一重要的，获取正确答案的过程也非常重要，只要能够达到最终的结果，**多多思考和多做尝试更有趣味、更有价值。父母应该帮助孩子发现更多的可能性，并且鼓励他们进行创造性的思考和富有逻辑性的分析。**经过一段时间的训练，孩子会理解每个人处理问题的方式各不相同，这让他们能以一种开放的心态拥抱世界，接受他人和自己的差异，从而对他们处理人际关系有所助益。

### 跳出结果思维，帮助孩子发现更多可能性

知己知彼方能百战不殆，这句话也同样适用于学龄前儿童。在面对身边各种问题和挑战时，孩子只有慢慢地了解自己，才能更好地做出应对。本案例是一个错误的示范，妈妈通过夸奖孩子的本性，将孩子限定在对自己的"刻板印象"中，让孩子认为除了"聪明""很棒"以外自己一无所有，从而关闭了其他了解自己的可能性的通道。

在一个有助于孩子成长的语境下，父母应该更善于观察孩子，并且进一步提问："孩子，你得了两个小红花！快告诉妈妈，一下得两个小红花容易吗？你是怎么做到的？通过这次手工课你学到了什么？老师有没有帮助你？这个手工作品还挺复杂的，你都做了哪些努力？你对这次手工课感兴趣吗？"

相应地，当孩子因为没有得到小红花而有些沮丧时，父母可以这么说：

"哦，这次你没有得到小红花。快告诉妈妈，都发生了什么？你觉得自己应该得小红花吗？下次为了得到小红花，你可以做些什么？从这次的事情里，你有没有一些新的想法，有没有学到什么？你了解这次手工课的目标是要做什么吗？"

总之，如果父母只把注意力放在结果上，仅仅让孩子感到家长因为他们做事的结果为他们骄傲或者对他们失望，那家长就错过了帮助孩子更多地了解自己的机会。无论孩子在某件事情上的表现是否令人满意，其实对于家长来说这都是机会，可以借此让孩子观察和体验自己在这个过程里的努力和感受，并且思考自己还能做哪些，下次再尝试不同的可能性。与评判相比，家长让孩子了解自己更加重要。

### 不要给孩子贴标签

虽然我们说尽量不要只评价孩子做某件事情的结果，但这并不意味着父母就要忽视孩子在某一方面的天赋和他们所擅长的事情。不评价结果的目的是为了不因为夸奖而限制孩子的发展，但孩子的天赋应该得到适当的认可。如果父母明明看到了孩子在某一方面特别擅长，却又很少鼓励孩子在这一方面付出更多的努力，那么孩子反而更会自己限制自己，并且会给自己不太公正的评价。我们可以对一个擅长音乐的孩子说："你真是一个小艺术家！"这样的称赞可以鼓励孩子在音乐方面继续努力。

这里所说的"不要给孩子贴标签"，是不要让孩子对自己形成刻板印象。如果反复用"你真漂亮"夸奖一个女孩子，只会让她过于关注自己的外在，并且认为只有漂亮的外表才能够吸引别人的关注。要知道，**父母给孩子贴上的"标签"会影响孩子对自己的看法。**

父母要做的是帮助孩子认识自己，形成健康向上的思维方式，并且能够最大限度地让孩子具有探索和发展不同能力的自信。

李闻天

# 发现并培养孩子的才能

### "不上进"的苗苗

苗苗开始上幼儿园了，苗苗妈觉得终于可以松口气，哪知跟其他家长一交流，苗苗妈的焦虑陡然上升。她发现别的孩子周末根本没闲着，不是在参加钢琴启蒙班，就是被送去了英语早教训练营。再看自家的娃，不是在家搭积木，就是拿着水笔到处乱抹。

苗苗妈当机立断，向全家宣布了一个重大的决定："周末送苗苗去学钢琴！"理由是苗苗妈很喜欢音乐，也有天赋，小的时候没条件学，现在不能再耽误了儿子；另外学钢琴对大脑发育好，有利于促进手眼脑协调，有助于未来的学业，说不定变成特长生，以后还有加分优待；另外，同事家的娃上次生日聚会时现场用钢琴演奏了一首曲子，获得了大家的一致称赞，这不仅能培养孩子的自信，家长脸上也有光。

可是苗苗只去学了一次，就再也不肯去了。苗苗爸说："看样子孩子好像不太喜欢摆弄乐器，我看他很喜欢拿着笔又涂又抹的，不然让他去学学画画好了。"苗苗妈不同意："画画能有什么出息？再说咱家都没有那个基因，而且哪个音乐家不是被逼出来的？"

苗苗从此走上了"音乐之路"。但让苗苗妈头疼的是，苗苗就是不如别的娃那么上进，练琴基本要靠妈妈吼。好不容易坚持了几个月，弹的曲子依旧不成调。而且，苗苗妈发现孩子越来越"懒"，不只对学钢琴特别厌烦，一听让他学点东西，他就躲得远远的。

## 每个孩子都有才能，需要父母有双发现的眼睛

是不是每个孩子都有才能？答案是肯定的。但是很多父母在这个问题上都很纠结，而且容易走两个极端。一方面觉得自己的孩子很聪明，比自己小时候聪明多了；另一方面又会为自己的孩子没有显露出某一种惊人的天赋而

感到些许遗憾。但事实是，每个孩子都有独特的才能，只不过并不是每位家长都具有发现的眼睛。

有的孩子天生就是运动家，身体协调能力好，喜欢在户外爬上跳下；有的孩子从小就对涂涂画画感兴趣，喜欢拿着家里各种能够当笔的工具到处涂鸦；有的孩子具有表演天赋，总会逗得身边的人哈哈大笑，小朋友们也喜欢和他玩……孩子的才能可能会以各种形式呈现，必须要细心观察才能发现，但这对于父母来说是个挑战。

### 通常家长容易出现两个误区

一是认为自己喜欢的东西孩子也一定喜欢。有的父母在孩子刚出生的时候就开始满怀希望地规划孩子的未来，暗下决心要让孩子掌握一门震惊四座的技能，如钢琴、书法等。他们一般持有这样的观点："我喜欢唱歌，那一定会有遗传，我女儿唱歌一定不会差，不培养岂不可惜？"其实**孩子未必会"精准地"遗传父母的兴趣爱好乃至特长**。大多数情况是，孩子真正擅长的东西常常不是父母所擅长的。以 Beyond 乐队的黄家驹为例，他的父母并没有从事音乐工作，甚至还反对他玩音乐，但并没有妨碍他成为一位流行音乐大师。

有的父母在孩子身上寄托了自己的希望，狭隘地认为只有钢琴、绘画、书法才是"正统"的兴趣，除此之外都是"歪门邪道"和"不务正业"。即使他们发现了孩子对某个方面特别感兴趣，也会"执着"地坚持自己的看法，把孩子的兴趣硬生生地"矫正"到他们认为的"正统"的方向上。

二是跟风报班，向别人家的孩子看齐。有一些家长在孩子上幼儿园之前还很淡定，让孩子尽情地按自己的意愿玩耍，可孩子一上幼儿园，跟别的家长交流之后，就不知不觉地开始对比，危机感便油然而生。

这些家长自己也没有太多主见，不知道孩子需要学些什么，只知道不能让他们落后。"不能让孩子输在起跑线上"其实是一句毒鸡汤式的养育座右铭。备感压力的父母会向其他家长取经，像研究股票一样研究兴趣班市场，本着从众的心理，最终决定送孩子去当前主流的特长班，也不管孩子喜不喜欢。

结果导致很多孩子还没开始上学，就已经产生了强烈的厌学情绪，对学习产生了根深蒂固的抵触。真是捡了芝麻，丢了西瓜。

## 发现和培养孩子才能的方法

### 要对孩子才能的显露保持敏感性

**孩子并不会意识到自己具有哪些才能，虽然他们会本能地做自己感兴趣的和自己擅长的事情，但他们并不知道自己有哪些特别之处。**例如，有的孩子在很小的时候就对颜料盒表现出浓厚的兴趣，那这可能表示，他在绘画方面也许有着非凡的才能。但是，孩子还不会拿着画笔画出一幅让人啧啧称赞的画作，而且在这个阶段还可能会把家里一切能当画笔的工具握在手上，到处随意涂抹，把家里弄得又丑又脏。如果父母这个时候用观察的眼睛欣赏孩子，并且允许孩子全身心投入自己感兴趣的世界，那孩子的这一潜能才有可能发展为真正的才能。

遗憾的是，很多父母非但没有观察的眼睛，反而戴上了指责的眼镜。为了保持家中的整洁，为了让孩子守"规矩"，父母时常会喝止孩子，并且告诉孩子，这种行为是错误的，要受到惩罚，但又不会找其他的替代性方案，如买来纸笔，教孩子在纸上绘画。在父母眼里，孩子喜欢涂抹是"小害人精"的行为，而不是什么值得鼓励的事。结果孩子的绘画才能就这样被扼杀在了萌芽之中。

### 要给孩子提供各种展示才能的机会

孩子的才能必须要有展示的机会才能被发现。有些成年人在回顾过往时会心生感慨，为什么自己擅长的东西一直都没有得到发展！如果孩子一直没有机会展示自己的才能，那么在其成长过程中，这些才能要么是没有被发现，要么是被忽视了，要么是被否定了。例如，有的孩子可能有打架子鼓的天赋，但是要一直等到他们接触架子鼓的时候才会显露出来。

因此，父母应该秉持开放的态度，给孩子提供各种有可能展示其才能的机会，让那些隐藏在孩子小小身体里的巨大潜能生根发芽，并且开花结果。当孩子的世界变得丰富多彩时，他们才会尝试各种各样的事物，才能最终找到并确定自己喜爱和擅长的东西。

父母可以怎么做呢？**想办法让孩子多接触不同的领域，既拓宽他们的视野，又能够观察他们的表现。**可以是有趣的游戏、需要动手的技能、观赏性的游览等，不要只安排那些父母自己感兴趣的活动。因为父母喜欢的，孩子未必喜欢。当父母观察到孩子对某项活动非常感兴趣时，不要犹豫，帮助孩子继续走下去，努力探索他们在这个领域的潜力。

### 赞美和鼓励是培养孩子才能的法宝

人都希望得到别人的认可，孩子也一样。当孩子从父母的反馈中感觉自己做得很好时，他就会愿意继续做这件事。培养孩子就跟种一棵树是一样的道理，发现了孩子才能的萌芽，还需要持续浇灌它，才有可能开花结果。而**赞美和鼓励就是才能成长的养料。**

当父母发现孩子在某件事上表现出了浓厚的兴趣并在尽力地展示自己的才能时，不妨让孩子知道你为他的才能感到自豪，无论父母自己是否擅长，都要对孩子喜欢尝试的主题保持兴趣。父母可以为孩子提供一些展示才能的机会，如鼓励孩子在亲朋好友面前秀一段自己的拿手好戏，亲朋好友的喝彩会增加孩子继续追逐兴趣的动力。一旦孩子确定了自己的兴趣，并且能够在学校的舞台上有所展示，他们也会获得同龄人的赞赏和支持。

如果有条件，还可以进行适当的投资，例如，让孩子参加相关的课程，和孩子一起关注该领域的赛事，给孩子置办一些必要的设备，等等。

### 进一步扩大孩子对才能的理解

在培养孩子的才能时，父母还要尽可能抓住一切机会，扩大和丰富孩子对他们擅长的事情的理解，这样会更好地引导并激发他们的潜能。可以给孩子介绍其感兴趣的领域的专家，给孩子讲专家们的故事和成就；如果有可能，还可以带孩子进行现场观摩。例如，如果孩子对游泳感兴趣，可以跟孩子一起在电视上观看游泳世锦赛或者奥运会上的游泳比赛；如果孩子对风笛感兴趣，可以带他们去音乐厅观看现场演出。总之，要尽可能为孩子打开这些通往更广阔世界的窗户。

但是千万注意，**不要用力过猛**。即使是天才，也只有在能够享受才能带来的乐趣时才会追求进步。一个潜在的围棋天才如果发现学棋过程只有压抑和沉闷，那他也有可能望而却步，并且拒绝提高自己的棋艺。因此，在培养孩子的过程中一定要把握好度，不能让孩子心生厌烦。但如果父母发现孩子从中获得了巨大的快乐，那就放心地把培养才能当作礼物送给孩子吧！

第三篇

学龄儿童篇

经历了独立的单身生活、恋爱、结婚，以及孕育新生命，家庭的生命周期发展到了有儿童的阶段，但是，儿童的快速成长，父母的职业与身份的必要转换，家庭结构与关系的不断变化，以及社区、城市、文化、网络的相互叠加，使每一个个体、每一个家庭一方面受惠于斯，一方面受制于斯。

对于父母来说，学龄儿童在生活上已经可以自理了，这省了一些事，如他们可以自己吃饭、穿衣、洗漱等，但也增加了许多事，如送孩子上学、辅导学业，甚至管教与沟通等。

不少家庭存在着人口扩张（即养育二孩）的现实需求与压力。一部分二孩养育是基于父母自身的心愿；一部分却起因于家庭的代际派遣；还有一部分家庭的人口扩张是由家庭重组带来的，同父异母或同母异父的子女共同生活在一个屋檐下，只是生活安排就足够琐碎、繁杂。人口扩张的家庭无论多么嘈杂、令人烦心，都足以显示这类家庭在生命发展上的担当。

家有学龄儿童的父母自身其实也处于事业快速发展的年龄段——升职、创业、改行、进修……一方面，他们感觉精力充沛，机遇多多；另一方面，他们也感觉时不我待，压力重重。这个年龄段也是同龄人互动频繁的时期：孤身前往的同学聚会，好友邀约大人小孩共同参加的家庭聚会，甚至几个家庭结伴年度出游等自主发动的或受邀而难以谢绝的种种社交活动……

大部分学龄儿童的祖父母辈尚处于能够生活自理的年龄，不太需要学龄儿童的父母分出精力加以照顾，甚至祖父母辈还会加入养育孙辈的队伍中，提供经济支持，贡献养育经验。有时，祖父母辈不仅仅是解除后顾之忧，甚至是直接包办代替，直至越俎代庖。

学龄儿童正式上学是其初步迈入社会的标志。**这个阶段孩子的综合变化体现在知识上从不知到已知，技能上从不会到熟练，情感**

**上从不愿到愿意。**学龄儿童大范围、多元化、更主动地接触周遭的环境和陌生的世界，会对世界、对事物、对他人甚至对父母老师评头论足。顺理成章，孩子随后的"三观"也奠基于此。

这是家庭发展社会化和儿童成长社会化显著进步的黄金时期。对父母在这个时期如何养育孩子，我们有三条原则性的建议。

**首先，资源的原则。**相信自己的成长经验和人生阅历是养育学龄期儿童的现实的、重要的、不可替代的资源，不论父母从事的是什么职业，职业地位如何，也不论父母成长经历中体验到的是缺憾还是满足、自卑还是自信。养育孩子是一个资源优化的过程，一个弥补和修正的机会。

**其次，信任的原则。**父母相信自己能够估计和判断影响孩子上学的种种因素并在总体上能够实现足够有效的把控。入学之初对孩子有很重要的影响，此外，生二宝、三代同堂的家庭生活、早出晚归辛苦劳作的父母，还有经常出差、长期分居、时而搬迁的家庭变动，还有妈妈刷碗爸爸刷机、妈妈购物爸爸应酬、妈妈零食爸爸烟酒的生活习惯，都是影响父母发挥良好养育功能、推动家庭良性周期成长的种种因素。事实证明，难以化解家庭成长周期中出现的困难的家庭更大概率会养育出"熊孩子"。

**最后，习惯的原则。**虽说小学有 6 年，其实孩子们是在低学段、中学段、高学段之间转换的，学习任务、成长发育、性别差异、性格特点都是成长的内容，都是父母喜于见到的项目，也都是引发父母苦恼的议题。及时响应和应对是重要的，就事论事、杜绝空洞说教是重要的，赏罚兼备是重要的，规避风险是重要的，避免"有一种冷是妈妈觉得你冷"是重要的，忍住不拿别人家的孩子与自家的孩子比较是重要的……在所有这些重要任务中，帮助孩子养成好习惯是最重要的。

　　不同的父母可能从事不同职业的工作者，经历过不同的风雨，来自于不同的家庭，对自己的家庭怀揣不同的希望，所以注定在怎么养育孩子的过程中有不同的方式。

　　但是，所有的话题最终回归到父母的养育功能上。社会已经发展到能容纳各种类型家庭共同存在，虽然我们无从框定最好的养育到底有哪些，但是我们确实愿意铺展不同父母的不同养育，引领父母淬炼更加有效、舒心的养育功能。

**张翔**

# 给学龄儿童父母的一封信

学龄儿童的父母们：

你们好！

因为家有学龄儿童，你们都希望自己成为学龄儿童的好父母。我们也希望如此。

一个看似简单，却也发人深省的问题是：什么才是学龄儿童的好父母呢？换句话说，从准备当父母到成为婴幼儿的父母，到成为学龄前儿童的父母，再到现在成为学龄儿童的父母，对你们而言有什么不同吗？

作为父母，你们大多是三四十岁的成年人，你们是职业大军中最得力、最努力的人，你们是集自我期望和他人期望于一身的人，你们承受压力、实现理想、夯实基础、创造生活，你们追随同龄人、哺育下一代、反哺上一代，是名副其实的顶梁柱。

因为孩子成了学龄儿童，你们看他们的眼神、与他们说话的语气和语调、与他们互动的姿态和动作都不同了，期待与不满混杂，关切与着急同处，比较与评判共存，鼓励与催促交织。

因为家有学龄儿童，你们的社交方式、工作安排、生活作息、家庭分工也都不同了。这几乎是必然的，你们看自己、看孩子的眼神、说话的语气和语速、做出的动作和行为，以及内在的思考和价值判断，都发生了始料未及的、或好或糟的改变。

真的就是这样，你们发现孩子每天的进步不再那么多、那么令人欣喜，相反，你们每天都要回应孩子的各种诉求，如和孩子一起做作业、陪孩子一起做手工。此外，你们还要不自觉、不情愿地关注家长群里的各种信息。放下的是尿布和玩具，拿起的是书本和作业本，加入的是这个群、那个群。

孩子成长的烦恼，就是为人父母的烦恼，就是家庭日常生活的烦恼。

## 作为学龄儿童的父母，希望你们树立以下的观念

- 没有所谓的起跑线，只有行走的姿态。**人生不是更高、更快、更强的竞技场，而是更远、更久、更长的百岁蹉跎。** 依靠行走的姿态，观赏一路的风景，打卡一路的行程，印刻一生的经历，沉淀一生的智慧。可以说，只要人生在世，龟兔赛跑的故事永远都会上演。

- 学龄儿童也有浅显的世界观、人生观和价值观，他们从周围人的言语、行为中获得属于自己的感受与经验。**或许有许许多多事是孩子听不懂、说不清楚的，却没有什么事是孩子感知不到、体会不到的。** 孩子对父母、对家庭、对周遭不是无知无觉的，而是始终有知有觉的。

- 小学是以人格成长为内核的、不止于知识与分数的基础性教育。小学也是孩子无意识成长和有意识成长叠加的关键阶段。从前，人们习惯于把孩子上大学之前的教育视为其走向社会的准备。如今，人们意识到，每一个学习阶段都是人生不可或缺、不可逆转的组成部分。苏格拉底说：不自觉的人生不值得过。我们想说的是：每一段人生都要用值得的方式度过。

## 作为学龄儿童的父母，希望你们拥有养育子女的胜任力

- 要时刻关注学龄儿童成长最重要的主题、重点、难点。

- 所谓读懂孩子，就是要理解影响学龄儿童成长的人、事、物及环境，尤其要理解父母和孩子相互影响的关系。

- 要树立"孩童成长之时，父母成长之机"的观念，不是父母"陪孩子成长"，而是 **"父母和孩子一起生活，一起成长"**。

- 困惑、困扰、困难，甚至失望、失落、失败，都肯定会时不时地出现，就像山里的风，海里的浪，它们是成长中正常的一部分，是人生酸甜苦辣的一部

分。

- 相信爱的力量，但是，这只是一部分，另一部分是相信孩子自己学习的力量、解决问题的力量。
- 要有三个必备的信念：孩子求好的动机一定多于不求进步的愿望，老师的善意一定多于他的恶意，同学的恶作剧一定多于故意伤害。
- 学会遵循儿童的立场，即关注孩子的情绪、关注孩子的想法，关注孩子的行动，这是顺序而为的三个关注。

## 作为学龄儿童的父母，希望你们探讨以下话题时，明了我们的写作意图

- 所有的话题首先从属于某一个年级或某一个学段，其次从属于整个学龄期（即完整的小学阶段），最后从属于孩子从出生到当下的成长。
- 当我们举例时，请留心我们所举的案例，以及我们描述案例的方式，我们的描述个带情绪色彩，不带评判立场。
- 当我们解析时，一方面我们会从理论出发，另一方面我们会尊重个案的特点与差异。
- 当我们建议时，有时候我们侧重于方向性的策略，有时候我们侧重程序性的方法。
- 最后，我们希望我们所说的能得到你们的认同，但是我们更希望在具体话题上你们没有放弃自己的判断力。**我们阐述的信息都替代不了你们的经验、你们的信念、你们的资源、你们的力量，你们才是孩子最可靠、最可爱的父母。**

在这个时代，我们不仅仅可以拥有好的养育，还可以拥有好的家教。

张翔

# 入学季，慌乱季，适应季

每年9月是新生入学季，也是学龄儿童开启学校生活的时候。其实，几乎从年初开始，许多学龄儿童的父母就开始出现各种"慌"。从觉得自己该做点什么，到张望别人在做什么，到后悔自己做得太少、开始得太晚，直至否认自己，觉得自己做得不够好。

陈曦箸的妈妈"慌"孩子的名字。她"慌"的重点不是孩子的名字笔画多、容易写错，而是容易被人读错。自己的孩子是敏感、害羞的那一类，她担心："孩子的名字会不会引发什么糟糕的事情呢？"她获得的建议是：（1）让孩子熟练地记住自己的名字，包括发音、写法及出生在清晨的竹林边的故事，以及父母希望孩子像竹子那样茁壮成长的美好寓意；（2）让孩子试着和其他同龄小朋友讨论对方名字的读音和寓意等。

小金的妈妈"慌"孩子长不大、不懂事的状态。小金一点儿小学生的样子都没有，总是贪玩，也不听话。她说："怎么办呢？虽然我们家的孩子不笨，但是别人家的孩子已经学习了拼音、算术，甚至英语。"她担心自己的孩子从一开始就是那个成绩落后的孩子。她获得的建议是：（1）带着小金串门，告诉左邻右舍，小金长大了，就要上小学啦。（2）观摩邻居家哥哥姐姐做的暑假作业。（3）接到小学老师的问询电话后，主动申请到学校体验半日。

小旻奶奶的"慌"是孩子的爸爸妈妈春天里开始闹离婚，两个人都不管孩子，却都在争孩子的抚养权。"这让孩子怎么上学啊？"她得到的解释是：（1）父母办理离婚，肯定会影响到孩子，但是有奶奶稳定的陪伴，情况不会那么糟糕；（2）正常上学是延续孩子正常成长的最可靠路径，那里有学习的乐趣、老师的关注及同伴的欢乐。

提出问题的家长显然是慌了，但没有提出问题的家长也不见得不慌。一方面，"慌"令人不舒服；另一方面，它也拉开了入学适应的序幕。

## 家长"慌"的原因

**有些"慌"是重视的表现。**"慌"不见得都是坏事，反而可能说明家长更重视孩子的成长与教育。与幼儿园教育不同的是，小学教育在要求上更加正规严格，在评价上更多社会标签。把入学适应的重要性展开来说：

入学的第一天重要吗？重要！

入学的第一周重要吗？非常重要！

入学的一个月重要吗？无比重要！

从长远眼光看小学一年级的入学适应，其重要性不言而喻。

重视一件事情却没有把握能做好这件事情，"慌"起来是一种人之常情：怀疑孩子的能力，担心孩子的努力，舍不得孩子被管理、被制约，假想孩子的懦弱、顽皮、拖拉，假想孩子被误解、被欺负、被耽误……总之，孩子面临着适应学校集体生活的考验，面临着跟上学业进度要求的考验。这些不仅仅是适应，同时也是竞争。

**有些"慌"其实涉及隐私。**上小学会暴露、放大孩子在成长中的不足、短板。自己的孩子有哪些长板，有哪些短板，家长或多或少是知道的，如多动、怯懦、坏脾气、自理能力差、智力发育迟滞等。这些问题在幼儿教育阶段还勉强过得去，在小学教育阶段就难以遮掩了。

**有些"慌"其实并不源自孩子的状况，反而根源在家长自身。**例如，一位家长因为低估自己配合学校教育的能力而"慌"起来，一位家长因为自己是全职太太担负着育儿使命而"慌"起来，一对博士夫妇因为爷爷、奶奶、外公、外婆一大家子都是高学历学者而"慌"起来，一位家长因为离婚处于单亲养育孩子的状况而"慌"起来，一位家长因为别人的孩子早早就预先学习了一年级的科目而"慌"起来。

毋庸讳言，"慌"是会传染的，会在许多父母之间传递，也会通过父母传给孩子，而"慌"造成难以避免的乱。

家长的"慌"是正常的，是孩子入学适应的一部分。换言之，不仅孩子需要适应入学，家长乃至家庭也需要适应。

## 怎么应对"慌"，达成入学适应的常态

**首先**，父母要把孩子上学视作家庭生活的一件大事，就像改变自己的职场岗位（升迁）、改变自己的从业状态（转行），改变自己的创业方向（逐梦）一样。同时，父母要让孩子把上学看成自己成长过程中的一件大事，父母也会参与其中，积极思考、公开讨论、认真计划、付诸实施。

"准备上学"包括公开谈论、共同畅想与期待学校生活，一起采购书包文具等学习用品，一起调整作息等，这些是要从行动上、体验上所做的上学准备。

**其次**，家长可以从五个方面评估孩子的入学适应程度。

1. 生理适应。指的是孩子适应在校的吃、喝、拉、撒、睡。有一些小事情需要特别注意，不要在放学后晚饭前用零食塞饱孩子，这最容易扰乱孩子刚养成的进食规律；也不要让放学时显得困倦的孩子长时间补觉，最多闭目休息 10 分钟到 15 分钟即可。

2. 行为适应。引导、观察孩子怎么听老师提要求、讲规则，怎么看小伙伴做什么、怎么做，怎么跟随班集体一起行动，怎么整理自己的东西，怎么复述学校、班级的规则。

3. 人际适应。用以下语句询问孩子在校的人际互动："有没有过去就认识的同学？""前后左右的同学叫什么名字？""老师或同学有什么让人记得住的特征？""你们在一起说了什么、做了什么？"

4. 情绪适应。情绪适应是最重要的入学适应。好情绪让人轻松、愉快、有效率，坏情绪让人沉重、消极、低效率。因此，如何让孩子感到上学有意思、想上学，是家长引导工作的重中之重。

5. 认知适应。乍看之下，学业最值得重视。其实，其他方面适应后，学业是水到渠成的。小学初始阶段的学业，比拼的并非智力，而是专注力。

**再次**，送孩子上学和接孩子放学是入学适应期亲子互动的绝佳机会。家

长要学会利用好送上学和接放学的机会把话说好。

送孩子上学时，家长一般会说一些关照类的话语："认真点啊！""乖点啊！""听老师话啊！""不要疯啊！""吃得快点啊！"其实，以下这些话也不错："你背书包的样子真好看！""你上学了，老爸可以安心去工作了。""穿红裙子的那个是不是你的同学？""今天护导的是你们的校长啊！"

接孩子放学时，家长一般会忍不住问孩子一天的表现："今天是不是默写了？""今天举手发言了吗？""今天没有被老师批评吧？""今天没有被同学欺负吧？""今天的午饭没有剩下吧？"其实，以下这些话也不错："你们老师用什么方法表扬学生啊？""你们老师今天说什么话让你觉得开心？""下课时，你愿意跟哪个小朋友一起玩？你们在一起会说什么话呢？""午餐不喜欢吃的东西你怎么处理的呢？"

总之，在送孩子上学和接孩子放学的时候，建议家长多说下面这些话。

- 祝愿的话。"祝你今天开开心心！""你觉得今天会发生什么事情让你特别高兴？"

- 提醒的话。"今天要升国旗，排队去操场的时候，你前面的同学会是谁？后面的同学会是谁？并排的同学会是谁？""你把纸巾放在'最可靠'的口袋里了吗？那是哪一个口袋呢？"

- 羡慕的话。"要是你今天又正确回答了老师的提问，就又能被老师表扬了，对吧？说不定能再有一朵小红花，那样你就能得到一颗星了呢！"

- 想念的话。"你存一个亲亲给妈妈吧，要不然妈妈一天都要想着你。"

- 佩服的话。"你上课的时候那么守纪律，是怎么做到的呢？""哇，你的作业写得那么好啊！""我在家长群里看到，×××的家长夸你呢！""你这背书包的样子，比我们当年神气多啦！特别像一名小学生。"

- 好奇的话。"王老师上课的时候，她是站在一个地方不动呢，还是走来走去？""你们张老师是不是嗓门大？爱笑？""李老师今天穿裙子了吗？她的发型是什么样的，跟妈妈一样吗？""吴老师今天上课第一个问题是什么？谁回答的？你举手了吗？"

- 鼓励的话。"我觉得你比从前更认真地听老师说话了！因为你能说出许多老师说的话，真棒！"

- 建议的话。"××推你的时候弄痛了你，不过看在大家都是邻居的份上，给他一个改正的机会，与他和好吧。"

- 惊奇的话。"乖乖！都一个星期了，爸爸妈妈都没有接到老师的报告，说明你在学校表现很好啊！太令人惊奇了，你是怎么做到的呀？""你已经连续三天上课举手回答老师的问题了，而且你每一次都回答正确了，是不是？"

- 信任的话。"你已经会照顾自己啦，把午餐的饭、菜、汤都清盘了！""我相信你的，马上进校门的时候，你肯定会大声说'老师早'的！"

- 传播的话。"我已经发消息给妈妈了，告诉她今天早上你的动作特别利索，特别让人省心。""顺便告诉你，爷爷奶奶昨天听说你得到了上学的第一朵小红花，特别高兴。"

- 关心的话。"我觉得吧，你上学一天挺累的，特别不容易。我骑车的时候，你就靠在我的背上，抱紧我，咱不说话，休息一会儿。"

**最后，提醒家长两点。第一点，上学不是件容易的事，家长要学会温柔地坚持。**孩子上学一周后，疲倦、松懈、拖沓、抱怨、耍赖皮等现象可能都会出现，这些都是正常的，家长要做的就是温柔地坚持。所谓温柔，就是始终不生气，耐心地好言好语；所谓坚持，就是不妥协。早上叫醒的时候孩子赖床，该睡觉的时候孩子滞留在电视前，整理书包的时候孩子推诿责任……家长在这些时候都需要温柔地坚持。

**第二点，国庆长假前后是孩子入学适应的分水岭。**对于大部分孩子来说，长假一定要劳逸结合。所以，补睡眠、补学业、补玩耍、补亲子互动、补信心要同步进行，不建议新生家长安排长假旅行。

入学适应大约需要一个月，这不仅是孩子的事情，也是家长的事情，是孩子和家长一起在完成入学适应。家长有点儿"慌"，这是适应的一部分，是正常的。家长必须重视孩子的入学适应，这关乎孩子今后的学习体验。

张翔

# 孩子的书包，藏着父母的习惯

叶圣陶先生说过：教育就是培养习惯。学龄儿童在小学阶段养成好的习惯将受用一生。这里有两点需要注意：第一，培养学龄儿童的好习惯最好是在小学阶段，且主要责任人是父母；第二，时代不同了，**现在的孩子负担很重，精神上背负的东西比双肩上背负的东西更沉、更重，养成好习惯就更难，也更重要。**

某日早晨，在某小学门口，一位妈妈正怒气冲冲地抱怨自己的孩子，起因是孩子到了校门口才发现自己的英语练习册忘记带。孩子一方面忍受着妈妈的怒斥，一方面哭着执意要求妈妈回家去拿。妈妈虽然特别生气，但是又不得不回去拿。只见她一边继续嚷嚷，一边在自己的包里掏汽车钥匙。可是，她一时半会儿没摸到自己的钥匙，就不免有些恼羞成怒，吼道："我不回去拿，这是你自己的事情，你自己负责，自己解决。说过多少回了，总也改不了。今天偏不替你拿！"这样僵持了许久，妈妈打电话给孩子爸爸："你别睡了！去儿子的房间找找英语练习册，再把我汽车的备用钥匙拿过来，快点！"电话的那一头好像也在抱怨，似乎并不知道汽车的备用钥匙放在哪里。这一边的妈妈没好气地吼道："不知道！你是'死人'啊！不会找找啊！"

## 习惯里到底藏着什么

习惯里藏着每个人自己的欲望。一个习惯即一个欲望，如"饭后一支烟，快活似神仙"。

习惯里藏着便利。习惯一旦养成，是最省心、省事的。紧张时口吃、搓手、抖腿、上厕所，害怕时说谎、躲避、藏匿，都是习惯成自然。

习惯里藏着认同。孩子的许多饮食起居的习惯是跟着父母养成的。随地吐痰、睡懒觉、抠鼻孔、骂脏话、斜眼看人、不洗脚是这样；勤换衣服、礼貌待人、遵守交通信号灯、守时、诚实守信也是这样。

习惯里藏着情绪。"动不动就哭""说发脾气就发脾气""高兴起来就手舞足蹈、大喊大叫""难过的时候就没完没了地吃零食""着急的时候就肚子疼""慌的时候就尿急""怕的时候就躲在姥姥的房间里"。

习惯里藏着性格。习惯是性格的一部分，显示了一个孩子成长中的各种倾向性，是独立还是依赖，是外向还是内向，是理智化还是情绪化。性格体现着个体的为人处世，也彰显着个体间的差异。

习惯里藏着健康。习惯即生活，习惯即生命。快乐者必定拥有快乐的秘方，悲苦者必定背负悲苦的枷锁，长寿者自有长寿的要诀，短命者自有向死的执着。

## 如何培养孩子的习惯

习惯有很多种，孩子要养成的习惯也有很多，如餐饮的习惯、清洁的习惯、穿着的习惯、整理的习惯、阅读的习惯、谈吐的习惯、隐私的习惯、礼貌的习惯、秩序的习惯、效率的习惯、责任的习惯、约束的习惯……那对于学龄期孩子而言，要重点培养哪些习惯呢？

### 基本好习惯养成建议

第一是关于吃、喝、拉、撒、睡的好习惯。一方面要做到营养均衡，一方面要控制好进食的次数与时间。

在上学的路上，我们经常能看到孩子把吃不下、吃不完的食物随手扔掉，说明孩子早上的食欲不振，而这大都与孩子的睡眠不足或者隔夜吃得太多、太晚有关。在放学的路上，我们也经常能看到孩子边走边吃不健康的路边摊零食，或者吃来接放学的祖辈带来的食物——老人们总是认为，孩子在学校的午餐肯定是吃不好的。但这一顿"放学餐"其实是干扰孩子进食规律的杀手。养成规律的进食习惯十分重要，**孩子的肠胃功能不佳、精神萎靡不振、超重肥胖等很多时候其实都和进食习惯有关。**

第二是善待他人的好习惯。其中很重要的是不欺负、不嘲笑、不冷淡同伴，感念、感恩是一种价值，和睦共处是一种能力。

上学后，孩子的人际关系从相对单一的、垂直的亲子关系扩展为纵向的伙伴关系。在伙伴关系中，孩子会体验到亲近带来的友好，疏离带来的冷落，冲突形成的交恶等。此时，既要学会保护自己免受伤害，也要学会善待伙伴。

第三是情绪管理的好习惯。**生活丰富，情绪体验就丰富，这是童年的乐趣，也是养育的烦恼。**父母该如何帮助孩子养成情绪管理的好习惯呢？第一步，辨识情绪，命名它，这是什么情绪。第二步，测量情绪，评量它，这是什么程度的情绪。第三步，情境化情绪，关联它，这个情绪与什么有关。第四步，意义化情绪，探讨它，这个情绪传递了什么信息。第五步，应对情绪，转化它，做什么或不做什么可以让自己感觉好一点儿。

第四是适宜行为的好习惯。手机等电子产品的使用习惯正成为学龄儿童习惯养成中的突出问题。

六年级的小号是从二年级开始使用手机的。刚开始使用的是手机手表，三年级时获得了父亲淘汰的手机，四年级时获得了母亲购买的某款国产手机，五年级时新增了苹果 iPad 及 kindle，六年级时拥有苹果 Pro-Max11。小号不仅是班级里持有电子产品的"小富豪"，也是使用电子产品的"达人"，更是借口查阅资料实则超时玩电子游戏的"麻烦小鬼"，这既影响了其学业、影响了其睡眠，也影响了其视力，甚至影响了其诚实品格的形成。父母说："和其他孩子一样，小号是从幼儿园中班的时候开始接触手机的，那时候一有空就从父母或爷爷奶奶、外公外婆那里拿出手机看动漫视频，久而久之就上瘾了。"现在的情况是小号每天至少玩手机两小时，不惜耽误做作业、违反对父母的承诺，有时夜里不睡觉偷偷玩，被限制使用电子产品时会大哭大闹发脾气，让父母非常担心其接下来的初中生活。

我们给家长的建议**不是禁止孩子使用电子产品，而是以身作则，限时、限互动对象、限浏览范围地使用。**

第五是遵守规则的好习惯。多元文化、娇生惯养使孩子养成遵守规则的习惯更加困难，但是联合国教科文组织指出，**教育的四大支柱分别是：学会做人，学会做事，学会学习，学会与他人共同生活。**因此，让孩子养成遵守规则的习惯是保障孩子成长、成人、成功的重要内容。

父母一定要加强孩子遵守公共规则的习惯，包括遵守法律、公共制度与公共秩序，遵守社会公德。

父母一定要加强孩子信守约定规则的习惯，包括信守与父母的约定、与伙伴的约定、班级的公约。

父母一定要加强孩子恪守安全规则的习惯，包括恪守公共交通安全的信号、公共区域的安全警示。

第六是自己管理学习的好习惯。从一开始就要让孩子明白，学习是自己的事，是其成长过程中必须经历的事，是既充满快乐又充满困难的事，父母的帮助是指导和督促，不可以代劳。

**张翔**

# 3个公式解读学龄儿童的学习方式

在大多数父母的心目中，儿童的成长问题就是儿童的学习问题。中国儿童的成长几乎就是围绕着儿童的学习成效展开的。儿童的学习成效不仅被用来评判儿童的成长是否健康，还关乎父母的脸面、家庭的幸福。

每一对父母都关心孩子的学习，有的偏重以成绩、名次衡量孩子学习结果方面的好坏，有的偏重学习过程方面的习惯、兴趣、速度与节奏，也有的偏重孩子学习中的说教、激励、赏罚。

一年级的吉吉在上学的前两周表现很好，学习轻松，没有什么是他学不会的。从第三周开始，他开始出现各种行为问题，主要是上课坐不住、插话、说话、滋扰别的同学，被批评或管教后就发脾气，有一次甚至尿了裤子，导致被同学们笑话。"不应该这样啊？"妈妈说，"他小学一年级的知识可是都提前学完了呀！"

二年级的薇薇告诉妈妈，她今天给小花、小芬、小菁下跪了，原因是只有她得到了老师的奖品：一支铅笔。薇薇妈妈不解的是，小花、小芬、小菁都是薇薇的好朋友啊！让薇薇妈妈感到诧异的是：薇薇竟然没有显出悲伤的样子，没有觉得这是被羞辱了！

三年级的强强一大早就哭闹不休，不愿意去学校。奶奶劝，妈妈骂，爸爸打，却都没有用。理由只是自己喜欢的语文老师兼班主任更换了。

四年级的佳佳老是偷偷带零食去学校，她不是自己偷着吃，而是偷偷给另外两个伙伴吃。并不是她们两个跟她要着吃，而是她要求她们两个一定要吃掉，否则就不跟她们玩了。佳佳是那种不费什么力就能学习得很好的孩子，而另外两个孩子在学习上则总是磕磕绊绊。

学习对于儿童成长具有不可替代的重要性，但现实的情况是，有些家长高估了这个重要性，另一些家长则低估了这个重要性。而当下最应该做的、最有意义的事情，就是剖析儿童学习的过程。

## 公式1

**学习成效 =f（学习能力 * 学习动力）**

大部分父母对自己孩子的学习能力都自信满满，但父母需要确认两个信息。

第一个信息是，学习能力和学习动力。两者相比，学习能力是一个相对恒定的变量，主要与遗传及早年的养育经验有关。说到遗传，请父母恪守一个基本的信念，即健康的父母养育健康的孩子。另外，还要给大家纠正一个错误的偏见，讲一个正确的观念。

错误的偏见是什么呢？社会地位高的、学历高的人自以为自己的孩子具有遗传的智力优势，社会地位低、学历低的人自以为自己的孩子不具有遗传的智力优势。

正确的观念是什么呢？有一个现象叫作**智力的回归现象**，即无论父母的智力状况如何，下一辈子女的智力水平都会向人类智力的平均水平靠拢。所以，就像人们常说的，上帝是公平的，并不是聪明人的孩子一代比一代更聪明。

第二个信息是学习能力主要取决于智力，而智力又有智商高低、类型不同之分，也有发育成熟早晚的差异。所以，既不要对孩子的智力盲目自信，也不要对孩子的智力盲目失望。重在评估，重在期待，重在激励，重在给予机会。

美国教育学家、心理学家加德纳提出了多元智能论，它们包括语言智能（Verbal/Linguistic）、数理逻辑智能（Logical/Mathematical）、空间智能（Visual/Spatial）、身体 - 运动智能（Bodily/Kinesthetic）、音乐及韵律智能（Musical/Rhythmic）、人际智能（Inter-personal/Social）、内省智能（Intrapersonal/Introspective）、自然探索智能（Naturalist）、存在智能（Existentialist Intelligence）。

这表明，不同人的智力在类型上具有很大的差异。所以，父母与其关注孩子有多聪明，不如关注孩子在哪些方面特别聪明。

其实多一点思考，我们会发现公式 1 可以有许多变化：

**一般的学习成效 =f（一般的学习能力 * 一般的学习动力）**

**比较好的学习成效 =f（一般的学习能力 * 比较好的学习动力）或者**

**比较好的学习成效 =f（比较强的学习能力 * 一般的学习动力）**

**更好的学习成效 =f（比较强的学习能力 * 比较好的学习动力）**

既然学习能力是一个相对恒定的因素，怎么解释一些学习能力确实比较强的孩子没有能够发挥出应有的能力水平，一些学习能力确实比较一般的孩子有可能出现超水平发挥的现象？特别是，如果男孩和女孩的学习能力水平总体是差异不大，为什么女孩子在小学阶段的学习能力发挥往往会优于男孩子？前面的几个案例看起来是常见现象，该怎么解释呢？

有一个现象让许多父母想不通，即我家孩子明明很聪明，应该属于那种学习能力很强的孩子，为什么却显出学习能力不足的样子，甚至显得很不自信？问题的根源在于，**有学习能力不代表有能力感，有学习能力而缺乏能力感是非常可惜的事情。能力感不属于学习能力，而属于学习动力。**

## 公式 2

**学习动力 =f（附属内驱力 * 自我提高内驱力 * 认知内驱力）**

每一个孩子的学习动力都是由三个动力要素构成的，又因年龄、个性而有所不同。

**在小学阶段，学习动力对孩子学习过程及结果的影响最大。**据有经验的老师分析，这个影响**可以达到 50% 以上**。对此，有三点需要说明。

第一点，孩子是否愿意学习取决于附属关系的状态。如果父母与孩子、老师与孩子的关系处于不良状态，那么孩子投入学习的附属内驱力就不仅起不到积极的作用，而且有可能发挥消极的作用。所谓不良状态指的是孩子在主观感受上觉得父母的关系处于冲突之中，或者老师是不喜欢自己的，这让孩子感到担心。

如果孩子的学习受到父母不良关系的影响，成年人（包括老师）会劝说孩子："那是大人的事，不是你的事，你还是要管好自己。"

如果孩子觉得师生关系不良，父母往往会劝说孩子："你管好你自己就可以了，不要受老师的影响。""你是去学习的，又不是去讨好老师的。"

这些劝说之辞看似有理，实则未能理解到孩子的困难所在，更无法帮助孩子战胜困难，所以都难以促进孩子生成良好的学习动力。孩子不被理解，就难以有良好的关系，也就难以有正常的学习。

第二点，孩子愿不愿意学习取决于孩子的社会化成长水平，也就是孩子对主流社会价值的追求，如看重来自他人的评价、看重优化自我的名誉。孩子会异常在乎小红花、红五星、班级干部职位、各种荣誉。

有两种情况需要注意，一是有些父母比孩子还看重这些提高自我感的事情，二是有些父母特别轻视甚至嘲笑这些提高自我感的事情。

第三点，源自孩子对世界、对知识的天然好奇，是一种建立在内心安全感之上的对外界的探索，是一种自发的动力。

许多孩子的学习能力没有发挥出来在于孩子对这个世界、对学习缺乏必要的、充足的、源源不断的动力。

以上三点是相互制约的。许多父母和老师自认为懂得"孩子总是要做吸引人注意力的事情"，常常会说"别理他"。其实，"别理他"的后果很严重。因为学习动力是一个波动的变量，所以如何引导、维持孩子的积极学习动力就成为老师和家长要面对的重要课题。同时，老师和家长还要防止消极动力的生成，不要让自己的行为阻碍孩子发挥自身的学习动力。

## 公式 3

**附属内驱力 =f（吸引的需要 * 抗争的需要 * 报复的需要 * 消极的需要）**

这个公式是基于美国心理学家、精神病学家鲁道夫·德莱库斯对儿童问题行为的见解。一般而言，儿童总是无时无刻不在吸引成年人的注意，这是一种成长的正当需要。如果儿童成功吸引了成年人的注意力，则其在学习、生活中可保持正常状态；如果不成功，则可能出现抗争的现象，即对抗与争夺。如果儿童在抗争中处于下风，则衍生出报复，即出现各种令人反感的行为表现。如果儿童的报复遭遇父母强烈的打压，则受挫至抑郁的状态，这是一种集无助、无能、无效于一体的糟糕感受。

所以，**对于孩子面对的各种情况，我们的态度永远不该是"别理他"，而应该是"怎么理他"**。

## 小结

公式 1 告诉我们，学习的成效与相对稳定的学习能力及相对波动的学习动力有关。

公式 2 告诉我们，学习动力对学习成效的贡献大于学习能力，因为它是可以通过人为努力做出改变的，它包含了附属内驱力、自我提高的内驱力和认知内驱力，而这三者因年龄、性格而有所不同。

公式 3 告诉我们，**对于小学生而言，附属内驱力是最优先、最基础、最重要的动力，因为它指向父母和孩子、老师和孩子、孩子与孩子之间的情感关系**。关系是通过吸引注意力来建立与维持的。

综上，父母不仅要关注孩子的学习，还要关注孩子的学校生活。

### 家庭作业

公式 3 说"如果儿童成功吸引了成年人的注意力，则其在学习、生活中可保持正常状态"，那么"正常状态"包含哪些内容呢？

请根据本节内容具体分析案例。

## 参考答案

如果吉吉没有提前学习小学一年级的课程，可能上课时会多一点专注、多一点学习新知识的乐趣与动力。

薇薇在意老师的奖励，也在意同伴关系，因而忍受了同伴的欺凌。其中的附属内驱力就是人际关系的动力。

强强的哭闹告诉我们，附属内驱力对于小学生来说是第一位的，是无比强大的。重要的也许不是老师是不是喜欢一个孩子，而是这个孩子是不是觉得老师喜欢自己。

佳佳具有某种优势和优越感，她带零食给他人吃的行为表明，她沉浸在自我提高内驱力的享受中。

张翔

# 好动、异动、多动

动是儿童的天性，是生命力、成长力、专长力、创造力的源泉，动不了才是病态的。许多令人称羡的名人小时候都是顽童，到老了还是老顽童。卢梭笔下的爱弥儿、马克·吐温笔下的汤姆·索亚、《钢铁是怎样炼成的》中的保尔·柯察金、《小兵张嘎》中的嘎子都是代表性的顽童，却也都招人喜爱。可惜的是，现行的家庭教育和学校教育已经越来越难以容纳这一类孩童了。

想必许多父母内心也是两难的。一方面希望孩子天真活泼，一方面希望孩子不要招惹是非；一方面希望孩子听话乖巧，一方面希望孩子能独立思考；一方面希望孩子专注学习，一方面希望孩子能开放自我、探索世界。

孩子的天性、父母的期待、学校和社会的规则都会在一定程度上影响孩子的行为。区分孩子的行为是正常的好动，还是有些异常需要关注，有利于家长更好地完成养育的职责。本章将孩子的"动"粗浅地分为三类，即好动、异动、多动。

## 好动

### 好动是孩子的天性

好动与年龄有关，最显著的衡量标准是注意力保持专注的时长，它是不以成人的意志为转移的。在褒义的语境中，好动是指孩子对新奇世界的探索；在中性的语境中，当孩子被要求持续专注的时候，当孩子所处的环境嘈杂、混乱的时候，当孩子的情绪被强制要求所左右的时候，好动指的是孩子不能合乎要求但情有可原地动了起来；在贬义的语境中，好动与不良的个人习惯及养育习惯有关。

父母的养育要适应孩子好动的天性：（1）安排与孩子持续专注时长匹配的学习任务，善于调节孩子的耗费意志力的有意注意与滋养趣味力的无意注意，避免对专注度的过度要求；（2）一方面要以自己的稳定情绪给孩子营造稳定的情绪环境，另一方面要去除和减弱家庭环境中容易分散孩子注意力的物品；（3）培养孩子稳定的注意力习惯。

简而言之，既然好动是孩子的天性，对之进行包容就是父母的功课了。

但家长需要注意，别把包容与包庇混同。包庇是不承认孩子的差错或缺点，自然也没有需要改正之处；包容是承认孩子有些差错或缺点，但都是暂时性的，是能够改正的。

加强孩子的行为塑造和行为矫正是父母的功课，尽管有一些好动只存在于心智不成熟的孩童期，但是不适当的好动并不会"长大了就好了"。

一年级的男生小豪入学一个月了，他在学科学习上的优秀成绩让大家都夸赞不已，但令人啼笑皆非的行为也层出不穷。某次，上课铃响起了，下课疯玩的小豪还没有来得及上厕所小便，他便急中生智地站在花坛边，背对他人直接解决。还有一次，上课铃响起，老师已经准备上课了，发现小豪的座位空着，立刻发动大家寻找。有男生在厕所里找到他。原来是他一边大便一边玩纸巾，一不小心纸巾掉落在了便槽里，他就只好蹲在那里等待他人来解救。

二年级的女生小钰文文静静，但是她的"慢"却成为让老师伤脑筋的事。吃午饭的时候、写作业或考试的时候、排队的时候，她不仅慢到影响班级整体，而且手里还总是要搓揉点东西，如头发、纸巾、衣服的下摆等。

### 不适当的好动

一些不适当的好动行为往往与孩子的受挫经历有关。常见的受挫来源可能有以下三种：（1）学业方面受挫，如作业错误、听写错误、背诵错误、回答提问错误、坐姿错误、考试错误等；（2）人际互动方面受挫，如穿着打扮受挫、玩耍与游戏受挫、关系与友情受挫等；（3）家庭方面受挫，如父母冲突、二孩出生或其他家庭变故等。

不适当的好动常常衍生出许多行为问题，常见的有以下三类：（1）攻击性行为，指对他人或自己实施攻击，如易激惹、找茬、主动攻击别人、过度报复别人，以及自己用头撞墙、扇自己耳光等。（2）破坏性行为，指对自己的、他人的或公共的物品进行损毁，如撕扯衣服、书本、书包，摔、掼、砸、踢、踹、撞桌椅、门窗、栅栏、围栏等。（3）捣乱性行为，指扰乱课堂、班级的正常秩序，如随意说话、走动、进出教室等。

老师跟小吉妈妈沟通说，小吉三番五次地抚摸前排女生的头发，且屡教不改。"他不像顽皮的孩子有意拉扯女生的头发，而是轻柔地抚摸，好像很享受一样。四年级了，这种行为是会被同学嘲笑的，笑他变态。他往往会攻击某个嘲笑他的人。现在，他的前排已经不安排女生了，但是当他有机会靠近女生甚至女老师的时候，他还是会比较多地盯着对方的头发看，建议带他去看看心理医生吧。"妈妈对心理医生说："他小时候，我哄他入睡，常常把头发放在他的手心里，但他上大班之后就不再这样了。去年我和他爸吵闹了一阵，离了婚，他就时常要求跟我睡，睡觉的时候就摸我的头发。会不会是孩子缺乏安全感呢？"

五年级女生小秋最近上课的时候老是写纸条、传纸条。原因很简单，就是班级的人际圈最近发生了比较大的变动，原先的两大阵营分裂成了三个阵营，小秋属于其中一个阵营，被该阵营领头的同学呵斥了，责令其必须在三日内把某位同学赶出去，把另两位同学拉回来，以及最好把另外两个同学的朋友关系拆散，否则就不要回到这个阵营了。所以，小秋就课下忙到课上，班内忙到班外。

### 管理应对策略

事出有因的好动是有办法管理应对的，但要注意：第一，**管理的初衷不是为了减少父母的麻烦，单纯让孩子听话，而是要促进和帮助孩子更好地成**

长；第二，策略是介于抽象观念和具体方法之间的存在，需要父母更多地思考和更灵活地运用。下面介绍七种应对好动的策略。

1.**理解的策略**。好动的背后一定有孩子的某些存在需要和当下的情绪，所以，不要单纯地满足于制止孩子的行为，还需要理解孩子的需要与情绪。

2.**强化的策略**。对孩子适宜的行为予以及时而充分的回应是非常有效的互动策略，但是要避免空洞的夸赞，要实事求是。"你真棒！""今天你真棒！""今天的语文课你真棒！""今天语文课上你朗读古诗词的时候真棒！"同样是称赞，哪个更好？最后一个，因为它更具体。再比较以下两句。"这次数学考试的分数说明你的数学学习能力很好。""这次数学考试倒数第二道题，就是计算楼道面积的题目，你是怎么想到把拐角面积也计算进去的？老师说只有两位同学全对，你是其中之一，真棒！告诉我，你是怎么想到的？"哪个更好？还是后者，因为后者更翔实。

3.**忽略的策略**。养育是胸怀，给予包容；也是艺术，提升境界。在孩子比较小的时候，父母最好能尽可能多地理解孩子的需要并尽可能予以回应。孩子进入学龄期，也就开始正式进入社会评价体系，此时父母需要有更多的克制，也需要给予孩子更多的包容，甚至对孩子的好动行为刻意视而不见。例如，孩子间在互动中会不可避免地发生冲突，当孩子遭遇皮外伤的时候，家长要关切孩子的疼痛，也要弱化受伤的过程、责任的归属，教会孩子以更乐观的态度看待伤势的康复。孩子的善良、仁爱、宽厚、沉稳、勇敢、担责等诸多受用一生的品质就是在这些小事的处置上培养起来的。所以，父母要学会忽略，学会抓大放小，学会抓品质放得失。

4.**独处的策略**。当孩子因好动而犯错，需要让他独自待一会儿，发泄情绪，自我安抚，进行反思，适当表达。不要以父母爱不爱孩子作为孩子认错的筹码，父母不要说："认错的孩子就是妈妈的好孩子！""妈妈不要不认错的孩子。"而要说："认错的孩子依然是妈妈爱的孩子，让妈妈对你的成长更有信心。"

5.**提醒的策略**。这也是预防的策略，要让孩子远离屡教不改，父母能做的就是再三提醒。语言、手势、眼神等都可以起到心领神会的提醒作用。

6. **讨论的策略**。这是相对于说教的策略而言的，说教策略易于实施却难以达到成效。讨论的策略却让父母有机会听到孩子的见解、其行为的理由及其关心的事情，也让孩子有机会了解父母更宽广的视角，听父母陈述自己的理由及其守护切身利益的方法。**中国的学龄儿童需要的不是说教，而是对等的讨论。**

7. **创新解决的策略**。无论孩子犯了什么错误，也许都可以问一问孩子："事已至此，你自己有什么解决的办法吗？为了解决问题你需要哪些支持？怎样算是解决了你自己的问题呢？"

## 异动

有个三年级的男孩，总是在大课间的时候捡两三片新落下的树叶，独自走到校长办公室前的院子里，那里有一处太湖石堆砌的景观，在确认四下无人后，他会蹲在一个漏空的石洞前，把前一天放进去的树叶拿出来，把今天捡的树叶放进去，然后匆匆离去。这名男孩无论是在班级里还是在他的家庭中，都没有什么异常，他和其他孩子一起玩耍，和爸爸妈妈正常地生活。校长在办公室不声不响地观察了他两年，在五年级的时候，他就很少来了。校长庆幸自己没有因为自己看不懂而去打扰他、打扰他的父母。"就好像他每天来喂养洞里的一个或一群无形的小动物一样。"校长回忆说。

有个一年级的男孩，妈妈说："他不像别的孩子那样喜欢使用家里的马桶，他偏偏喜欢公厕，去的时间很长，带的厕纸多到一整包，不知道搞什么名堂。"后来爸爸尾随了他一次才弄明白，小家伙去上厕所的时候，从出家门开始，每3步就在地上放一张纸，双脚踏上去，向前隔3步再放一张纸，如此反复，一直铺到公厕门口。爸爸说："完全搞不懂他在干什么。"心理咨询师说："也许是搭建一座桥吧。"接受心理咨询后的爸爸带孩子购买了一套非常逼真的建设桥梁的玩具，之后孩子再也没有出现这一行为。

异动是指依照我们的经验解释不了的孩子的行为。在这种情况下，成年人大多会产生不好的联想。对此，一个建议是更多地观察孩子的其他行为及其功能是否正常，另一个建议是寻求心理咨询。

## 多动

这里说的多动特指儿童注意缺陷 / 多动障碍（以下简称"多动症"），这是在儿童 7 岁左右才能被明确诊断的心理疾病。

如今，在小学阶段，患有不同程度的多动症的孩子的数量在增加。因此，提醒老师，别把孩子的好动当作多动。同时，提醒父母，别把孩子的多动当作好动。

因为本书对儿童多动症有专门的讨论，此处不再做过多阐述。这里提醒学龄儿童的家长，如果你对孩子的好动、异动、多动产生了孩子患有多动症的联想，请关注孩子的三个方面：第一，注意力是不是稳定；第二，没有意义的多动是不是常态；第三，情绪是不是易激惹。

最后，建议父母，就儿童个体而言，家长要学会从更全面的视角评判其各种行为，不能一方面希望自己的孩子与众不同，特别有出息、有能耐，另一方面又总是用"别人家的孩子"（即求同的思维）判定和约束自己的孩子。就儿童群体而言，现在的孩子，已经在儿童商务、儿童游戏、儿童群落、儿童语系、儿童时尚诸方面建构着我们不见得都看得懂的儿童文化。

张翔

# "熊"孩子成长中的那些事，父母一定要懂

成长中，"熊"孩子的事真不少。就和"逆反"这个词一样，"熊"也是父母对不胜其扰、不堪其忧又无可奈何的孩子的戏谑之称。

奉送给广大父母的第一句话就是：当父母的，一定要记得自己也曾经是孩子，而且自己可能也曾经是令自己的父母头疼的"熊"孩子。

"熊"孩子的"熊"言行大致有三类，下面我们逐一解析。

## 父母自己没有搞懂又失去了耐心

不知大家有没有这样的成长记忆？ 5 岁的孩子每晚睡觉前都要听妈妈讲一个绘本故事，家里有许多绘本，可是孩子始终央求妈妈只讲一个故事，如《是谁嗯嗯在我的头上》或者屎啊、尿啊一类的故事，而且似乎百读不厌。妈妈完全搞不懂孩子为什么喜欢读这些，失望之余也无可奈何，有的妈妈甚至会抱怨为什么有人创作这样主题的绘本。

在孩子比较小的时候，大部分家长都会采取以时间换懂事的策略。可是，上小学的孩子还是不断做出一些让父母搞不懂的"熊"事。

二年级的小茜有一个众所周知的谎言，就是放学的时候她总是对老师说："我妈妈下班晚，她让我晚一点儿出来，她会晚一点儿来接我。"按照学校的管理规定，放学的时候教室里不能留学生，不能让学生脱离老师的管理视线。倘若学生家长因故不能及时来接孩子，不同年级的孩子就被聚拢在"放心班"里，那是靠近学校门口的某个教室，孩子们可以在那里写作业或者坐着玩耍，所以小茜就和许多非同班的孩子待在那里等家长来接。之所以说是众所周知的谎言，是因为她的妈妈是全职太太，从不上班，所以每天放学都准时来学校。小茜的这一做法让老师不解，更让妈妈不解、焦急、没有面子。可无论怎么问她这么做的原因，小茜就是不回答，被

问急了就哭，但隔天故伎重演。于是家长带孩子去做心理咨询，咨询师微笑着"建构"了一个说法："也许孩子很羡慕别人有一个上班的妈妈吧。"之后，小茜的妈妈索性晚15分钟来接孩子，她孩子也就名正言顺地享受了"放心班"的待遇。

六年级的小康是班长，每个学期的三好学生，也是校长的儿子。寒假过后的第一个星期，他就犯错了。那一天的大课间，他把同学们都"赶到"操场上活动，自己却留在教室里，从某男生的书包里找出游戏机，闷头玩起来。谁知，时间过得飞快，同学们"一眨眼"就回到了教室，而他来不及把游戏机还回去，就塞进了裤兜里。事情暴露得很快，游戏机被窃且"窃贼"轻易被找了出来，这让所有人大吃一惊，同学们都沉浸在幸灾乐祸的哄闹之中。班主任很意外，即刻向校长报告，校长错愕之余决定借机惩戒一下儿子。于是，在校长的授意下，班级下午召开了班会，小康声泪俱下地当众检讨。大家以为事情就这么过去了。谁知接下来的两周，小康每周都"偷"别人的东西，"很低级"地被别人发现，"很挫"地接受别人的嘲笑和哄闹。这下，班主任和校长都意识到事情正在朝糟糕的方向发展。"怎么会有人偷给别人看呢？"幸好当校长的妈妈没有因为不解和生气而进一步惩戒孩子，而是带孩子来见了心理老师。心理老师这样说："真正的偷，肯定是让自己受益、让别人受损的不道德的行为。可是，如果有人一次一次地偷给你们看，给你们抓住自己的机会，这是想证明什么呢？"大家恍然大悟："这是反复向我们证明他不是小偷啊！"后来，小康释放了心头的压力，回归了常态。

其实，我们不得不承认，每个年龄段的孩子都有不少匪夷所思的言行。父母能搞懂固然好，搞不懂也并不代表孩子难以管理。父母要学会通过"熊"孩子言行的过程状态和结果状态判定"熊"的程度。

## 孩子真的"熊"

第二类又包含两种情况。

第一种是童年的奢侈光阴。给家长的建议是：如果孩子的行为没有什么危险性、破坏性，可以不必阻止，更不必把孩子的闲暇时间都填满。

想必许多家长都记得自己在孩子小的时候经常带他们玩水、玩沙，那时候父母不仅允许，甚至纵容孩子"瞎玩""瞎闹"，湿淋淋、脏兮兮也毫不在意。孩子上了小学，在有序、紧张的学习之余，最大的惬意就是无所事事、发呆、犯傻、白日梦、自言自语了。

六年级的媛媛已经是身材高挑、饱满的大姑娘了，一天，保姆偷偷告诉妈妈，媛媛最近连着好几天放学回家后就关上房门，作业不做，把小时候的洋娃娃拿出来摆放在地板上，自己则在地板上时坐时躺，自言自语地过家家。在妈妈快要回家的时候，就赶紧收拾好，装模作样地开始写作业。

卿卿也是已经发育了的六年级的女生，但她拒绝穿裙子，只穿运动装。而且妈妈在卿卿的包里发现了一条来历不明的男式运动裤，这让卿卿的父母浮想联翩：是孩子早恋了呢，还是性取向出问题了呢？

孩子这样做的一种可能是消遣、放松自己，另一种可能就是好奇、探索自己，还有一种可能是童年的发泄。给家长的建议是：保持有效的沟通渠道，接纳孩子的负性情绪。

小区的保安告诉小伟的父母，小伟最近多次在小区追打草丛里的猫和狗。"追打流浪的猫和狗还不要紧，有的猫和狗好像是有主人的。"保安这样说。小伟的父母对他的"残暴"也有所担心。在幼儿园中班的时候，小伟曾被发现用树枝砍杀成群的蚂蚁。现在小伟虽已经是三年级的小学生了，但好像还像幼儿园的时候那样不懂事，来情绪的时候完全没有章法，不计后果。

父母不要心存侥幸，不要试图否认，要及时理解，正面解决：一是要明白孩子负性情绪的来源，二是要疏导孩子的负性情绪。

小夏、小秋和小冬都是五年级的孩子，他们一起走在马路边的绿化带旁，有人起头摘了一片黄杨叶掷向同伴后，他们撕扯下更多的树叶相互投掷。不知不觉间，地上一片狼藉。最终他们因为折断、踏断了许多株景观黄杨树而被城管扣留，其父母被叫过来赔偿、领人。小夏的妈妈问了一个看似重要其实并不重要的问题："是谁先动手摘的树叶？"妈妈料想自己的小夏是个"胆小鬼""跟屁虫"，一定不会是带头的，却不料小夏应声回答："是我先弄的。"气得妈妈扬手就是一个巴掌。她到现在都不相信这是小夏带头干的。其实，"熊"孩子的很多"熊"行为，如下河游泳、用石子扔窗户、偷别人家晾晒的馒头干等，是他们的顽劣之心，童皆有之，绝非品德败坏。

孩子心智的成长得益于平时受挫吃亏经验的积累，也得益于对后果的预见与探讨。

某一天，五年级的小文回家后，妈妈发现小文的神色不对，便问他发生了什么事情，他却什么也不说。问多了，他就急得流泪。妈妈没有办法，只好打电话问老师。老师说："放学的时候还好好的，没有看见有什么特殊的情况啊。孩子会不会生病了呢？"妈妈觉得孩子没有身体上的不舒服，但有精神上的压力。晚饭的时候，小文也没有什么胃口，这就让爸爸很生气。爸爸生气的理由是："有事情你说啊，你为什么不说呢？"那小文到底发生了什么事情呢？原来在放学的路上，在一个弄堂的拐角，他看见同班的一个同学被几个高年级的同学围殴，鼻子都被打出了血。那几位打人的同学看见了他并威胁他，如果他敢把这件事告诉老师，他也会被这样打。小文一方面觉得打人是不对的，他应该报告老师，特别是自己的同学被打成那样，会不会被打死？另一方面自己也很害怕，他怕自己也像那个同学一样被其他人打。所以他不知道如何告诉爸爸妈妈，如何表达自己内心的紧张。后来爸爸逼得紧，小强也就断断续续地把事情说了个大概。

孩子的成长过程中一定会发生超出我们视线之外、掌控之外、预料之外的事情，这其中有受伤的可能，也有独立的契机，父母要注意在平时积攒沟通的经验，让孩子的求助、分享通道保持畅通。

第二类的"熊"孩子可能还伴随以下特征：不知不觉的胖，无精打采的丧，没完没了的瘾，稀里糊涂的脏，不明不白的怯，故弄玄虚的藏，不大不小的怪，平白无故的狂。

## 因父母做了什么导致的"熊"

与受家人爱护的孩子相比，父母之间存在持续难以化解的矛盾冲突的孩子，有可能出现四个方面的糟糕的变化。

1. **结盟**。孩子主动或被动地加入父母的冲突之中，与其中一方结盟，以抗衡另一方。无论是死心塌地的结盟，还是策略性的结盟，对孩子内心的伤害都是巨大的。

2. **亲职化**。孩子不得不牺牲自己的孩子气，出让自己的童心和天真，变得乖巧与成熟，以幼小之躯实际担负在心理上看护父母的功能，守护和照看父母冲突中受伤和退行的一方。这是一种提前预支的成长，是一种高能耗的成长。

3. **问题行为**。孩子不堪父母的冲突，在负性情绪笼罩的家庭气氛中爆发或逃离，变成一个问题小孩：荒废学业，到处惹是生非，贻误成长。这种状态有可能牵扯处于冲突中的父母的精力，使他们不得不暂时转移注意力应对孩子的调皮捣蛋；也有可能助推父母之间夫妻情感的分崩离析。

4. **体弱多病**。在长期负性情绪笼罩的家庭气氛中，不堪父母间冲突的孩子的免疫力下降，成为体弱多病的孩子。在这些情况下，也许，父母会暂时休战照顾孩子；也许，父母会变本加厉地指责对方。

## "熊"孩子的恶作剧

最后，我们说说"熊"孩子之间的恶作剧。恶作剧指的是发生在孩子之间的，故意的，想要捉弄、贬低、打击伙伴、令伙伴难堪的一系列不当行为。

从某种意义上说，孩子的健康成长离不开从恶作剧中积攒的经验。当然，这种经验的获得最好是没有伤害的、无关身心痛痒的。

为什么会有恶作剧？其实，在孩子的伙伴关系和人际互动中，充斥着优越与贬低、嫉妒与排斥、报复与控制、亲近与纠缠、信任与猜忌、造谣与诽谤、无中生有与夸大其词、起哄与出风头。

小庄今天过生日，他10岁了。他今天的"恶行"是在英语课上用美工课的小剪刀剪了前排女生的一小撮头发。那不是他讨厌的女生，而是他喜欢的女生。父母可能有所不知，孩子表达喜欢常常是反其道而行之的，否认即喜欢，伤害即靠近。

小胖的恶作剧今天有点大，在信息技术课上，他趁老师走过自己身边的时候，把预先画好、裁剪好的乌龟纸片成功地贴在了老师外套的背襟上。直到老师回办公室后，这纸片才被其他老师发现。当然，事后小胖检讨了，小胖的父亲也专程向老师道了歉，但是小胖的"光荣事迹"传遍了整个校园，让小胖至少"嘚瑟"了两个星期。

可以想象，一些孩子的恶作剧基于个人原因，例如，自卑的孩子不仅可能是恶作剧的接受方，也可能是恶作剧的施予方；一些孩子的恶作剧基于伙伴原因，因为从众是生存的法则；还有一些孩子的恶作剧基于家庭原因，毕竟恶作剧创造了化解压力、显示滑稽幽默，以及展示自身优越感的机会。

应对孩子恶作剧不能用控制与阻止的方式，而应采取理解与化解之道。

张翔

# 养育观念与养育方式

如今，许多父母都有一些儿童心理学的知识，便自觉不自觉将这些知识奉为养育观念，更有人认为自己的养育方式亦是如此。须知，养育观念与养育方式尚有差异。

## 养育观念与养育方式的差异

**首先，养育观念是一回事，养育方式是另一回事。** 我们常常具有某种养育观念，但是实际的养育方式却往往与之相去甚远。

许多家长的养育观念清晰，但是并不正确。例如，许多家长强调的一些做法便极为不妥："做家长的就要保护自己的孩子，我的孩子不能被人欺负，谁欺负我的孩子我就找谁算账。""孩子的成长必须是充实而有计划的，所以负责任有效率的养育就是把孩子的校外生活、实践都安排满。""上学吃的是大锅饭，私教吃的是小灶，二合一才能吃得好。"

许多家长的养育观念模糊，因而走一步算一步。"为什么报 8 个校外班？因为张三家、李四家都报了。""为什么参加夏令营？因为孩子在家待着也是待着。""为什么忍不住要打孩子？没办法，说了他不听啊。"

许多家长的养育观念前后不一致，会随着孩子的成长、时代的变化而波动。就如同走路，家长起初笃定要慢慢地走，一路风光，一路休息；走着走着，变成了小跑，嘴里念叨着起跑线、加油站、领跑、冲刺；接下来觉得小跑的速度也不够快，所以改为骑马或驾车了；最后更是恨不得乘火箭了。在这个过程中，家长的养育观念越来越多，也越来越乱。

有时候，家长的养育方式和养育观念是相互矛盾的，例如，不主张诉诸武力的母亲却动手打了自己的孩子，这种心口不一的行为不仅失信于孩子，也让家长自责、愧疚。

另外，家中各位家长之间的养育观念、养育方式存在许多不一致。这种不一致加剧了各位家长的难处，所谓"做家长难，做两个孩子的家长更难，做不得不求助祖父母辈一起参与带孩子的家长是难上加难"。

有一个小学生偷偷带零食去学校，老师发现后打电话告诉了其父亲。父亲回家后对孩子好一顿批评、责罚，但收效甚微。因为这是母亲私下许可的。母亲并不是要刻意反对父亲，而是从心底认为孩子就是吃零食的年纪，而且学校的伙食也不好。父亲的严厉和母亲的宠溺构成了冲突。

有一个初中男孩总是"带"手机到学校，一有空就玩"王者荣耀"，许多同学会为他打游戏做掩护，因为他是该款游戏的高手玩家，所以被整个年级的小伙伴追捧和拥戴。这种情况屡教不改，让老师和母亲非常烦恼。这个男孩缘何这么张狂呢？原来是暗中得到了父亲的支持。父亲是一个成功人士，对现行的学校教育不太满意，他的观念是："男孩子就是玩大的，就是会犯错误的，男孩子就是应该具有影响力的。"这个父亲自以为是的放任和母亲配合老师所进行的教育构成了冲突。

有一对爷爷奶奶是退休教师，他们全面接管了孙子的家庭教育。他们产生的实际苦恼就是：他们觉得现在的老师太年轻，这也不对，那也不对，每当教师联系孩子的父母沟通孩子的在校问题时，他们都代为回应。后来，他们索性去学校兴师问罪了。他们坚信，他们才是学校教育的行家。

有一对外公外婆对孙辈的教育并不想参与太多，却不得不管，因为自己的女儿闹离婚，女儿女婿谁也不管外孙女。他们勉为其难地养育孩子，只求她不生病，能太太平平地过日子。老师抱怨说："外公外婆随时可以为孩子的过错编造各种谎言。"

养育观念是内隐的、千差万别的，值得每个家长仔细地梳理、反思。下面，让我们聚焦于父母的养育行为，看着父母的哪些养育方式更有效率。

## 父母的养育方式及其类型

教育心理学这门课程介绍了父母的养育方式及其类型。它建立在两个简单的维度上。通俗地讲，要回答两个问题：第一个问题是，你是不是真的爱你的孩子，在多大程度上能接受你的孩子？第二个问题是，你是不是真的在管控你的孩子，花多大的精力管控你的孩子？

根据回答可以建立一个双维度的坐标系，两个坐标轴的两端分别是接受－控制、接受－放任、拒绝（不接受）－控制、拒绝（不接受）－放任，得到的养育类型分别是权威型、专断型、放纵型、忽视型。

- 权威型养育方式：父母树立权威，对孩子理解、尊重，与孩子经常交流并给予其帮助的一种养育方式。
- 专断型养育方式：父母要求子女绝对服从自己，对子女所有的行为都加以保护和监督的一种养育方式。
- 放纵型养育方式：父母对子女抱以积极、肯定的态度，但缺乏控制的养育方式。
- 忽视型养育方式：父母对子女缺乏爱的情感和积极的回应，又缺少行为要求和相应规则控制的一种养育方式。

### 养育方式带给孩子的影响主要有三个方面

**第一是学业成绩**。研究表明，如果父母关心、体谅孩子，同时对孩子有较高的要求，则原本成绩良好的孩子会更加努力，取得更大的成就。

**第二是自我价值感**。研究表明，父母的"过度保护""拒绝、否认""惩罚、严厉"对子女的自我价值感有显著的消极影响。

**第三是心理健康**。父母的养育方式对孩子的心理健康有非常显著的影响。研究表明，如果父母对待孩子缺少温暖的情感和恰当的理解，过多采用惩罚、拒绝和否定的养育方式，则孩子容易感到孤独，形成学习焦虑和社交焦虑等心理障碍，程度严重的还会对父母产生反感甚至敌意的情绪。而过度溺爱或过度保护也容易助长孩子的冲动任性。

## 养育模型拓展

如果把上述模型看作是一个初级模型，在此基础上我们还可以拓展出一个新的模型。

众所周知，权威是权威，民主是民主，权威和民主不是一回事，所以把它们放在一个象限里似乎有些不妥。而且，父母专断地对待孩子和粗暴地用武力对待孩子也是不一样的，虽然时代进步很多，但是动辄对孩子拳脚相加的父母仍不在少数，这是粗暴地用武力对待孩子而不是专断，所以两者之间需要更精细的甄别；再者，很多父母既十分爱孩子，又十分控制孩子，结果就是让父母给予孩子的爱大打折扣……那应该如何更具体地进行划分呢？让我们对初级模型做进一步的演绎。

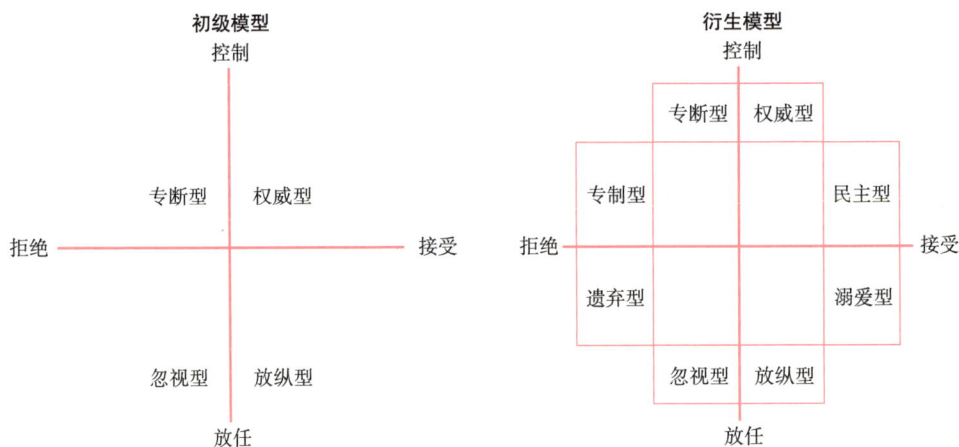

| 初级模型 | 衍生模型 |
|---|---|

```
         初级模型                                 衍生模型
           控制                                     控制
            |                                        |
            |                              专断型  |  权威型
            |                           ┌─────────┬─────────┐
     专断型 | 权威型              专制型 |         |   民主型 |
  拒绝 ─────┼───── 接受          拒绝 ───┤         |         ├── 接受
     忽视型 | 放纵型              遗弃型 |         |   溺爱型 |
            |                           └─────────┴─────────┘
            |                              忽视型  |  放纵型
           放任                                    |
                                                  放任
```

"我怎么会是这样养育我的孩子的呢？"父母可能时常这么问自己。这时就需要父母进行反思。

## 不知如何是好的境遇是现实压力应对的根源

没有对比就没有伤害。有一位女性和入赘的丈夫生育了两个孩子。老大是男孩，随母姓，老大的出生对于入赘家庭来说具有特别的意义。后来丈夫提出再生一个，不管男女，都随父姓，于是有了随父姓的妹妹。在养育妹妹的过程中，母亲对比发现老大不聪敏，还好动，上小学就跟不上正常孩子的学业进度。母亲哭诉："我们家不划算啊！他们家占便宜啦！"这样的例子还有很多，"别人家的孩子"和"别人家的父母"便是如此。

父母的受教育程度、职业及社会身份很大程度上塑造了父母的养育方式。**过去，家庭在生活方式上深受左邻右舍的影响，现在，则深受社会阶层及所在群落的影响，有许多养育方式就像流行和时尚一样左右着家庭的养育，**如选择学区房、参加补习班、假期外出旅行、社交聚会等。

父母的养育方式还根植于自己所经历的养育经验，不管是良好的还是糟糕的。父母所经历的良好养育对其自身当下养儿育女的影响自不待言，而父母所经历的不良养育也极易在其自身当下的养儿育女中有所体现，不论他们多么不希望如此。例如，小时候被打骂的人曾经发誓，如果自己成为父母绝不打骂自己的孩子，可事到临头，往往事与愿违，父母懊悔之声我们听到很多："我怎么就动手打了我的孩子呢？我多么该死啊！我不是一个好妈妈啊！"是的，我们确实有可能做出事与愿违、言行不一的事情来。这也正好印证了一个道理：做父母不是人生来就会的，而是需要经过后天学习的。

## 养育方式的难点在于养育行为的一致性

养育方式的难点在于养育行为的一致性，而父母在养育中的不一致主要体现在以下四个方面。

第一个不一致指的是个人养育方式的摇摆不定。比较常见的是父母的个人情绪左右了其养育中的尺度把握。例如，今天股票赚钱了，情绪大好，尺度就放宽些；而若今天夫妻闹了别扭，一方需要孩子做自己的同盟军，那尺度也会放宽些。改进的建议是：把底线筑好，不要随意改动。

第二个不一致指的是父母双方在养育观念、养育方式上存在分歧。常见的情况是爸爸宽、妈妈严，或者爸爸妈妈轮流制造"鸡飞狗跳"的养育气氛。改进的建议是：除了增加必要的协调和协同，一方面可以就养育的内容进行分工，就如同项目管理，彼此不相互掣肘；另一方面要保留差异，让孩子接受这是爸爸的方式，那是妈妈的方式。不同也并非都是糟糕的事情，家庭可以尝试体验多元的养育方式。

第三个不一致最令人哭笑不得，是祖父母、外祖父母与父母在养育中的冲突，以及祖父母与外祖父母之间在养育方面的明争暗斗。改进的建议是：牢固树立父母是养育孩子的第一责任人的意识，明确父母的养育功能才是最适合孩子成长的，不要把养育的主要事务交付给长辈承担。即使是万般无奈的忙碌父母，也要把握好养育孩子的决定权和主导权。

第四个不一致也屡见不鲜，是父母在对待孩子的学业和对待孩子的人际交往、人格养成、生活习惯诸方面的不一致。中国式家长在这个不一致方面付出的代价最为惨重。改进建议是：面面俱到，一视同仁，唯学业的养育方式要不得，人格养成最重要！

**什么才是好的养育方式？从类型上说，是民主型的养育方式；从特征上说，是把对孩子的爱贯穿始终的养育方式，既要让孩子有做人的底线，又要让孩子有想努力达成的目标。**

最后，把黎巴嫩诗人纪伯伦的诗送给各位父母。

《孩子》

你的儿女，其实不是你的儿女。

他们是生命对于自身渴望而诞生的孩子。

他们借助你来到这世界，却非因你而来。

他们在你身旁，却并不属于你。

你可以给予他们的是你的爱，却不是你的想法，

因为他们有自己的思想。

你可以庇护的是他们的身体，却不是他们的灵魂，

因为他们的灵魂属于明天，属于你做梦也无法到达的明天。

你可以拼尽全力，变得像他们一样，

却不要让他们变得和你一样，

因为生命不会后退，也不在过去停留。

你是弓，儿女是从你那里射出的箭。

弓箭手望着未来之路上的箭靶，

他用尽力气将你拉开，使他的箭射得又快又远。

怀着快乐的心情，在弓箭手的手中弯曲吧，

因为他爱一路飞翔的箭，也爱无比稳定的弓。

张翔

# 给孩子合适的期待和 "派遣"

## 父母都在意养育好子女

中国的父母在养育子女上越来越舍得花钱，养育支出在家庭支出中的占比逐年升高。

中国的父母越来越重视子女的文化与学科学习，各种私教班、课后班、兴趣班、特长班层出不穷，线上课方兴未艾。

中国的父母不断更新养育子女的观念和方法，以求更好的养育效果。为此，家长自身也越来越多地投入到如何养育孩子的学习中，樊登读书会、家长读书、家长沙龙、正念教育培训、能效家长训练等培训机构或培训课程如同雨后春笋般兴起。

## 被 "流行" 的养育观念左右的父母

**当下，许多父母都受到某些 "流行" 的养育观念的影响。**

既然是流行的，就是大多数父母认同的，也大概率是正确的，也是应该遵循的。对大部分人来说，从众意味着某种安全感。

虽然教育专家说：没有所谓的起跑线，只有行进的姿态。可是流行的养育观念却依然主导着父母，这些观念是始于早教，贯穿于私教。其内容不仅涉及专注力、创造力，也包括审美力、领导力，以及 "学科提早学习" 的共识。

毫无疑问，一些流行的养育观念是被制造出来的，更多导向一种跟风行为。一个孩子在日记里这样写道："我和爸妈不是在某个学校，就是在去某个学校的路上，因为别的同学都这样，所以爸妈说我也必须这样。"

遗憾的是，"被流行"的家长一直是养育现象导向的，而不是养育成效导向的。

**养育子女不是群体化的行为，而是个性化的，它基于每个孩子的不同，需要个人化的专属方案。**

当今社会中，各种养育的奇特现象频繁出现。

例如，有人对当代的学校教育深恶痛绝，毅然携子女离开学校，甚至离开都市，自信可以给子女更有人生意义的文化知识和童年经验，但这一观念却是父母无视孩童的需要，须知，孩子需要同龄人以缔结伙伴情谊，需要老师以播种社会心智。

再举例来说。有人过于强调对子女的保护，一听孩子在学校遭遇了"不公平待遇"，不问青红皂白就急吼吼地让孩子转学，不仅展现了父母对于校园环境及人际互动过于理想化的诉求，而且不自觉地示范了一遇困境就逃离现场、转头他处的不当处事方式。

也有人一方面花重金托人情，以便为孩子谋求就读好学校、好班级的机会，因为他们奉行"凤凰出在凤凰窝"的观念；另一方面却无视孩子的实际水平与好学校、好班级（即高水平）的现实差距。

在上述养育实例中，父母不仅耽误了子女的前程，扭曲了子女的健康人格，还威胁了子女的精神状态，甚至生命安全。

无论是养育观念清晰的父母，还是养育观念模糊的父母，抑或是养育观念自相矛盾的父母，都只注重养育观念，而从未察觉养育观念之外的养育方式。


## 父母的期待对子女的塑造

上述父母让孩子成长为父母期待的样子而不自知，或者还认为自己的养育颇为成功。这些可以用派遣理论来解释。派遣理论是德国心理学家赫尔姆·史第尔林在 20 世纪 70 年代提出的。他认为，养育子女的过程其实就是一个派遣的过程，上级派遣下级完成上级布置的某个任务。例如，地主把土地分派给佃户去耕种，佃户在收获的时候交租给地主，佃户看似自由地耕作，但其实佃户是为地主服务的，其自主权有限。而在亲子关系中，一些父母养育孩子时表面上看是为了孩子好，实际上是为了父母自己好。因此，他们让孩子逐渐成长为父母期待的、中意的人。在这个过程中，父母错了吗？父母错了，但又没错。

值得思考的是，父母让孩子逐渐成长为父母期待的、中意的人的同时，孩子能否成为他自己期待的、中意的人。换句话说，父母可以让子女这样成长，但子女也有权利选择那样成长。

有几种现实中的情况值得我们深究。

第一，父母努力让子女成为这样的人，是因为**父母不相信子女有权利、有能力成为别样的人**。也就是说，父母**习惯于替子女做选择、做决定**。

在小学四年级之前，这种替子女做选择与决定的做法或许还说得去，但是五六年级的孩子常会表现出明目张胆的反抗，或者不情不愿的拖延、失误、遗忘，甚至情绪消极、身体不适，这些都可能是无意识的抵抗。

试想，父母这样做会不会是以"为孩子好"的名义实际上满足父母自己管控孩子的欲望呢？或者，给孩子由内而外打上父母的烙印，满足父母曾经拥有或未曾拥有的虚荣呢？

第二，父母在养育子女的过程中难免存在双方意见不一致的情况，甚至为此出现夫妻矛盾也不鲜见，于是，争取子女站在自己一方就显得尤为重要，这增添了战胜对方的筹码。这时，**父母向子女派遣了与父母中的一方结盟的意向与愿望，这其实也是来自父母双方的压力**。有一个 10 岁的孩子拒绝参加学校组织的成长礼，大哭、大闹并喊道："我不要长大。"原来是他从小一直听妈妈自怨自艾地说："等你长大了，妈妈就跟爸爸离婚。"另一个孩子也拒绝接受自己已经 10 岁的现实，她说："要是 10 岁了，就要去法庭回答法官的问题，就要选择跟爸爸还是跟妈妈。"

在养育孩子的过程中，父母有太多搞不清楚的问题。这些问题部分是受环境的影响，部分源自父母自身的人生经验，还有部分则根源于父母的家族文化和家乡文化——这些都是现实而潜在的文化基因。

其实，很多时候，父母根本就不知道自己做了什么，根本就不知道自己这么做是为了什么，也不知道这么做是跟谁学的。而有些时候，父母好像又知道自己在做什么，但是却不知道为什么这么做，或者知道自己为什么这么做，却不明确自己是否能达成自己想要达成的那个目标。

父母或许并不清楚以下行为会对子女产生多大的影响：

父母随手放包、随意摆放外套；

父母公开或偷偷地剔牙、挖鼻孔、吐痰、挠头；

父母把剩饭剩菜直接倒掉或者打包回家；

喝汤的时候，父母嘴里发出吧唧嘴的声音；

父母是怎样过马路、看信号灯的；

父母对待一条狗、一只猫或一群小鸟的态度；

跟人交谈的时候，父母跷着脚颠来颠去；

父母在背后议论邻居，当面却奉承邻居；

父母看人下菜碟，表现得心不在焉、傲慢豪横或低三下四；

父母揣摩别人的意图，也揣摩别人对自己的态度。

**父母可能意识不到，父母自己在有意无意中派遣了子女，也派遣了自己的生活习惯与处世态度。**

## 澄清养育观念和养育方式

既然派遣是普遍存在的一种现象，那么父母拥有更明确、更恰当的养育观念和养育方式就显得十分重要。而父母拥有良好的自我感觉，更加自信，也是非常重要的。

现在让我们来做 3 个测试。

第一个测试，连续写出 5 条你认为重要的养育观念与养育方式并给它们排序。再连续写出 3 条你认为不重要的养育观念与养育方式并给它们排序。

1.     1.

2.     2.

3.     3.

4.

5.

第二个测试，连续写出 5 条自己独有的养育观念与养育方式。再连续写出 3 条受他人影响而形成的养育观念与养育方式。

1.     1.

2.     2.

3.     3.

4.

5.

第三个测试，至少写出 5 条受家族传统影响而形成的养育观念与养育方式。至少写出 3 条夫妻之间有差异的养育观念与养育方式。

1.     1.

2.     2.

3.     3.

4.

5.

## 如何避免养育失败

养育其实就是父母给子女施加影响的过程，而施加影响的过程就是派遣的过程。所以，父母应该了解并规避以下派遣失败的现象。

1. **派遣过度**。学龄儿童是即将进入青春期的孩子，如果一个孩子在成人面前过于乖巧、懂事而失去天真、烂漫，常被认为是由派遣过度导致的。因为如果没有不必要的家庭压力，孩童也没有必要成为一个"小大人"。

2. **派遣冲突**。派遣冲突主要有以下三种。第一种，他在某位家长面前不知如何是好，左也不是，右也不是。一个笑话说的就是这种现象。家长教训犯错的孩子："你知道自己错在哪里了吗？"孩子回答："不知道。"家长说"为什么长这么大还不知道？"家长又问："你知道自己错在哪里了吗？"孩子回答："知道。"家长说："知道了为什么还要犯错？"第二种，他夹在父母的争执之中，被要求站队、结盟，且无论其怎么表态，最终都是错的，都是两面派，都不讨好。第三种，他夹在父母与祖父母或外祖父母的冲突之中，靠近不得，却又离开不了。

3. **派遣对抗**。孩子以牺牲正常成长为代价对抗父母的派遣，即拒绝接受派遣。

4. **派遣回避**。孩子回避与父母的正常互动，表现为不守信、说谎、逃作业、逃学、逃家等。

5. **派遣拖延**。孩子低效率地响应父母的要求，被动地行动，各种找借口，各种打岔，各种丢三落四。

父母要检视自己在养育过程中那些有意无意的派遣行为，**适当地让出空间，让孩子可以走自己的人生道路**。父母不必过度担心，孩子虽"借助你们来到这世界，却非因你们而来"，他们奔向的是家长"做梦也无法到达的明天"。

**张翔**

# 父母如何帮助学龄儿童应对家庭的变化

我们渴望社会生活稳定，可它始终处在发展之中；我们渴望家庭生活静好，可它总是面临变化；我们渴望孩子健康成长，可成长一直需要妥当应对现实的压力，特别是因为家庭变化而带来的那些压力。

有的家庭在经济危机中遭遇破产，随之而来的可能是孩子有机会见证父母团结一心东山再起；有的家庭因亲人突发重大疾病而陷入生离死别的痛苦，随之而来的可能是孩子有机会融入在困境中相依相助、相亲相爱的浓浓亲情；有的家庭因中彩票大奖而纠缠于一夜暴富的混乱，随之而来的可能是孩子被卷入一场因为富有而引发的战争之中。

父母要帮助孩子应对那些难以应对却必须应对的生活事件，无论是困苦的现实，还是突如其来的变故。

## 父母婚姻的变化对孩子的巨大影响

父母婚姻状况的改变在当今社会并不鲜见。对于孩子来说，父母离异是一场改变其人生轨迹的经历，即使最理智的父母也难以避免对孩子造成负面的影响。父母要清楚，**离异是成年人抱着负责任的态度处理个人情感的理性抉择，父母要做的不是为了孩子不离异，而是尽量把离异对孩子的影响降到最低**。

### 父母离异时孩子可能的情绪

在父母离异的过程中，小学阶段的孩子最可能出现的内在心理与负性情绪包括以下几点。

1. 疑虑并认定父母离异是自己不够好造成的。例如，认为自己是有天生疾患的，自己是蠢笨、难看、招惹麻烦的，甚至是没有人爱的、多余的，等等。

2.纠结于父母争吵的时候自己应该帮谁，父母离异的时候自己想跟谁，又该跟谁。

3.认定自己应该承担某些责任，所以不惜代价地尽力挽救或改善父母的关系。

4.在学校做出招惹麻烦的行为，如挑衅同学、顶撞老师、违反校规，甚至逃学、离家等。

5.父母的冲突和离异可能给孩子带来突发的或长时间的紧张感，导致孩子出现各种疾病，如免疫力下降导致的感冒发烧、不明原因的疼痛、呼吸道或消化道炎症、眩晕及心悸等。

一个四年级的女孩，父母因母亲出轨多次发生剧烈的冲突，父亲异常痛苦，常借酒消愁。女孩觉得父亲是因为舍不得自己才要忍受这种羞辱，所以某天趁母亲不在，就对父亲说："爸爸，你和妈妈离婚吧。离婚的时候，我跟你走。"这给了父亲离婚的动力。但当法官当庭询问女孩在父母离婚后跟谁过的时候，女孩咬着牙、含着泪毅然地说："我跟妈妈，我不跟爸爸。"这让母亲开心，却让父亲当场崩溃。父亲立刻搬离，从此不再与女孩有任何联系。女孩的生活、学业、精神状况每况愈下，她觉得是自己抛弃了父亲。可是，她为什么出尔反尔呢？她在日记中写道："爸爸有照顾自己的能力，妈妈没有。要是我跟了爸爸，爸爸就会照顾我，可是谁照顾妈妈呢？"

## 父母可以怎么做

- 界定。界定家庭当下面临的问题，即父母一方或双方共同和孩子谈论冲突，讲清楚这是夫妻之间的冲突，与孩子无关。
- 预警。预警冲突的不良影响，预设困难情况的解决方案。例如，让孩子回奶奶家吃饭睡觉，有事打电话给某位叔叔或阿姨。

- 示范。示范成年人解决冲突的能力，尤其是将负性情绪转化为理性沟通的能力。
- 保障。保障父母的功能，尤其是在夫妻冷战的时候，不要切断与孩子的联系，不要阻断孩子与另一方的联系，更不要拒绝给予孩子抚养费。
- 避免。避免自己或对方与孩子结盟，避免孩子主动或被动地参与结盟。
- 禁忌。在与对方的冲突中，切忌不要将孩子当成工具和筹码。
- 提醒。提醒已经离异或打算再婚的父母，婚姻变化会触动孩子对亲生父母的忠诚心，也会动摇他们对自己的认同感。

## 移居也会给孩子带来很大的成长性影响

移居、搬家是现代家庭生活免不了要经历的事。有些是从北向南移，有些是从西向东搬，有些是从乡村去往都市，有些是从海外回归故土，有些是搬进了大房子，有些是为了相互照顾搬得离爷爷奶奶、外公外婆更近，有些是冲着学区房去的……移居也会给孩子带来很大的成长性影响。好的移居是故事，糟的移居是事故。大部分移居虽然看起来都是好事情，但因为大人和孩子都需要适应这种变化，因而也都不容易。

一个六年级的女孩三个星期前搬家了，新家距离学校更近，房子也更大，可是女孩最近两个星期却总处于"恍恍惚惚，魂不守舍"的状态。老师告诉家长，他"就是上课走神，走路发呆，和小伙伴在一起莫名其妙就生气，生气之后再去道歉，道歉的时候会送礼、发誓、找其他小伙伴作见证"。妈妈也发现，孩子好几次回家都晚了，原本步行到家只要10分钟左右的时间，现在有时需要40分钟，甚至接近一个小时。问她去了哪里，跟谁在一起，都做了什么，她也不说。女孩是三个月之前就被告知他们要搬家了，并且知道自己将拥有一个属于自己的大房间，有独立的卫生间，还有朝东的飘窗。而且，要不了多久，她就要当姐姐了。女孩确实喜欢自己的新房间，但在是否喜欢成为姐姐这点上有些不确定，而且对搬家她也有自己的不舒服和不舍得。她感受到了二宝出世带给自己的威胁，她私下想："大房子是因为二宝才有的，不是因为自己。"她最不舍得的是原先社区的那两只流浪猫，自己离开了，谁继续照顾它们呢？所以，好几次放学后她都要回原来的社区看看她放心不下的那两只流浪猫。

这个实例带给父母的启示是，接受新的、更好的，或者告别旧的、不那么好的，不见得是顺理成章的事。与其说我们是活在好或不好之中，不如说我们是活在熟悉或不熟悉之中。每一次的断舍离，都需要一次心理健康的重建。

在本案例中，二宝即将出生，大宝会怎么想呢？

第一，父母给我的爱肯定会不如从前。即便父母保证会像从前一样爱我，而且也不是虚情假意，但至少他们可能力不从心。

第二，做姐姐，或许也有些好玩的时候，但更多的是烦人的事情吧，我会被打扰，二宝不会像小动物那样，由我说了算。

第三，没准父母还会跟我提更多的要求，说什么"你是姐姐了，少让我们操心，做二宝的好榜样，做爸爸妈妈的好帮手"之类。

对家有二宝的父母来说，问题不是大宝是否喜欢二宝，也不是生二宝需要征求大宝的意见，而是要把生二宝当作一件家庭大事，是整个家庭对生命的共同期盼。生二宝和大宝入学、升学等一样，都是家里有意义的大事。

## 生命和成长的过程充满了丧失与哀伤

生命和成长的过程充满了丧失与哀伤，是不得不接受的经历与体验。

从慵懒的小猫走失、聒噪的鹦鹉逃笼，到活泼的小狗遭遇车祸；从花树枯萎、玩具损坏，到肢体伤残及亲人亡故……孩子和我们一样经历着不一定有准备、不一定有预感，更非情愿面对的丧失与哀伤。面对丧失与哀伤，许多父母都不知所措。

一个一年级的男孩，父母感情极好，父亲加班猝亡，母亲悲恸数日不能自已。在处理后事的一个月中，男孩全靠舅舅舅妈照顾，上学、放学、写作业，一切如常。等妈妈把孩子接回家，恢复正常上班后，孩子却出现上课嗜睡、饭量下降、与伙伴互动减少、作业拖拉或遗忘、发呆失神、遗尿、做噩梦等情况。心理咨询师给出的解释是："失去爸爸对孩子而言本来就是极为伤痛的事情，需要得到及时的照顾与宣泄。当最重要的照顾者——母亲处于自顾不暇的状态时，孩子不自觉地把哀伤的机会'让'给了母亲，且让自己显出'我不用大家担心'的样子，这就压抑了他自身巨大的丧父之痛，这是需要进行一段时间的哀伤治疗的。"

一对四年级的双胞胎男孩在开学后的一个月里不断惹事：频繁迟到，多次逃学；贪玩游戏，彻夜不休；顶撞、辱骂老师和保安；结伴伤人，下手很重。学校打电话联系作为监护人的母亲，起初对方还会说"对不起""给你们添麻烦了""我会管他们的"，后来就是语无伦次的解释，最后干脆不再接老师的电话。原来，在孩子三年级的时候，其父亲遭遇车祸亡故，母亲改嫁，爷爷负责照顾哥俩，可是三个月前爷爷突发脑梗病故。而奶奶在他们幼儿园大班的时候就病故了。一个完整的家庭在五年之内经历了三次重大的亲人亡故。尽管邻里、亲戚、朋友给予了他们许多经济上的帮助和日常生活中的照料，但是丧失之痛还是转化成了双胞胎男孩对生活的敌意、对生存的惊恐、对生命的疑虑。

即使对于成年人而言，丧失都属于重大的生活事件，也需要时间调整才能面对。对孩子而言，丧失也绝不是如成人想的"过几天就忘了"，或者"难以应对"，但孩子需要家长的帮助。以下是给学龄儿童家长的几点建议。

第一，小学阶段是生命教育最重要的阶段，包括安全教育、生命价值教育等。家庭和学校都是实施生命教育的主体。

第二，学龄儿童有能力理解生命的意义以及生活事件的过程，所以当丧失事件发生后，无须回避哀伤，要尽可能和孩子一起参加相关哀悼仪式，让孩子有机会在家人的陪同下公开表达自己的哀伤，但要避免让孩子到令其心生恐惧的现场。

第三，宠物是孩子的过渡性客体，是孩子寄托情感、处理情绪、施加投射、接收认同、实施控制、对话自我的重要载体，所以，宠物丧失后，切不可草率对待。

第四，亲人，尤其是父母或祖辈照料者，是孩子生命成长中的重要他人，是其无可替代的依恋客体，他们既是手手相牵的物理存在，也是心心相印的精神存在。所以，每一次生离的难过与死别的悲痛都是刻骨铭心的。

所有这些都是不得不接受的经历与体验，哀伤难以逃避，而对亡者的缅怀则是亡者活在生者心中的形式。

**张翔**

# 学龄儿童的成长风险

成长是有风险的。发烧感冒是有风险的，戏水是有风险的，骑单车是有风险的，独自外出是有风险的，打打杀杀的游戏也是有风险的。而我们这里要讨论的却不止这些。近年来，学龄儿童的成长风险呈现出一些令人担忧的迹象。有些风险直击其幼稚的心灵，有些风险则直击其脆弱的生命。

## 那些难以言说的痛

### 性侵

一名四年级的女生从幼年起就遭到独居的老年邻居的性侵。原来女孩父母把她托付给爷爷奶奶养育，爷爷有自己的工作，奶奶每天下午要去棋牌室打麻将，常常把女孩交给从不外出的木匠老头照看。从幼年起，性侵就以强迫、恐吓及利诱的方式持续。在外人的眼里，木匠爷爷对女孩挺好的，女孩也喜欢他，常常去他那里待着。直到女孩上生理卫生课，学习自我照顾与防护时，她才意识到自己遇到的木匠爷爷对自己的所作所为是犯法的。

国内外的研究及日常经验都告诉我们：许多伤害并非来自陌生人，而是来自熟悉的邻里、亲朋。

该类案例的困难在于：女孩的健康人格需要悉心陪护和重建。

该类案例的启示是：无论是女孩还是男孩，关于性安全的知识与保护意识的教育都可以早一些进行，起码要比学认字、学计算、学英语要早。

### 出生的谜团

七年级的小强上了一堂主题为"感恩"的班会课，这堂班会课是全体同学和家长共同参与的。许多家长讲述自己孩子出生的故事、姓名的故事、抚养的故事。小强的妈妈也讲述了关于小强早产的故事。那一天，许多孩子和家长都流泪了，小强更是哭得不能自己。妈妈以为是自己的讲述感动了小强，说："妈妈应该早一点儿告诉你的。感谢你那么顽强地活过来、长大！"其实，在小强的心底，从二年级起就埋藏了一个秘密。那时他与某个小伙伴发生冲突，气不过的小伙伴反复大声地喊："你是个杂种！你是个杂种！"小强不懂这是什么意思，隐隐地觉得自己会不会不是父母的亲生儿子。今天听了妈妈的讲述，小强终于释然了。他是快乐得哭了！

该类案例的遗憾在于：许多父母都会在孩子出生的话题上讳莫如深，每当孩子问起，父母最常见的回应方式就是开玩笑，诸如"你是捡来的""你是胳肢窝里蹦出来的"。殊不知，对该问题的疑惑有可能成为孩子的隐痛。

该类案例的启示是：早些多和孩子讲述家里的故事，如孕育孩子的故事、早年喂养的故事、姓名寓意的故事、许多"第一次"的故事，以及父母之间的感情故事等。

### 手机和电脑使用失当

一个六年级的女生在校因为生理期初潮措手不及而接受老师的帮助时，老师意外发现其大腿内侧有许多结痂的伤痕。心理老师耐心询问后得知，这些伤痕都是她自己在自责的时候抓破或掐破的。她为什么要伤害自己呢？大约从三年级起，父母因为比较忙碌而无暇接孩子放学，为方便及时联系就给她买了手机，不料手机里会自动弹出各种少儿不宜的画面，女孩有些好奇就点进去查看，再后来就会持续接收到更多的类似信息。女孩一边知道不应该看，一边忍不住想看，久而久之就特别自责，为缓解这种情绪，她就时不时地抓自己或掐自己。

一个五年级的男生无意间浏览了电脑上弹出来的关于强迫症及其治疗的广告，他好奇地对号入座，想看看自己有没有强迫行为和强迫思维，结果"发现"自己有上台阶时必须遵循男左女右次序的强迫现象，又"发现"自己动不动就会怀疑背后有人盯着自己看。于是告诉妈妈自己得了强迫症，要求妈妈带自己去医院看病。

最令人痛惜的是两个四年级的男生，在放学后的一个黄昏，他们从小区某楼的 23 层一跃而下，事前没有任何迹象。他们是同一小区的邻居，家庭背景相似，都是外地迁入本市的新城市人，父母都是符合城市优先引进的专业人才，家里都有 3 岁不到的弟弟。他们上学和放学总是结伴而行，所以家长放心，就疏于管理。殊不知两个孩子沉迷于一款国外的游戏，不仅被诱导沉迷于游戏，还被灌输形成厌世、仇世的观念。而这一切，双方家长竟毫无察觉。

该类案例的苦难在于：父母难以洞悉所有风险，网络风险又难以防范。未成年人的生命面对的风险可能有时并不那么显而易见。

该类案例的启示是：当手机、电脑等网络产品成为生活的必需品、便利品时，管控孩子对这些产品的使用习惯及使用风险的方法便需要及时更新。管控孩子使用电子产品的时间、内容并不难，难的是重建孩子健康的心理状态。孩子并非天生就倾向于躲避管控，**即使犯错、违规的孩子，也依旧有渴望父母管束自己的愿望。**

## 欺凌与准欺凌

一名四年级的女孩因为被两个调皮的同班男孩嘲笑"头发臭烘烘的"而羞愧得用头撞墙。

一名五年级的女孩与自己的好朋友闹别扭，因被威胁"我要告诉所有人你的手臂上和小腿上长了长毛"而痛苦地从二楼跳下受伤。

一名二年级的女孩因为得到了老师的额外奖励而遭到三个好友的围攻，被迫以下跪的方式向三人道歉。

一名四年级的男孩在小区里与一名本校五年级的男孩发生口角，前者主动攻击后者，但是被后者打伤。伤虽易好，但这孩子心生畏惧，怕再次被打而不敢上学。

教育部关于校园欺凌的界定是"发生在校园（包括中小学校和中等职业学校）内外、学生之间、一方（个体或群体）单次或多次蓄意或恶意地通过肢体、语言及网络等手段实施欺负、侮辱，造成另一方（个体或群体）身体伤害、财产损失或精神损害等的事件"。

该类案例的苦难在于：一方面校园欺凌难以界定、难以管控，而另一方面孩子成长中的心智与品行培养又十分重要。

该类案例的启示是：在孩子学业越来越受家长重视的时代，建议父母把养育的重心放在孩子健康人格的养成上。一方面，要以身作则地施加与人为善的影响；另 方面，要结合情境帮助孩了应对欺凌暴力。

通过上述案例可知，学龄儿童最大的成长风险不是学业受挫，而是人际互动受挫；不是考试考砸了让人伤心，而是考砸了所遭遇的质疑、批评、嘲笑、排斥让孩子无地自容；不是考好了就欢天喜地的大快人心，而是有可能遭遇妒忌或孤立这样的冷暴力。

在这诸多的成长风险中，最令家长触目惊心的就是学龄儿童的自伤行为和自杀行为。

## 折翼的天使

遭遇挫折的孩子肯定会通过某种方式对负性感受做出应对。最健康的应对方法是向父母、老师及同伴、熟人寻求帮助；其次是向有社会身份的陌生成年人（警察、消防员、保安等）寻求帮助；而不健康的应对方法是诉诸暴力（含冷暴力）；更不健康的应对方法是在内心预设自己难以得到他人的帮助、注定孤立无援，因此采取忍耐、逃避、谎言等耗损自身利益的方式；最不健康的应对方法是伤害自己，甚至自杀。

这里，我们把未成年人自伤定义为其指向自己的一种攻击形式，指个体在无自杀意念的情况下采取的一系列反复、故意、直接伤害自己身体，又不被社会所允许的行为。自伤行为的功能是通过"身体痛"替代"心理痛"；实施自我否定（惩罚）；唤起别人的注意或控制人际交往；调节自我的情绪，确认存在感。

这里，我们把未成年人自杀定义为其脱离困境的解决方式。而这个困境是未成年人自我定义的，是其以自己有限的心智做出的并不妥当的定义。

家长对孩子的身心健康不可掉以轻心，对孩子说的"活着没意思""还不如死了算了"等言语不可掉以轻心。

## 学龄儿童父母的功能

当下，出状况的孩子真多！怪谁呢？

不能怪父母不爱孩子。盖瑞·查普曼在《爱的五种语言》这本书中提出五种爱的语言，分别是肯定的言辞、精心的时刻、有意义的礼物、心甘情愿的服务、身体的接触。对于父母来说，爱自己的孩子是一回事，讲好爱的五种语言是另外一回事。

现实中困扰父母养育孩子的因素也十分明显。第一是家庭发展的压力，父母的职场现实制约着家庭发展提升的方向、路径和空间。第二是孩子成长的压力，养育孩子的物质、精神成本都在提高。第三是网络时代的压力，既包括各科老师纷至沓来的通知、家长群没完没了的言论，也包括孩子做作业时对网络信息的依赖，乃至对各种网络视频、游戏的沉迷。当上述因素共存并发展成为一个系统的时候，父母就好像在一条路况复杂的道路上驾驶一辆操作系统复杂的重型机车，难免手忙脚乱、顾此失彼。

在这个时代，为人父母者不仅需要有爱，也需要有勇气、有担当，这源自父母对爱情的信仰、对生命的好奇、对未来的自信及对现实的担当。

在孩子出状况的时候，归咎父母、声讨父母毫无益处，而是要提升父母的养育功能，包括母亲的功能、父亲的功能、母性和父性的功能、父亲的存在与存在感。

## 母亲的功能

母亲是相对于孩子而存在的一个有意义的生命实体，结合心理学家温尼科特的思想可以将母亲在养育中的功能归纳为以下五点。

1. **供给功能**。给孩子提供衣食住行的保障。

2. **庇护功能**。在陪伴孩子的时候尽力保护孩子免受疾病的侵扰和意外的伤害。

3. **容纳功能**。包容、接纳、安慰情绪糟糕的孩子。

4. **镜映功能**。就像一面清晰的镜子，映照出孩子的一举一动，让孩子明白，你看见了他当下的成长。

5. **期待功能**。希望自己的孩子健康、快乐地成长是所有母亲的一种期待，适度降低母亲的期待，使之成为孩子成长的动力而非压力。

上述五大功能，假如每一项是 20 分，身为母亲，你愿意给自己逐项打分吗？打分不是为了和别人的母亲做对比，只为了适当、适时地调整自己。

## 父亲的功能

父亲是相对于孩子而存在的另一个有意义的生命实体。关于父亲的功能，心理学家李孟潮曾撰写《父亲的功能与悖论》一文加以讨论。一般来说，父亲具备五项功能。

1. **供养功能**。努力挣钱，有能力养活一家人。

2. **护佑功能**。保护家人免受天灾人祸的侵扰。

3. **规训功能**。设定并维持一家人生活的结构、秩序、规矩。

4. **传道功能**。言传身教，有意无意地传递生存、生活、生命的价值观念。

5. **胜利功能**。与母亲相比，父亲可能更成功、更有影响力、更受人尊重。

上述五项功能，假如每一项是 20 分，身为父亲，你愿意给自己逐项打分吗？打分不是为了和别人的父亲做对比，只为了适当、适时地调整自己。

虽然母亲的功能和父亲的功能在此处是分开说明的，但二者紧密相连，而非泾渭分明。足够好的父亲也是温暖而柔情的，也能在必要时因孩子的需要而呈现母性的一面；同样，足够好的母亲也是刚柔相济、充满理性的，也能在必要时因孩子的需要而呈现父性的一面。对单亲家庭来说，既做父亲又做母亲的父母或母亲，一样能让孩子健康、快乐地成长。

## 影响父母功能的因素

以下因素会影响父母的功能。

首先，我们深受我们的父母带给我们的影响。**不管作为孩子的时候我们是多么喜欢或者多么痛恨父母对我们的养育方式，那些养育方式对我们养育自己的子女却有着潜移默化的影响。**

一位一年级女孩的妈妈因为孩子入学后的种种表现都不如人意而失去耐心，所以常常大声斥责孩子，但孩子越被斥骂越哭泣、越沉默、越拖拉、越怯懦，这些现象使这位妈妈更难以接受，近来甚至控制不住地多次动手打孩子，从打手心，到打屁股，最后发展到劈头盖脸地打过去。她说："我控制不住，每次打她过后，我都会在她睡着之后加倍地痛打自己。我跟丈夫离婚的一个原因就是他家暴且屡教不改的。还有，我小的时候，姐妹兄弟三个，我是老大，我们姐妹两个被爸爸打是家常便饭，一直到我们上高中才停止。他不觉得打人是不对的，他到现在还跟别人吹嘘两个女儿考上大学就是被自己打出来的。我从小就发誓：等我有了孩子，我坚决不打他。可是现在，我居然控制不住自己，成了像我爸一样的'暴君'。"

心理学家怎么解释这一现象呢？被打骂的孩子一边忍受痛苦，一边习得用打骂的方式解决问题。当父母没有示范打骂以外的解决问题的方式时，孩子就一定会习得打骂这种解决问题的方式，尽管这种方式与自己的意愿相悖。

其次，我们深受自己的职业角色与职位带给我们的影响。

班主任和班上许多家长对班里一个男孩颇有微词："仗着妈妈是学校里的老师，总是不听管教、欺负同学。"妈妈承受着来自同事和学生家长愤愤不平的问询与问责，于是不停地教育孩子、提醒孩子不要"仗势欺人"，还不停地询问同事："我孩子在你的课上还好吗？""今天上午孩子还安稳吗？"同事则在家长群里不停地安抚相关家长，向他们进一步地道歉、解释。然而，这个孩子的问题行为不减反增。作为老师的妈妈无计可施，只得交由爸爸管教。爸爸是一名兽医，他的方法简单粗暴，不认错就打，打了还不认错就把孩子"像绑动物一样捆绑在椅子上，不给吃饭，不让睡觉"，直到孩子出现了尿失禁才作罢，但孩子自此辍学在家。而孩子"欺负"别人的起因是几个调皮的孩子拿他是老师的孩子说事，嘲笑他说："你妈妈马上就要来给你喂奶啦。"自尊心强的他情愿使用暴力，也不愿意向老师和家长说明整件事的起因。

这个实例给我们的启示是，当代的父母还应有第六个功能：理解自己的孩子。

最后，我们深受流行养育文化的影响。时下的养育文化是都市养育文化引领的，充斥着个性养育、创新养育、全才养育、优质养育、国际养育的气氛，这加剧了争强好胜的父母在抉择上的困难，难免让人急躁。

## 需要父母规避的风险

**成长的风险虽各种各样，但只要父母多留心，绝大部分风险均可以有效避免。**

首先，父母在与孩子的互动中要规避双重束缚的现象。

**什么是双重束缚现象？**以孩子犯错为例。如果孩子承认错误，父母可能会说："明知道是错的为什么还这么做？"如果孩子不认错，父母又可能会说："三岁小孩都懂得的道理你怎么不懂？"孩子便左也不是，右也不是；靠近不舒服，逃离又不敢；承诺没信心，违抗没底气。类似的例子在生活中也不少见。孩子看着你，你说："看什么看？"孩子不看你，你说："看着我！我在跟你说话呢！"孩子站在原地，你说："还不抓紧时间去写作业，等我替你写啊！"孩子以为你训斥完了，刚回到房间，你又说："给我出来！我说完了吗？"

你觉得自己已经强压怒火、苦口婆心地说了许久，觉得自己已经说清楚、说完整了，孩子应该听懂了、记住了，但一转身，孩子依然如故。有些孩子迷糊、不长记性、撒谎、逃学、逃家，甚至"好孩子"变成"坏孩子"，其实很多时候是"左右不是"的养育方式导致的。

一些孩子对父母心生不满，因为无论自己怎么努力，父母给出的评价都是："你还是不够努力，你还是应该更加努力，你可以更好的！"

父母要避免使用上面示例中的那些语句和孩子沟通。

其次，高功能的成年人不一定是高功能的父母；低功能的成年人不一定是低功能的父母。

一些社会地位比较高的父母，学历高、职位高、收入高（简称"三高"），他们自信满满，这样的自信体现在养育方面就是自以为明白应该用什么样的方法养育孩子，应该把孩子培养成什么样的人。从承担养育责任和发挥养育积极性来讲，这自然很好。但是，父母对孩子有过高期望、过度关注、过多要求的事例层出不穷。不少小学老师反映："跟'三高'父母沟通孩子的教育是一件非常困难的事情，他们有时候很难认同学校教育，认同班级管理的方法。因为他们需要面对和接纳的是，自己要在基础教育、普通教育、义务教育的系统中判断优质养育的价值，而不是在'精英教育'的系统中汲取特殊养育的养分。"

相反，一些社会地位比较低的父母，学历低、职位低、收入低（简称"三低"），难免自以为不懂学校教育的事情，而把养育的责任真心诚意地托付给学校和老师，这种"不干预"的姿态与上述的"多干预"的情况形成鲜明的对比，但是教育专家说："不干预的姿态本身就是一种过低期望、过少要求、关注不足的养育方式。这种方式会把父母的低自尊传递给孩子。"

在小学阶段，对于"三高"父母而言，首要的是让孩子学会普普通通地做人；对于"三低"父母而言，首要的是让孩子学会堂堂正正地做人。

再次，如何提升父亲的存在感？如何减弱母亲的焦虑感？

在养育孩子的过程中，一些父亲因为工作原因而脱离了孩子的视线，一些父亲因为自身的弱势而将主导权让给了强势的母亲，一些父亲因为"贪玩""偷懒"而把责任推卸给了母亲……这就造成了父亲的存在感"被弱化"和母亲的存在感"被强化"的现象。

无论是男孩还是女孩，都会在学龄期开始尝试担负某种责任，并会在潜意识里模拟父亲或母亲所承担的责任。因此，父亲在家里的存在感不能太低，母亲在家里的存在感不能太高。处理的方式很简单：除了共同担负的责任外，父母在养育子女中也应有不同的分工，且除非迫不得已，否则不可代劳。

最后，如何避免将子女工具化？

在养育孩子的过程中，哪些情况是将孩子工具化？让孩子成为实现父母未完成愿望的工具，让孩子成为与配偶斗争的工具，让孩子成为传宗接代的工具（从前可能是重男轻女的养育问题，现在可能是大宝和二宝姓氏分配以及随之而来的厚此薄彼的养育问题）。

如何避免将子女工具化？答案是示真。在家庭生活中，示爱也许不难，示真却有些难。什么是示真？就是正常呈现父母的真实状态，父母间存在的冲突、父母间的不一致及父母各自面临的困难，而不是对这些刻意掩饰和回避。众多事例告诉我们，**没有哪个孩子感受不到父母的矛盾。不示真，孩子就难免产生不必要的担忧。**

高质量地陪伴孩子是当代许多父母的愿望和难题。或许现在的父母还应该具有第七项功能：趣味的功能，即乐享生活的功能。

张翔

# 第四篇

## 青春期篇

青少年期是孩子身体和心理发育的重要阶段。在这个阶段，孩子在生理上和心理上都越来越接近成年人，但又尚未完全成年。他们一方面想要在生活上和情感上实现独立，但另一方面在许多事情上又需要继续依靠成年人。他们一方面觉得外面的世界很精彩，想要迈步跨出家庭的边界，过得无拘无束；另一方面又担心外面的世界很无奈，害怕自己在外受伤，仍然需要家庭的温暖与关爱。换言之，他们想要自由自在，却发现自己还没法过上"真正由自己说了算"的日子。因此，许多青少年在行为、情绪、人际关系和身体感受上往往会出现一系列在旁人看来自相矛盾的表现。例如，一个青春期的孩子让父母不要老催促他吃饭，但如果父母真的不再关注他吃饭的事情，他又会怪罪父母不关心他，觉得父母冷漠。

**家庭生命周期理论**将处于这个阶段的家庭称为"**有青少年的家庭**"。此时的家庭自然也需要根据孩子这种"既想离开又想留在家里"的处境做出相应调整。

首先，家庭需要在坚持基本家庭结构的前提下**增加边界和规则的灵活性**。父母需要接纳的现实是，孩子开始有自己的想法、目标和追求，不再是以前那个乖巧、可爱的小宝宝了。而且，父母需要逐渐将自己和孩子的关系调整为"既亲密又独立"的状态，某些之前一直在管的事情也要学会慢慢放手。其次，中年父母需要逐步**把注意力从孩子身上转移到夫妻关系及个人职业发展上**，填补孩子即将离家带来的"空巢"感。再次，随着孩子长大，祖父母也开始衰老。**父母就需要在心理和生活上逐步接纳和适应"我的父母也开始衰老"这一事实**，需要在与青春期孩子相处的同时照顾好家中年老的一代。最后，父母可能也需要**将注意力转向社区、社会等更大的系统，增加自我价值感**，以弥补自身体力和生理能力下降带来的失落感，以及这份失落感带来的不良影响。

　　上述所有转变都不容易，它们彼此关联，相互影响，其中和青少年的沟通往往又是重中之重，也是让无数父母最头痛的事。因此，本章将重点从人际沟通和家庭关系的角度分享父母和青春期孩子相处时最容易发生冲突的场景和话题，同时提供相应的解决建议，以期能帮到众多家有青少年的父母。

**刘亮**

# 孩子总说父母不理解自己

"你怎么又生气了？我真搞不懂你到底是哪里不爽，有不舒服就说出来啊！"

"跟你说了也白说，你根本理解不了！"

"你都不说出来，你怎么知道我理解不了？说到底，还不是你自己的问题！"

"你就只会怪我，跟你讲话简直是浪费时间，我懒得理你了！"

云霓（化名）和女儿又吵架了，几乎和往常一样的脚本和过程。自从女儿进入青春期后，就经常抱怨云霓不理解自己。好几次云霓想要心平气和地跟女儿沟通，结果都以大吵一架收场。最近女儿干脆直接把云霓的微信拉黑，拒绝和她的一切沟通。

许多青春期孩子的父母或许对云霓的困扰也深有同感。不知多少父母在咨询中跟我抱怨说：自己的孩子曾经无比乖巧，结果到了青春期就像变了一个人似的，大人说话也不听，沟通时讲不到两句话就会开吵。原本亲密的一家人，现在居然变得如同"陌生人"一般，沟通起来往往是"鸡同鸭讲"。

## 为什么和孩子沟通时总是会错意

### 会说谎的"表层情绪"

在发生亲子冲突时，孩子呈现出的样子许多时候并非其真实的样子。什么意思呢？也就是说，我们和别人交流时所表现出的情感往往并非我们内心最真实的感受。例如，当一位妻子看到丈夫不理睬自己时，她表面上会显得很愤怒，甚至会对丈夫大发雷霆，但隐藏在她那份怒意之下的，其实是自己被丈夫忽视后而产生的悲伤。换言之，此刻她的悲伤是穿着愤怒这件"外衣"出现在丈夫面前的。而丈夫在感受到妻子的愤怒后，本能反应要么是逃避，要么是和妻子互怼，却很难真正体会隐藏在妻子愤怒背后的真实感受。而妻子在看到丈夫的回应后，虽然内心会感到委屈，表面上却可能表现得更具有攻击性。她越对丈夫发火，丈夫就越逃避或反击，最终陷入恶性循环。

在心理学上，我们把人们在沟通中所展现出的表面的感受称为"**表层情绪**"，把潜伏在表层情绪背后的真实感受称为"**深层情绪**"。很多时候，当我们和别人发生分歧时，或者在我们面临威胁时，我们本能地会让表层情绪登场，而让真实感受——深层情绪隐于幕后。在所有的表层情绪里，登场频率最高的就是愤怒情绪。

人之所以会这样，有几方面的原因。首先，这是一种生物进化的本能。当我们被他人冒犯或误解时，愤怒可以让我们更具有反击能力，从而保护自己免受侵犯，这总比我们表现得软弱或任人宰割要好一些。其次，一个人如果从小被照料者善待，自己的情绪需要被照料者及时、正确地理解，常有机会表达自己的真实感受，那么他长大成人后一般能够更敏锐地意识到自己的深层情绪，并且能够自如地把这些感受表达出来。这样，由表层情绪所引发的误解就会大大减少，免去许多人际沟通的冲突。最后，有些父母自己可能都无法内外一致地表达自己的真实感受，他们的孩子自然无法从他们那里学到如何心口一致、清楚、明确地表达自己。

孩子也是如此。**当他们和父母发生摩擦时，表面上他们表达的是愤怒，其实隐藏在愤怒背后的可能是不被父母认可的悲伤、被父母误解后的委屈、被别人霸凌后的恐惧，甚至是当众出丑后的屈辱。**他们自己可能都不知道自己真正想表达的是什么，而父母也容易被孩子激烈的表面情绪迷惑，想不到要了解孩子的真实感受。

### 藏在深层情绪背后的未被看到的期待

如果细究孩子深层情绪之下所隐藏的东西，那便是对父母和旁人的**期待**。期待，顾名思义，指的是孩子在表现出情绪时内心想让别人为自己做的事，或者想让别人对自己表现出的态度。举个例子，一个女孩在被妈妈怒斥后，表面上看，她对妈妈是恼怒的，但恼怒情绪之下也许是她对妈妈失控状态的恐惧。而在这份恐惧之下，她对妈妈真正的期待或许是："我真的很害怕看到你这样表达情绪，所以下次你能不能心平气和地跟我讲话。"这便是我们常常会忽视的部分，也是孩子一直挂在嘴边的、一直希望父母理解但没有被理解的需要。

一个男孩在心理咨询中就曾流着眼泪对他的爸爸说："每次我考不好的时候，你就只会反问我为什么同样的题别人都能做出来，我就做不出来。每次你这么说的时候我都气得要死，就忍不住要吼你。但实际上我心里也很憋屈，我也恨自己考不好，觉得自己对不起你们。我其实最想听的就是你能安慰、鼓励我一下。哪怕你说一句'没事的，下次努力就好'也行啊。"听到儿子这番话后，爸爸才恍然大悟，才意识到原来儿子一直以来都心口不一。

## 怎样更准确地理解孩子

### 耐心倾听，不打断

要让孩子觉得被理解，首先要做的就是**让孩子感到父母愿意理解他们**。而要做到这点，我们需要学会的第一件事就是**倾听**。请注意，倾听有别于一般的听，它不仅指我们要耐心地听孩子把话说完，而且还要求我们**在听的时候要保持足够的专注**，起码要放下手边的事情，专注地看着孩子。此外，我们也需要及时给予孩子言语和非语言的**回应**。例如，微微点点头，或者回应一句"嗯""是的""哦，原来是这样"。这些回应可以让他们感觉我们在听，也在努力试着理解他们。

要做到真正的倾听，说容易也容易，说难也难。容易就容易在，只要我们抱着全然接纳和好奇的态度尽力了解孩子的想法，自然就能做到不打断地倾听。所谓"态度决定一切"，当孩子感到来自家长的尊重和好奇时，即使家长一时间无法完全明白他们所说的事情，他们往往也能接受。而要做一个合格的倾听者难就难在许多父母其实并没有兴趣了解孩子们究竟想表达什么。而孩子通常都很敏感，如果我们只是装作在倾听，很容易被他们识破。

我曾经见过一个爸爸，他抱怨说自己已经很努力地在倾听女儿了，但女儿始终不满意，结果女儿反驳道："你那也叫倾听？我跟你说话的时候，你一边刷着手机，一边有一句没一句地回答我，看都不正眼看我一下，一看就很敷衍。经常是我说了一大段，你就'哼''啊'一下。我问你我刚才讲了什么，你一句都答不上来。就算你能勉强说点什么，也是牛头不对马嘴，你根本就没有在听我讲！"显然，这位爸爸只是装作在倾听，而这样的假装，自然容易被女儿识破。

### 做孩子情绪的镜子，澄清和回应期待

有的父母可能会问："只要做到倾听就够了吗？"当然不够。我们还要在真诚倾听的基础上，再试着帮助孩子整理他们的表层情绪和深层情绪，并且澄清那些隐藏在情绪背后的期待。父母如果可以大致猜到孩子情绪背后的期待，那自然最好，但这显然是不切实际的。即使父母无法立刻理解孩子的深层情绪和期待是什么，也要表现出一种愿意了解的态度。父母可以耐心地用一种不那么确定的语气、以关切的态度、用询问的方式慢慢澄清孩子的情绪。例如，父母可以说："刚才你好像很生气，但我猜，你真正想告诉我的是不是其他事？""你说到那件和××同学之间发生的事情时好像挺难受的，你愿意多跟我说说吗？"

大部分情况下，如果父母以这样的方式回应孩子，他们一般都能慢慢地恢复平静。虽然他们不一定会马上对父母吐露更多心声，但至少亲子冲突不会进一步激化。这个时候，如果孩子愿意继续和父母对话，父母可以进一步尝试用礼貌的、开放式的提问了解孩子对父母的期待。例如，父母可以问："所以现在我能不能问问你，我可以做点什么来帮助你？""如果有什么我能

为你做的，就直接告诉我吧，我们可以商量。"如果父母觉得自己已经对孩子的期待有所了解，也可以用封闭式的提问加以澄清，但请注意，语气一定不要太生硬或太笃定。不要说"所以你的意思就是……"或者"你无非就是想……"因为这样的语调很可能会让孩子感到父母又在评判他们，反而会激化矛盾。相反，父母或许可以说："听上去你的意思好像是……不知我理解得对吗？""我不太确定，你是说你希望……吗？"

在心理学上，我们把这种**倾听情绪、回应感受、询问和澄清期待**的过程称为"**镜映**"。在这个过程中，父母就像孩子心情的"镜子"，孩子能从父母这面"镜子"里照出自己之前都没有意识到的感受和需要。这个过程不仅能帮助父母更加理解孩子，也能帮助孩子更加了解自己的情绪和需要，进而更好地管理它们。

当然，如果孩子此刻情绪有些激动，不愿意继续和父母对话，那对话可以先暂停。待过一段时间，双方都比较平静后，找个比较放松的时候再谈。另外，如果孩子的期待合理且父母能够满足，那父母适当地予以满足自然没有问题；但如果孩子的某些期待超出父母的能力范围，或者父母在当下很难予以满足，父母可以平静地和孩子就事论事地协商。关于具体如何协商，会在本章"孩子和父母想法冲突"一节中详细阐述。如果孩子对父母的抱怨已经上升到人格侮辱的程度，父母可以清晰而坚定地告诉孩子，他们这样的讲话方式伤害到了自己，让自己很不舒服，希望他们立即停止。

上述的倾听、回应、询问、澄清和满足期待的沟通方式往往需要父母和孩子反复多次练习以后，才可能会被逐渐强化，而后固定为父母和孩子沟通的一种新模式。在日后的亲子相处中，即使没有人刻意提醒，这种更有效的新模式也会自动在亲子沟通中呈现。

刘亮

# 和孩子沟通时容易情绪激动

　　老李一个人在书房里抽着烟，郁闷而又焦躁。客厅里，女儿和妻子早已打成一团。老李已记不清这是母女之间的第几次战争了，只记得从女儿进入青春期开始，这种激烈的冲突就反复出现。不管谈什么话题，也不管在和女儿谈之前做了多少心理准备，最后都会以母女俩大打出手这样的结局收场，这次也不例外。

　　也不知过了多久，妻子满面怒容地推开书房门，手里拿着一堆已被女儿剪成破布的衣服，大声冲老李咆哮："你就知道躲着抽烟，你姑娘又'发病'了，她把我的衣服全剪碎了。你也不管，这日子没法过了。我现在就回我妈家，你们爷俩爱咋过就咋过！"说罢，妻子摔门而去。老李默不作声地从书房出来，看到女儿卧室的门关着。他知道，女儿此刻一定是在房间里生闷气。老李掐灭了烟，叹了口气，无奈地开始收拾母女俩"战后"的一地狼藉。

　　这样的场景，或许不少家有青少年的父母都经历过：不管和孩子谈什么都容易情绪激动；哪怕谈之前做再多的心理建设，谈着谈着双方的情绪还是会像决堤的洪水一样，将所有人都淹没。许多父母不禁会问：为什么孩子就是容易情绪激动呢？其实，造成这种现象的原因无外乎**两个'分不开'，一个'听不到'**。

## 为何沟通时总会被过激的情绪控制

### 自己的情绪和别人的情绪"分不开"

　　将家庭中泛滥的过激情绪简单归咎于某一个成员是不公平的。家庭就像一个有机的系统，生活在这个系统里的每一位成员的情绪、想法和行为都无时无刻不影响着其他人。如果某一个家庭成员出现了焦虑或愤怒的情绪，这样的情绪是很难不被其他家人感受到的，其他家人也很难不对这样的情绪产生反应。家人彼此间的这种情绪联结其实是有用的，它能让某位家人在脆弱和需要帮助时被其他人及时看到并得到帮助。

然而，世间之事往往是过犹不及。如果家人对彼此的情绪过度敏感，这种过度紧密的情感联结就会变成束缚和导火线。在这样的家庭中，任何一个人的一举一动、一情一感都被其他人过度关注。家人就像情感相连、血肉难分的"情绪连体婴"一样，任何人的一丝焦虑、愤怒或悲伤都极易被其他成员快速注意到，引发其他人同样甚至更加剧烈的情绪连带体验。而其他人在这种情绪连带体验的控制下，很可能会以更加激烈的情绪回应这位成员。如此一来，原本某一个成员的不安情绪便在所有家庭成员的"努力"下被无限放大，最后大家都**分不清哪些感受是自己的，哪些是别人的**：你的愤怒变成了我的愤怒，我的不安也变成了你的不安。

一个患抑郁症的 14 岁女孩曾说："我自己就是很容易激动的人，但我的父母比我还容易激动。我们都像火药桶一样，相互之间连了引线。只要一个人有一点儿小火星，其他人马上就会被点燃，连环爆炸就会发生。很多时候吵到最后，我们都不知道究竟是为什么吵起来的。"后来得知，女孩的父母都曾到精神科专科医院就诊过，且都被诊断为焦虑症。

在心理学上，我们将这种容易**把自己和他人的情绪混为一谈**的人称之为**低分化**的个体，其特点表现为较低的心理成熟度。如果仔细观察，我们往往会发现在那些家长容易激动的家庭里，父母和孩子都有这个特点。

### 情绪和理智"分不开"

**低分化个体**的另一个标志性特征就是**无法将自己的理智和情绪分开**。这样的人往往习惯跟着感觉走，只要情绪上来了，不管正在面对的现实情况如何，都会让情绪立刻接管自己的行动。他们甚至都意识不到自己的内心此刻是什么感觉，更搞不清是什么事情让自己有这种感觉。只觉得自己此刻的想法、情绪和身体感觉像糨糊一样混在一起。人就是这样，对自己的情绪越不清楚，不确定感就会越强；不确定感越强，就会越焦虑；越焦虑，理智就越容易掉线；理智越掉线，就越容易被情绪控制，从而形成恶性循环。

在现实生活中，一说事就激动的父母往往便属于无法将自己的理智和情绪分开的低分化个体。所谓有样学样，自己都搞不清楚自己的状况、弄不明白自己在想什么，分不清楚自己是什么情绪的**低分化父母，也容易培养出低分化的孩子**。这样一来，低分化的父母和低分化的孩子撞到一起，自然如同火星撞地球一般。低分化的人大多喜欢滥用"感恩""感受""亲情""爱"等词语。在他们看来，凡事重在感受，理智并不那么重要。只要自己感觉好，怎么都行。

我曾经见过的一对父女便是如此。俩人平时没事的时候亲密得不得了，女儿都 14 岁了还成天和爸爸亲亲抱抱，甚至晚上父女俩都会睡一个屋里。但只要一有冲突，两人就都像火山爆发一样，最激烈的时候两人甚至会拿着菜刀"互砍"。当我跟这对父女谈话时，他们说得最多的便是"我感觉""我偏不"之类的话，完全不讲现实和理智。

### 觉得自己没有被理解

除了上述两个原因外，许多孩子之所以容易对父母情绪激动，往往是因为觉得自己的情绪和需要没有被父母听到和接纳。这一点我们在上一节中详细讲过，许多孩子的表面情绪是愤怒，背后的深层情绪实则是委屈、不安或悲伤。对许多孩子而言，"我的想法不被父母理解"这件事或许不是最糟糕的，最糟糕、最让他们无法接受的是：父母看上去好像根本就没有兴趣倾听和理解自己。

以下列举一些父母用来回应孩子情绪的典型话语，这些话语往往让孩子觉得自己被父母敷衍。"就这么大点事儿，你至于吗？""好啦，不要多想了，你把注意力放在学习上就行！""别想那么多了，眼光要往前看，要看积极的地方！"这样的回应方式一般会让孩子觉得更窝火。因为父母这样说，相当于在告诉孩子："你这些情绪在我看来并不重要，所以没必要讲了。"我们往往认为，要让一个情绪激动的人安静下来，最好的方式是劝说他别激动。但实际上，**让一个愤怒的人平静下来，最好的方式是承认和接纳他的愤怒，进而回应其愤怒背后真正的情绪和需要**。情绪就像受惊的马儿一样，只有被耐心地抚慰，才会平静下来。

## 如何避免情绪失控或安抚失控的情绪

### 提高区分情绪和理智的能力

父母要想安抚孩子的情绪、让自己与孩子之间的谈话更有效，首先要做的是管理好自己的情绪，把情绪和理智区分开。这个过程包括我们对自身感受的**觉察**和**合理表达**两个部分。**第一个部分是觉察**。觉察是指在出现不愉快的情绪时，我们首先要能够意识到，我们此刻有不愉快的感受，并且愿意耐心体会这种感受究竟是什么，它和既往发生过的或者当下正在发生的什么事情有关。这种能够及时察觉自己的感受，在理智层面对其进行梳理的能力在心理学上被称为**心智化**。有一些小技巧可以帮助我们培养这方面的能力。例如，准备一个可以及时反馈我们的心跳和情绪的智能报警手环，又或者在家里某个显眼的位置放一个能让我们在情绪激动时一眼就看到的标志物（如玩偶）。当我们收到手环的提醒或者看到这个标志物时，要立即对自己喊暂停，觉察一下此刻在我们心中正在发生什么。有人可能一开始不习惯这样的行为训练方式，这很正常，不必苛责自己，经过一段时间的反复训练后，大部分人都可以培养起自我觉察的习惯。如果许多类似的行为训练方式我们都尝试了却依然很难控制自己的情绪，那就提示我们，可能有某些与之相关的、关于个人成长创伤的议题需要处理。此时，我们可能就需要寻求专业心理咨询师的帮助了。

**第二部分是合理表达情绪。**父母有情绪时要清楚、简单、就事论事地跟孩子表达，具体可以采用"**描述事实＋表达感受＋提出建议**"的句式。例如，"看到你做……时，我感到很……""刚才听你说……的时候，我觉得……也有些……我觉得这样我们可能真的很难谈下去，所以我们能不能试着换一种语气讲话？"说完后，可以先等待孩子的反应。如果他们能调整情绪，恢复到理智层面继续对话，那亲子谈话可以继续。如果发现一时间双方都难以平静下来，建议先暂停沟通，待双方都平静下来，愿意重启对话时再谈。

### 帮助孩子整理情绪，为亲子各自的情绪划清边界

当父母可以觉察并能理智表达自己的情绪时，可以参考前文提到的倾听、澄清和镜映技术，帮助孩子整理他们的情绪和期待。这个过程不仅能帮助父母缓和与孩子的冲突，也能帮助孩子意识到自己究竟需要什么，间接提高他们的心智化水平。当父母通过这样反复尝试，把孩子的情绪和自己的情绪区分得越来越清楚后，自然就不容易将两者混为一团了。

这里有一个话术小技巧能够帮助我们区分亲子各自的情绪。例如，父母可以跟孩子说："我好像注意到刚才当我说……（我做……）的时候，你好像有些不舒服，不知道我猜得对吗？你愿意多说一些吗？"如果孩子愿意反思，愿意更多地分享此刻的心情，父母可以等他们说完后，采用"**描述事实＋表达感受**"的方式把自己的感受反馈给孩子。例如，可以跟孩子说："虽然我对你说的有些地方不那么赞同，但我觉得你说得有一些东西也有道理。其实刚才听你说……的时候，我的感觉是……"这样沟通的过程可能需要反复尝试很多次，其目的不是要找到一个真理，也不是为了追究谁对谁错，而是为了让我们和孩子都能够在这个过程中体会到，什么叫**觉察自己的情绪，并且把自己的感受和别人的感受区分开来，然后好好就事论事地讲话。**

**刘亮**

# 孩子和父母想法冲突

何雪（化名）独自一人在小区里走着，虽然今天阳光明媚，但她的心情却乌云密布，因为刚才她和儿子又吵架了。记忆中，儿子从小乖巧听话，对人彬彬有礼，又是个学霸，是典型的"别人家的孩子"。但上了初中后，儿子突然像变了个人似的，不仅什么都不听父母的，还动不动就和大人顶嘴，乱发脾气。"我就不听你们""我偏不""凭什么你们说的就是对的"这类话成了他的口头禅。

何雪想不明白，当初那个乖巧、听话的儿子去哪里了。面对儿子时，迷惑、愤怒、不安、悲伤等各种情绪都在她心里翻滚。她真希望有个人告诉自己，究竟要怎么做才能把当初那个乖巧的儿子找回来，怎么做才能让孩子听自己的话。何雪想让儿子接受心理咨询，但儿子立刻就拒绝了，只扔下一句："我没病，有病的是你！"无奈之下，她只得独自前来求助："我真的很爱我的孩子，只要能让他改变，我愿意付出一切。"

何雪的遭遇或许也是许多青少年父母的日常。在不少父母眼中，幼年时的孩子是那么可爱、听话和呆萌，而到了青春期立刻就像变了一个人。不管跟他们说什么，不管事实怎样，他们都会提出反对意见，就是不听父母的。

## 青春期孩子的想法为什么总和父母的不一样

### "正常"的青少年是怎么想的

青春期孩子开始有自己的想法，这是再正常不过的事情了。也许在父母看来，自己的社会阅历和人生经验比孩子丰富，吃过的亏也比孩子多，自己看问题的广度和深度优于孩子的，自己的观点自然就比孩子的更正确；但孩子可能并不这么认为。

首先，父母和孩子在成长背景、日常接触的人际圈、经历的事情方面都不一样，想法自然也就不会完全一样。父母认为讲得通的许多逻辑其实在孩子看来可能是完全讲不通的。正如一个因为厌学被父母带来就诊的男生所说的："我父母总觉得我是因为打游戏才不想读书的，但事实刚好相反。我们学校的学习压力太大，周围的同学又都很厉害，我发现不管自己怎么努力成绩都没有起色，郁闷得不行，实在不知道该怎么办，才会借玩游戏来逃避现实。其实游戏对我来说是一个很无聊的东西，只是现在除了它我也找不到其他能麻痹自己的东西。"可见，青少年会看到和父母不一样的"现实"实属正常。

其次，在不少青春期孩子看来，当他们和大人争论时，**事实层面的对错并不重要，气势上谁输谁赢更重要**。因为，向父母认输便代表把自己思想领土的独立权割让给了父母，放弃"思想独立"而接受父母对自己的管控。这是许多青少年很难接受的。"即使我知道你说的是对的，我也不会听你的，因为那是你的想法，而不是我自己的想法。你要让我接受你的想法，首先就必须让我感到你是尊重我的想法的。"这是许多青少年的心声。所以孩子其实需要这样一个和父母争执的过程，以此向大人宣布他们思想领土的"主权"。只可惜，父母往往意识不到这一点，在和孩子沟通中往往舍本逐末，只顾和孩子争论事实层面的对与错，而忘了表达对孩子想法的好奇和尊重。这可能会引得孩子也只顾着想要和父母争个输赢，而把要讨论的事件本身抛诸脑后，这便是古语经常讲的"欲速则不达"。

### 冲突本身不一定是问题，解决冲突的方法才是问题

除了要和父母争个输赢的心态以外，对孩子而言，父母跟自己讲话的态度和方式往往也很关键。也就是说，**父母的想法和孩子的想法有差别往往不是问题，但大家解决这种差别的方式本身或许会成为问题**。如果我们仔细观察，或许会发现，在经常因为成员想法不同起冲突的那些家庭里，家人在交流时往往有以下特点。第一，大家讨论时容易情绪激动，气势汹汹，语气中

充满不屑、愤怒、人身攻击和评价。例如，动辄就说："你这个人怎么这么自私？""你的想法怎么会那么奇葩？""我真不敢相信你居然会那样想！"这样的讲话方式本身就会成为问题，容易激化亲子冲突。第二，大家讨论时牛头不对马嘴，一个说东一个说西，完全不在一个层面上。例如，孩子说觉得上学没意思，找不到上学的意义是什么，父母不想着了解孩子为什么会这样想，只想着要讲道理劝服孩子。第三，大家习惯盲目地回避问题，忽视孩子的需求和情绪，装作什么都没有发生过。例如，孩子跟父母哭诉自己在学校被同学欺负，父母却只知道说："这些你都不要多想，你'两耳不闻窗外事，一心只读圣贤书'就行。"

如果父母发现自己在和孩子沟通时频繁地表现出上述三大特点，那父母就该停下来，进行反思并做出改变了。

## 如何与孩子讨论想法上的冲突

### 沟通的态度比沟通的内容更重要

"如果你跟我说话的态度足够尊重、足够好，即使你说的话不那么中听，我多少也能接受。如果你对我说话的态度很差，即使你说的是金玉良言，我也不爱听。"这是曾经来我这里咨询的一个16岁女孩跟她的父母说的话，却也道出了人类沟通中最重要的一条"真理"：**讲话的方式和态度往往比所讲的内容更重要**。

所以，要跟孩子讨论想法上的冲突，父母得先学会跟他们好好讲话，得学会觉察和管理自己的语气、语调、语速和表情，让自己讲话时足够平静、不带攻击性，并且要讲得足够清楚。有个小技巧，就是父母可以在和孩子正式沟通前将自己想要说的话预演一遍，最好把自己讲话的过程录成视频，然后看回放，听听自己讲话的语气和态度究竟如何，并且试着换位思考，想一想如果孩子听到刚才自己那样的表述，他们会是什么感觉，能否接受。如果我们回放后发现不妥，那可以调整自己的表达方式后再录制，再回放，直至我们觉得差不多可以了为止。如果我们拿不定主意，把握不好分寸，也可以把录制的视频给信任的亲友看，请他们帮忙提提意见。

### 学会"听、回、清、说、商"

**听**，即先耐心地倾听和了解孩子的想法及其想法产生的原因和背景。了解孩子为什么会有某些我们不理解的想法。即使我们觉得孩子的想法匪夷所思，也需要给孩子充分的时间，让他们表达自己究竟是怎么想的、为什么会这么想。因为许多青少年的想法是："要想让我听你们讲的，你们就得先耐下心来听我把我的想法讲完，不要一上来就评价我，否则即使你们说得再有道理，我也不想听，因为我觉得你们不尊重我。"了解孩子想法的来龙去脉本身就是让孩子感到自己被尊重的重要一环。而且，父母只有理解孩子想法的来龙去脉后，才能更清楚接下来要怎么回应他们。所以，下次父母再发现孩子的某些想法自己一时间还难以理解时，不妨先慢下来，问问孩子："你能讲得详细点吗？我很想知道是什么让你这么想的。"

**回**，即父母在听孩子讲话时需要通过肢体、表情和语言等方式给予他们回应，让他们知道父母在听。肢体语言包括倾听时微微地点头、对孩子的眼神关注等。语言的回应包括多回应"嗯""噢""原来是这样"等。

**清**，即父母在倾听和回应时可以不时停下来，和孩子澄清一下自己对他们的理解是否到位。例如，可以问："你的意思是不是……""你是不是说……"尽量用这种一般疑问句和孩子进行澄清。如果父母无法立即将孩子表达的内容精练汇总成一句话，也不要着急，持续保持对孩子的关注和倾听，用温和、坚定与清晰的语调尝试多和孩子澄清几次。只要记得"讲话的方式往往比所讲的内容更重要"就行了。

**说**，即当父母完成了倾听、回应和澄清后，尽量用清晰、简单和描述性的语言把自己想表达的看法说出来。父母可以尽量用"我想可能是……""我觉得事情或许是……""我认为……当然这只是我的个人看法"这种第一人称句式表达，并且可以将自己和孩子沟通时听到的信息用起来，支持自己的观点。例如，一种表达方式可以是："当我听你说你玩游戏会忘掉烦恼，晚上都不觉得困时，我觉得游戏或许真的对你很重要。但当我看到你早上起不来上不了学的时候，我也真的很着急，所以我在想，能不能把你的游戏时间和休息时间折中一下？"而另一种表达方式是："睡觉和学习肯定比游戏重要啊！你怎么能为了玩游戏不睡觉，搞得自己早上都起不来呢？！"两者相比较，虽然表达的基本是同一个意思，但显然前者更有利于亲子沟通。

商，即父母和孩子就观点和想法的差异进行协商。具体方法，在下一节"平衡和青少年相处时的管与不管"中会详细讲解。

最后需要明确一点，即上述"听、回、清、说、商"的过程通常很难一步到位，许多时候也不太可能按照理想化的设想那样按部就班地进行。例如，在澄清孩子的想法时，父母可能怎么都没办法贴切地触碰到孩子真实的想法，这时候就需要再仔细听听孩子究竟想表达什么；或者，有时候父母发现自己说的话引起孩子极大的反感，这可能就需要父母再回到倾听这一步，了解孩子究竟为什么对父母提出的想法有这么大的情绪反应。

**刘亮**

# 平衡和青少年相处时的管与不管

芷萱抬头看了看挂在墙上的钟，一股强烈的焦虑感再次涌上心头。已经是半夜 12 点了，儿子房间的灯却还亮着。"他怎么还不睡觉？肯定还在打游戏！"芷萱心想，"明天还要上学，他要是起不来，又要迟到了，上课又要睡觉了。眼看就要中考了，他总是打游戏，功课也跟不上。要是考不上好高中，以后该怎么办？"芷萱越想越烦躁，她实在忍不住了，径直推开儿子的房门，大声吼道："这么晚了，你怎么还不睡觉？！明天早上你不想起来啦？你到底还想不想考高中了？"

"我睡不睡觉关你什么事？你怎么什么事都要管，烦死了！"儿子反击道。

"不管你行吗？不管你，你是不是又要玩通宵啦？"

"闭嘴啊！你烦不烦，进来也不敲门，懂不懂礼貌？！"

"你懂礼貌，你懂礼貌还这样跟我说话？你这孩子怎么这么自私，我们供你读书那么辛苦，你这样对得起我们吗？"

"行，你们辛苦是吧？那我明天就不去读书了，省得连累你们。"

"你……"芷萱一时语塞，空气瞬间凝固。

芷萱已记不清这是儿子和她之间的第多少次争吵了，她不知道该怎么办，只能寻求心理医生的帮助。她问心理医生："孩子总嫌我烦，让我别管他，他这样正常吗？"心理医生说："一般情况下，算正常。"芷萱有点吃惊："啊？为什么？"

## 孩子到青春期，家庭规则势必要发生变化

### 青少年会挑战原有的家庭规则

孩子到青春期后，随着其生理年龄的增长及其所见所闻的日益丰富，他们慢慢会形成一套对自己、他人和世界的看法，这是个体心理发育非常正常的过程。伴随着这种自我意识的产生，他们想要形成一套属于自己的做事方法和生活习惯，也自然会对家庭中约定俗成的规则进行挑战，而此时父母需要做出的关键性调整便是**让家庭规则变得更有弹性，接纳孩子对原有的家庭规则的适当挑战，并且反复和孩子协商，建立大家都能接受的新规则。**

这听上去似乎挺简单，但对父母来说却不是一件容易的事，因为父母早已习惯了原有的相处方式。例如，一到周末父母就习惯性地想为孩子安排补课，看到孩子玩手机就本能地想教训两句。过去大家都会自动遵循这些习惯，但当孩子到了青春期，他们会开始用自己的实际行动对这些规则说"不"。如果此时父母还坚持原本的规矩而不肯调整，冲突必然就会发生。父母也许会觉得孩子的某些要求不合理、某些想法不成熟，在这种想法的驱使下，父母可能会本能地想要纠正孩子；父母越想纠正孩子，孩子可能就会越反抗，甚至故意做出一些挑衅父母的事；孩子越挑衅，父母就越想纠正，形成恶性循环。在这种状态下，双方都觉得委屈，都认为是对方的错。

在青少年看来，与父母相处的理想状态或许是：**你们租一套房子让我单独住，别来打扰我、指挥我，但如果我遇到解决不了的麻烦时，希望你们能及时出现，为我提供我需要的帮助。**但是，从父母的角度来说，要完全不管孩子显然是不可能的。此时，双方需要做的就是重新就彼此相处的规则进行反复"谈判"，达成双方都能接受的新协议。这个协商的过程让家庭的**边界**变得更开放、更有弹性。这样，孩子才能在想要发展自己时自在地跨出家庭的边界并探索外面的世界，也能在受挫时回家寻求家人的安慰和帮助。这也是许多子女和父母终其一生都想努力达到的"既亲密又独立"的最佳相处状态。

### 父母把生活关注点重新聚焦在婚姻和事业上

面对越来越有自己想法、越来越想独立的孩子，父母需要做出的另一个转变是：**把之前集中在孩子身上的注意力重新转移到夫妻的感情生活和各自的事业发展上**。许多夫妻感情不和，其中一方或双方无法在婚姻里得到想要的情感回应，就无意识地把这种在彼此身上得不到慰藉的情感需要变相地转变成对孩子过高的期待、过度的关注或焦虑，然后一股脑地全都投射到孩子身上。这样的父母很容易变成整天盯着孩子的一举一动、拼命给孩子打鸡血的"直升机父母"。

曾经有一个前来就诊的"鸡血妈妈"说："以前我自己想做一个成功人士，但我失败了。后来我想退而求其次，找个厉害的老公，做个成功人士的妻子，但我也失败了，找了个窝囊废老公。现在我只能把希望寄托在女儿身上，把她培养成一个成功人士，这样我就可以做一个成功人士的妈了。"这位妈妈从女儿出生后就再也没有和丈夫有过亲密接触，而是把自己所有的时间和情感都投入对女儿全方位、无死角的陪伴中，事无巨细地为女儿安排好一切。原本以为自己这样的付出能够让女儿感恩，结果女儿到了高二就怎么都不愿意上学了，每天在家打游戏。这位妈妈愤怒至极，在接受心理咨询时，她声泪俱下地控诉女儿，说她不知感恩，对不起自己这些年来的含辛茹苦。结果女儿听到妈妈这些话后，依旧面无表情，只是淡淡地说了一句："无所谓。"后来在妈妈不在场时我问女孩，她是不是真的无所谓。女儿瞬间泪崩："我怎么可能无所谓。其实我最心疼的就是妈妈，我知道她和我爸过得不快乐，我很想考出好成绩让她宽慰一些。特别是每次她把'我做一切都是为了你'挂在嘴边的时候，我都超内疚，就觉得自己一点儿错误都不能犯，否则就是天大的罪过，就对不起她。但我又不可能做到那么完美，做学霸真的好累、好难。"所谓前有狼、后有虎，一面是学业的压力，一面是来自妈妈的让人难以承受的期待，女儿觉得两者都无法应对，最后只能选择"撂挑子"，用不上学来逃避。

这样的例子数不胜数，但许多父母却意识不到这一点，他们往往只是认为自己给了孩子全部，而孩子却不知感恩。中国有句古话：儿行千里母担忧，母行千里儿不愁。似乎天底下只有为孩子操心的父母，没有为父母担忧的孩子。但我们在实际临床工作中观察到的事实却并非如此，天底下没有哪个孩子是不关心父母过得好不好的。因此，要让青春期孩子能够安心长大离家，父母重新把注意力放回到自己的婚姻和事业发展上，把自己的生活过好，才是给孩子最有效的定心丸。此外，研究也发现，那些更愿意花心思经营自己的婚姻、对自己的婚姻满意度更高的父母，与青春期孩子的冲突也更少。

## 就"管与不管"跟孩子谈判

平衡父母和孩子之间管与不管最好的方法是**谈判**。所谓谈判，就是亲子双方在自愿的前提下，就事论事地就当下双方各自的责、权、利进行协商，形成口头协议或书面协议，以便对双方都起到约束的作用。这里我们需要明确的一点是：和青春期孩子进行谈判是以**父母能够接受家庭规则的改变及父母愿意尝试把注意力从孩子身上移回自己身上**为前提的。如果父母不愿意接受上述两点现实，那下文要讲的具体谈判策略也毫无意义。

### 和孩子谈判的原则与基本方法

建议父母和孩子谈判时采用以下原则和方法。

**一次只谈一件事**。在谈判前，父母心里需要清楚这次谈话想和孩子具体谈哪件事、哪个习惯或哪种行为。不要一次试图谈很多事，也不要谈一个很空泛的话题。例如，可以跟孩子说："我们来谈谈你上床睡觉的时间吧。"而不要说："我们来谈谈你的生活习惯吧。"因为后者太宽泛。

**轮流讲话，有来有往**。谈判时，父母、孩子双方可以轮流发言。如果大家就发言顺序难以达成一致，可以通过抽签、猜拳等方式决定。当一个人在讲话时，即使其他听者有想法，也需要等讲话人说完后再表达，而不要直接打断。

**要做到清楚、具体、简单**。谈判开始时,双方可以轮流把自己的看法和对彼此的期待说出来。父母在提出自己的想法前,需要先整理好思路,把自己真正想说的建议、想法或期待,用最简单明了的话讲出来,千万别把一句话能讲清楚的事变成两句话,因为青少年最烦别人唠叨。另外,父母提出的期待最好具体到看得见的行为,避免停留在抽象概念层面。例如,"我们希望你晚上11点到12点之间能上床睡觉"就比"我们希望你作息能更健康一点儿"更好。

**多提几个备选项,尽量找到共同点**。当双方都提出了自己的期待后,就可以进行协商了。协商的目的是尽量在双方的观点中找到大家都能接受的折中点。这个过程势必会经历来回的博弈。如果能相互妥协最好,但如果双方都各执己见、互不让步,那父母可能就需要想一想,还有没有其他备选项。父母可以多提出一些选项供孩子选择,这样会让孩子觉得父母没有在强迫他们。例如,跟孩子说,我们希望你最好每天能在晚上11点前睡觉,但如果你实在想在晚上11点以后才睡,那你睡前时间做如下安排我们也是可以接受的:(1)看书,(2)听音乐,(3)画画。

**奖惩要分明**。谈好双方各自要做到的事情后,需要讲清楚做到后可以得到的奖励,以及做不到需要付出的代价。奖惩措施对父母和孩子都要设置,并且双方最好达成书面协议,将奖惩条款写入协议并签字。一旦有人违规,便按照协议执行。如果父母发现谈好的协议孩子就是不执行,那之前提出的条款可能需要重新讨论,或者需要设置新的奖惩措施。

**一见情绪就喊停**。如果谈判中发现双方情绪又开始激动,无法理智地继续谈话时,建议暂停谈话。待双方的情绪都稍微平复些后再进行新一轮的谈判。

**一旦跑题就暂停**。还要注意的一点是,和孩子的谈话要始终围绕既定主题展开。例如,父母本来打算和孩子谈使用手机的时长,结果谈着谈着就转到对彼此的评价上了。这个时候就需要暂停，将谈话拉回主题上来。

　　最后需要明确的一点是，亲子谈判的结果虽然重要，但谈判的过程本身同样关键。因为一个理智的、彼此理解的、不失温情的、表达清晰的、不带彼此人身评价的亲子谈话过程本身就能对亲子关系起到修复作用，也会给孩子带来不一样的人际相处体验。

**刘亮**

# 与青春期孩子谈交友

妈妈："你是不是又要和那两个女同学出去玩啦？"

晓琳："你问这个干吗？关你什么事？"

妈妈："为什么不能问？那两个女生心理有问题，学习也不好，你和她们一起会影响你的。"

晓琳："什么叫心理有问题？你尊重一下我的朋友行吗？在背后议论别人很不礼貌的！"

妈妈："因为你交的朋友就是有问题，我就搞不明白你为什么就是喜欢和她们来往。"

晓琳（化名）又和妈妈吵架了，还是因为交友的问题。晓琳已经高一了，她和班上的两个女同学关系很好，但妈妈一直觉得这两个女生心理不健康，反对晓琳和她们来往。母女俩为了这件事吵过很多次，妈妈始终想不通女儿为什么那么喜欢这两个女生，为什么这么重视和她们的关系，甚至宁愿和自己撕破脸也在所不惜。

## 为什么青少年那么在意和同龄人的关系

### 同龄人的认可是青少年自我价值感的重要来源

和儿童相比，青少年自我价值认同感的来源大有不同。一般来说，儿童更多是根据父母和老师对自己的评价衡量自身的价值——"父母和老师说我好，我就觉得自己真的好。"而青春期孩子对同龄人评价的在意程度会大幅度提升——"只是父母说我好还不够，我更希望得到来自身边的同龄人的认可和接纳。"所以，许多孩子到了青春期以后不仅越来越注重自己的外貌和打扮，而且越来越在意自己给同学和朋友留下的印象。此时的孩子或许不太会因为老师或父母的一句批评而不安，却有可能因为同学或朋友的一个轻蔑的表情、一句抱怨的话而心神不宁或情绪低落。一些较少得到大人的认可且自尊水平较低的孩子为了获得同伴的认可，有时甚至会选择牺牲自己的利益。

有一个因为抑郁前来就诊的高中女生就是这样。按照她自己的话讲，她的父母是不懂温情的"钢铁直男直女"，从来不夸奖她，在她受挫而难过时，他们只会要么讲冷冰冰的道理，要么责怪她。这个女孩从小就极度自卑，在父母的鸡血式教育下好不容易考上重点高中，却发现周围的同学都比自己优秀，不管自己怎么努力都赶不上他们。而就读的高中又主要是以成绩好坏评价每一个学生的优劣，学习不好的学生会被其他同学鄙视。这种环境对女孩来说简直就是地狱，让她更加自卑。女孩为了讨好同学，偷偷地把自己每天的早午饭钱省下来给同学买零食，最后饿得在课堂上晕倒。但即便女儿已经这样了，父母在送她前来就诊时，嘴边念叨的还是那句她最不想听的话："你别在意同学的看法，专心把你的学习弄好就行了。"可想而知，女孩心里有多压抑。

青春期的孩子很在意自己和同龄人的关系，因为**同龄人的认可是他们自我价值感的重要来源**。这是个体心理发育的正常规律，既然是正常的，我们就没有必要否认或纠正它。

### 同龄人更容易相互理解，让孩子更有归属感

青春期孩子如此在意友情的另一个原因是他们在和同龄人的交往中感到被理解，感到自己的兴趣、喜好得到了呼应，感到自己被接纳，这会让他们产生归属感。根据马斯洛需求层次理论，**归属和被爱的感觉**是每个人健康生存下去不可或缺的东西。

其实这种现象不难理解，因为同龄的孩子处于相似的年龄，他们有相似

的成长轨迹，经历的生活有许多共同点，他们更容易在交往中产生心灵上的共鸣。例如，当说"小丑竟是我自己"时，即使不解释，同龄人也知道这句话背后的梗是什么；一起打手游的同学在交流时说的"CD""单中""Solo"之类的用语在旁人听来如同天书，但他们却能立刻心领神会。要让青少年从父母那里获得这样的归属感显然不太实际。

除了在日常生活中相互感应外，一些相似的经历也会让青春期的孩子建立起对彼此的信任和情感联结。案例中的晓琳就是这样，她因为学习压力及跟妈妈的冲突而心生郁闷时，就只能跟那两位女同学吐槽。她说："有一次选课，我不想选的课我妈偏要我选，还骂我没脑子。我当时很生气，但又说不过我妈，憋得实在太难受了，我就用刀割自己。我当时跟其中一个女同学说了这件事，她就回了一句'亲爱的，别难受了。父母就是这样，总是觉得自己都是对的'。听到这句话的瞬间，我就觉得她是理解我的，心里那种孤独感一下就没有了，我知道她和她爸妈其实也有相似的问题。"

也正是因为上述种种，青少年特别重视对朋友和同伴的忠诚。为了这份忠诚，他们可以背着父母偷偷收留因为赌气离家出走的同学，可以为了友情和自己的父母争个面红耳赤，甚至有时会牺牲自己的利益，为朋友两肋插刀。

## 就交友话题与孩子进行沟通

可能有的父母会问："那是不是不管孩子交什么样的朋友，我们都不要管？哪怕明知他在和危险的人打交道，我们也要听之任之？"当然不是！与孩子沟通交友问题，父母需要做到以下六点：**一尊重，二好奇，三亮底，四留面，五肯定，六预防**。

**一尊重**。父母不一定要认同孩子择友的标准，但起码要展现出对孩子自主选择朋友这个权利的尊重，这是和孩子进行后续沟通的基础。例如，父母可以跟孩子说："虽然你朋友的某些做法我不赞同，但我尊重你选择朋友的权利。"父母需要避免的是一上来就质问孩子，或者在不知情的情况下否认和贬低孩子的朋友。

**二好奇**。如果孩子愿意，父母可以耐心地询问他们选择这些朋友的原因。这种全然的好奇能进一步帮助孩子体会到父母对他们的尊重。例如，父母可以问："虽然细节我不清楚，但我想，你这么喜欢这个朋友，一定有你自己的理由吧，那你愿意说说吗？"

**三亮底**。父母可以直接把自己的担心清晰地、不带攻击性地讲出来，并且跟孩子讲清楚自己能够接受的孩子与朋友相处的底线。例如，跟女儿说清楚，她毕竟是女生，如果夜里和朋友出去，那确实会让父母担心，所以父母能接受的底线是周末白天女儿出去和朋友玩，但是最好避免和异性朋友在一个封闭的空间独处。在这个过程中，关键是父母要保持心平气和，并且采用清晰明了的讲话方式。

**四留面**。父母要给孩子留足面子，切忌当着孩子朋友的面批评孩子，或者当着孩子的面指责他们的朋友，那样会让孩子产生极大的羞耻感。如果父母真有什么话想跟孩子说，等孩子的朋友走开了，私底下再和他们讲清楚。我曾经见过一个家庭，儿子和爸爸吵架后离家出走躲在好友家。爸爸知道后不由分说地直接冲到儿子的好友家兴师问罪，把儿子和他的好友一起臭骂了一顿。自此以后，儿子更加怨恨爸爸，不再和他说一句话。

**五肯定**。父母要对孩子交友过程中做得好的地方给予及时的表扬和肯定。例如，父母发现女儿最近在陪她的一个同学共同面对丧母之痛，就算父母不希望女儿这么做，但起码要对她愿意帮助朋友这份好心给予肯定，而不是把女儿的整个行为贬得一文不值。

**六预防**。父母可以在自己能力范围内和孩子及其朋友保持一种若近若远的距离，对孩子进行保护。至于什么样的距离算合适，需要父母自行探索。我曾经见过一对父女，上高中的女儿加入了一个社会上的话剧社，而社团里各类社会人员都有。这位父亲起先很恐慌，害怕女儿被欺负，严禁女儿参加社团活动。但父亲越禁止，女儿就越要去，甚至大晚上故意穿着超短裙外出。

后来，这位父亲意识到他和女儿这样的"拔河"很可能导致两败俱伤的结果。于是，他改变了策略，女儿晚上出门他不仅不阻拦，还会亲自送女儿去社团，然后他在楼下等候。他承诺在女儿活动时绝不打扰她，但如果女儿需要他提供什么帮助，可以随时联系他。他用这样的方式尽己所能地预防可能的危险的发生，坚定、温柔而没有攻击性。经过一段时间后，女儿反倒对父亲敞开了心扉，和他分享了社团的一些事，后来去话剧社的次数也越来越少了。

**刘亮**

# 孩子想谈恋爱

小云和父母坐在咨询室里，谁都不说话。过了一会儿，爸爸憋不住了，跟小云说："要不你把你跟那个男生的聊天记录给医生看看，让医生判断一下你们是不是早恋？"

"这是我的隐私，凭什么给你们看？"小云很生气，"再说了，我和那个男生谈恋爱又没碍着谁，你们管得着吗？"

"可是你们俩都还是学生，早恋是不好的，不但影响学习，而且，万一发生意外怎么办？"爸爸着急地说。

爸爸话音刚落，小云立刻反驳："意外？你倒是说说会有什么意外？我们又不是小孩子！"

咨询室里的气氛像活火山一样，随时可能爆发。父母认为女儿谈恋爱属于不务正业，要求她立刻停止，但女儿的态度同样坚决："谈不谈恋爱是我的自由，你们管不着。"双方针锋相对，各不相让。

## 怎么看青少年想谈恋爱这件事

### 对异性好奇，是青少年的正常心理

孩子到了青春期后，不仅身高和体重会快速增长，神经系统逐步发育成熟，性激素的分泌速度和分泌量也会明显增加。随之而来的，不仅有性器官的发育成熟以及第二性征的出现，还有对异性的强烈好奇。他们想要接近异性，也会被身边某些异性吸引，并且开始对恋爱产生朦胧的憧憬，对性接触有不同程度的幻想和好奇。男生会对女生的身体越来越好奇，甚至产生渴望，所以会通过各种渠道获取这方面的信息，如杂志、网站、电影、漫画或主播平台；而女生可能会"疯狂"地喜欢上某个男明星或某部爱情小说、电视剧、电影中的男主角。这些都属于孩子正常的心理发育过程，到了青春期，孩子就可能会对喜欢的异性产生爱慕之情，所以从某种意义上讲，根本不存在"早恋"一说。

因此，当发现青春期的孩子开始给异性写情书，发现女儿给班里某个男同学频繁地发微信，发现儿子开始在网上找异性的性感图片来看，甚至在儿子的枕头下面或书桌抽屉里发现一本成人杂志时，父母不必惊慌，因为青少年会有这些行为都是正常的。只要他们不做出违反伦常和法律的事，父母大可不用那么焦虑。

### 孩子谈恋爱时会让父母紧张的那些事

如果总结孩子谈恋爱时父母紧张的原因，大致可以分为几种：（1）担心孩子谈恋爱浪费时间，影响学习；（2）担心孩子一时冲动，和对方发生性关系，收不了场；（3）担心孩子被欺负或欺骗，受不了打击；（4）担心孩子谈恋爱违反校规，学校和老师会找麻烦。让我们逐个分析这些问题出现的可能性。第一，临床观察发现，真的因为谈恋爱影响学习的孩子其实只是少数。当然，这也取决于恋爱是怎么个谈法。如果孩子找到的恋爱对象比较贴心，他们从这段感情里更多体会到的是被对方理解、肯定、包容和陪伴，这样的关系大部分情况下不仅无害，而且有益。但如果感情中一方存在某些心理困扰，两人的感情比较虐心，那就需要具体问题具体分析了。第二，大部分青少年对性的体验都掺杂着好奇、渴望、懵懂、害羞等各种情绪，可能部分人会和恋爱对象发生性关系，但在中国青少年中这并非主流现象，特别是对青春期的学生而言。第三，关于被欺负的问题，其实感情中双方的付出大部分时候都是相互的。如果真的有一个人在"欺负"人，那多半是感情中的另一个人同时也在配合，让其有机会欺负自己，这是一个循环因果的过程。我曾经认识一个男生，他和一个同班女生谈恋爱，在别人看来，他在这段感情里显得特别卑微，什么事都会讨好对方，但他自己却觉得没什么。因为在他自己家里，他的爸爸就是像对待女儿一样照顾妻子的。男生有样学样，把他爸爸对待妻子的方式照搬到了自己和女朋友的相处中，两个年轻人一个愿打一个愿挨，相处其实很融洽。第四，关于校规的问题，父母可以了解学校的具体规定。或许在大部分学校里，就算学生谈恋爱，只要不是"明目张胆"到扰乱学校和课堂秩序，或者只要不影响其他同学，一般学校老师都不会太多干涉。因为大部分老师都知道，青春期孩子想谈恋爱是成长过程中的正常现象。

## 用系统思维和孩子讨论恋爱

### 接纳孩子的感情，切莫贬低

接受，而不要贬低孩子的感情，是父母可以和孩子谈论"恋爱"这件事的基本前提。青春期的孩子在人际交往中信奉一条铁律：**如果你想改变或说服我，就请先靠近我、理解我，让我感觉到你对我的尊重。**父母可以不认同孩子对某人的感情，但不能剥夺孩子喜欢别人的权利，也不能蔑视他们对谈恋爱的渴望。就像我们和观点不同的人辩论一样，我们可以不认同对方的观点，但我们不能贬低对方的人格，或者剥夺别人表达自己观点的权利。即使父母不认可孩子的情感，也可以试着说："虽然我一下还不太能理解你们的感情，但我觉得你会喜欢上对方应该是有理由的，不知道你愿意跟我分享一下吗？当然如果你不愿意，也没关系。"

### 定期关心孩子恋爱中的心情和需要

我们需要像"放风筝"一样关注孩子的恋爱情况，可以跟孩子传递一个信息："你的感情我们不会过多干涉，但我们始终**关心**你。如果你需要我们帮助，可以随时告诉我们。如果我们看到你们发生了一些我们觉得需要提醒的状况，我们也会就事论事地提出来。"请注意，这里说的"关心"指的是我们发自内心地**在意孩子的情感和需要，而不是监视孩子的一举一动。**如果将关心落实到具体的行动上，就是指孩子如果不主动跟我们谈他们的事，我们就不要总是问东问西。如果我们确实觉得孩子做的某些事不合适，那就简单明了、态度坚决、不带评价和攻击性地讲清楚。

### 用系统思维和孩子讨论爱情攻略

如果孩子愿意，父母不妨用系统思维和孩子谈谈他们的感情。所谓**系统思维**，指的是从多个不同的角度看待一件事的意义和影响，以及人和人相互之间的影响，即"真相不止一个"。相较而言，**线性思维**一般只追求单纯的因果，执着于绝对的黑与白，沉迷于孰是孰非，相信"真相只有一个"。在自然科学领域，线性思维有重要价值，它可以帮助人们追寻所谓的唯一的现实。但在人际相处和社会心理学领域，线性思维就不那么有效了。例如，父母觉得孩子谈恋爱影响学习，因为他们看到的是晚上孩子会和对方聊天聊到很晚，结果早上起不来；但在孩子看来，恋爱让自己获得了一份独一无二的情感体验，这份体验是在和父母的相处中无法体会到的。在这段感情里，孩子觉得自己被另一个人听到和理解，对生活更有信心、更加期盼。双方都是根据自己看到的"现实"产生了相应的观点，而观点又反过来强化了他们想要看到的"现实"，让他们选择性无视和自己所认定的现实不相符的证据。双方都认为对方的看法是错误的，但其实并不存在谁对谁错。如果此时亲子双方或一方抱着线性思维不放，不接受双方的差异和观点的多样性，一心只想着纠正对方，战争就在所难免。

父母需要耐心地陪伴孩子理清当下这段感情带给他的各方面影响。父母可以通过以下问题帮助孩子进行整理：（1）谈了这段恋爱后（如果孩子的感情还没有开始，可以换成假设性的提问，如假设开始谈这段恋爱关系），他们各自的学习和生活发生了（会发生）哪些变化？（2）这些变化带给他们的感觉如何？带来了哪些好处？又带来了哪些限制？（3）这些变化中哪些是有必要让其继续存在的？哪些是需要调整的？（4）如果想要调整，大家期待的调整后的具体状态是怎样的？（5）如果要让改变发生，大家各自能做的一件具体的事情是什么？

这样做的目的，不是要找到关于问题的唯一答案，而是帮父母和孩子拓展思路，意识到"真相永远不止一个"，让孩子在丰富的现实中自行整合，找到属于自己的答案。这样的思维训练方式本身能让孩子变得更灵活，看待问题不至于那么极端，对其思想的成熟发展大有裨益。

### 对孩子进行必要的性知识教育

当然，对青春期孩子进行性知识教育也是必要的。有的父母可能觉得和孩子谈性是一件羞耻的事，所以会刻意回避。但临床和科研经验都告诉我们，坦诚地和青少年谈性是有益而无害的。例如，女生需要了解月经周期、安全期、排卵期、经期卫生、避孕、流产对身体的影响等基本的生理知识，男生同样也需要了解遗精、手淫、性生活卫生和避孕等基本的性相关知识。在了解了这些必要的知识后，他们因为冲动而导致不良后果（如意外怀孕、流产等）的概率会降低。

### 善用孩子对异性的好奇心培养责任感

父母也可以顺势而为，用孩子对感情的珍视培养孩子的责任感。例如，我曾经见过一位母亲，初三的儿子跟她说想约班里一个喜欢的女同学去看电影，想跟妈妈要点钱作为"活动经费"。这位母亲听后不仅没有慌张，反而充满欣赏地跟儿子说："可以啊，你可以去邀请那个女孩，但记住一定要礼貌和绅士。如果人家不愿意，也不要强人所难，可以下次有机会再试试。如果女孩子愿意去，那你们看完电影后，要记得把人家安全地护送回家，因为你是男子汉。"这位母亲对儿子的感情给予充分的接纳，并且借此机会鼓励儿子学习如何做有担当的人，是一个很好的正面示范。

刘亮

# 跟孩子谈未来和打算

小西已经休学在家半年多了。最开始他几乎天天都把自己锁在房间里，除了吃饭睡觉就是打游戏。再后来他对游戏也提不起兴趣了，就每天在家无所事事。父母很焦急，问小西为什么不上学，他只是淡淡地说上学没意思。问他有没有其他打算，他说不知道。问他未来有什么想做的事，他还是那句"不知道"。父母骂也骂了，劝也劝了，道理也讲了，可小西依然没有任何改变，好几次和父母谈得不开心了，直接甩下一句："反正我就这样了，大不了不活了，无所谓！"

这样的案例在当下比比皆是，许多正值青春年少的孩子早早就进入了对什么都没热情、什么都不想要、什么都不想做、什么都无所谓的"四大皆空"状态：有的每天在学校混日子，得过且过；有的退学回家，无所事事，有的甚至被家人送到医院，戴上"抑郁症"的帽子，但抗抑郁治疗却对他们毫无效果。

## 为何孩子什么都不想要

### 过早的智力开发和过重的学习压力

如果我们仔细研究"四大皆空"的孩子的家庭成长经历，可能会发现他们大部分人在幼年时都经历了过度的智力开发。在同龄人开心玩耍的时候，许多孩子却被父母逼着上各种培训班，学习各种能为他们日后升学加分的技能，学习大人为他们设计的、能为他们增值的各种"绝活儿"，他们的童年记忆大部分是和学习班、考证、考级联系在一起的。如果把孩子比作一个蓄电池，把他们的学习热情比作电池电量，那这样过早、过度的智力开发会极大地消耗他们的电量，让他们的学习动力账户被提前透支。等到了青春期时，他们的电量早已被耗光了。此时面对繁重的学习任务，他们当然就会表现得"无心也无力"。

许多孩子就这样对上学和未来失去了期待，变成了一个什么都不想要的"空心病"患者。一个前来就诊的厌学女孩说："我从幼儿园小班开始就参加各种培训班，最多的时候同时参加 8 个班。别的小朋友周末都在玩，而我要么是在上课，要么是在去上课的路上。我从小就觉得活着挺没意思的，熬完小学还有中学，中学熬出来还有大学，大学毕业还要辛苦地工作。一想到这些，就觉得还不如好好享受当下，快活一天算一天。"

### 成长的快乐感被剥夺

那些对未来没有计划的孩子身后往往还有一个或一对"鸡血式"父母。这些父母有的是对自己不满意，有的是对自己的职业现状充满焦虑，有的是从小就被自己的父母严苛对待，有的是自己一路打拼吃尽了生活的苦，有的则是对自己的婚姻和伴侣极度不满，总之最后都是把自己对生活的焦虑和不满转化成让人难以承受的沉重期待全部转移给了孩子。心理学把这一过程称为**家庭期待的派遣**。这些背负了父母过高期待的孩子每天从父母那里感受到的几乎都是催促、愤怒、苛责、挫败感。不管他们做多少，不管做成什么样，在父母眼里他们始终都不够好。有的父母甚至会用内疚感绑架孩子，常把"你一定要好好学习啊，不然怎么对得起我们这么辛苦的付出"之类的话挂在嘴边。这样的"内疚攻击"对孩子而言侮辱性不大，但伤害性极强。

从小就被迫负重前行，加上很少得到来自父母发自内心的表扬和认同，让孩子几乎体会不到做成一件事后发自内心的满足感，体会不到成长的快乐感。没有体会过成长快乐感的孩子，自然很难对苦闷的生活有所期待。曾来咨询就诊的一个男孩这样吐槽他的爸爸："我爸信奉丛林法则，一直挂在嘴边的话就是'活着就得学，不学就得死'。他对我的要求高到变态，比如我和他一起打篮球，投篮姿势稍微歪一点儿他也会唠叨好几个小时。我做什么他都不满意，我做得再好他也从不会夸我。只要和他在一起，我就会觉得生活是一件毫无乐趣的事。"

### 缺乏生活体验和生存危机感

在大人看来，"没本事就会挨饿受冻"是很容易理解的一条"真理"，但孩子的感受可能并非如此。在当下不少孩子的体验里，挨饿受冻和窘迫拮据是离他们很远的事，毕竟当今物质资源比以往任何一个时代都丰富得多。人的认知一般是和体验匹配的，未曾有过缺吃少穿的现实经历，就不太能深切体会到没本事和挨饿受冻带来的不舒服感，没有这些不舒服的体验，当然也就很难体会到父母苦口婆心讲的那些大道理。父母不能因此就责怪孩子，说他们不求上进，只能说他们生在这个年代，周围的环境便是如此。当一切生活所需资料的获得都变得理所当然时，人也就无法体会到缺乏这些东西所带来的窘迫感，以及通过自己努力得到这些东西所带来的成就感，那自然也就不会对努力本身有所渴望。没有窘迫感、危机感和渴望，当然也就无欲无求，对上学和未来也就会显得不那么主动。

## 怎么和孩子谈未来和打算

### 尝试帮孩子从兴趣中找到热爱和追求

如果父母尝试和这些什么都无所谓的孩子谈未来，最有可能得到与以下示例类似的反馈："不要跟我谈这些，没兴趣。""烦死了，我就是不想去想以后的事。""不知道，我无所谓。"此时，父母可以试着放慢节奏，先不要急着催促孩子马上做决定或改变，可以尝试做以下两件事。第一，关注孩子当下正在做哪些他们感兴趣的事情，或者孩子在哪些方面有特长。即使有所发现，也先不要急着催促孩子思考将这些兴趣和特长变成职业的"成长路线"，否则很可能激起孩子的反感，让他们对父母更加警惕。可以问问孩子是否需要父母创造一些条件，帮助他们更投入地做这些他们喜欢的事，当然前提是不能犯法或违背道德。如果父母在提供这些条件时有自己的期待，可以和孩子来一场亲子谈判。第二，如果孩子实在没有喜欢或擅长的事，可以鼓励他们先从不讨厌的、能带来新体验的事情开始尝试。例如，我曾经见过一个男孩，也是上到高二后就不想上学了。他在家里待了半年，游戏也打够了，漫画也看够了。父母最开始想尽办法鼓励儿子把游戏和画画变成可以谋生的"饭碗"，结果孩子觉得父母这种鼓励是另一种变相的控制，就变得十分警惕。之后父母改变了态度，也不催促儿子发展特长和爱好了，允许他从不讨厌的事开始尝试。男孩后来在一次同学聚会时，在同班女生的带领下学做了一次糕点。他说自己当时只是因为无聊，也不讨厌做糕点这件事，就做了。结果做得还不错，收获了大量点赞，男孩通过这件事有了一些信心。后来他跟父母谈判，父母为他注册了一个直播账号，让他可以在网上展示自己做糕点的手艺，条件是他要保证完成学校对学业的基本要求。后来经过一段时间"尝鲜"后，男孩意识到只是像现在这样小打小闹地做糕点并非长久之计，觉得自己还是需要一个大学文凭，于是他决定换一所高中继续读书。

### 用具体化和关注资源的方法激发孩子的热情

有的父母或许会问："我看到孩子在某些方面有兴趣、特长，或者注意到他们还愿意做某些他们不讨厌的事，但就是不知道具体该怎么鼓励他们。"针对这种情况，可以尝试运用以下两种技巧。第一，具体化。即父母将孩子的具体行为用作反馈及夸奖的素材，给予孩子点对点的"精准反馈和夸奖"。例如，可以跟孩子说："上次你做那个模型的时候，全神贯注地做了两个小时，不仅模型做得很好看，而且你这种专注更难得，更了不起。"这样的言语就比只是说"你上次做那个模型做得很好"更有帮助。第二，关注孩子的资源。即从孩子的言行里挖掘他们自己都未曾注意到的优势和资源。要做到这一点，父母需要发自内心地以欣赏的眼光看待孩子。例如，我曾见过一个初中女生，她在班上和一个男同学发生肢体冲突，被老师批评后就再也不愿去学校，而是成天待在家里玩游戏。父母最开始只是责备她，后来在心理咨询中，我了解到，她当时是因为自己的好朋友被那个男生欺负，忍无可忍才动手的。我跟她说："想不到你这么讲义气，你这种人如果生在古时候说不定就真的成为一代女侠了。不过据我所知，大侠一般不但武功高强，而且也很有智谋。我跟你聊天感觉你脑子挺好用的，回答我的问题时逻辑很清楚。所以你愿不愿意想想，下次如果再遇到这种事，除了动手以外还有哪些非武力的方法可以保护你的朋友？"当我说出这番话后，明显看到女孩的面部表情放松了下来，她说："好吧，那我们就来讨论讨论对策吧。"

### 为孩子创造体验生活的机会

如果父母尝试了很多方法，孩子却就是体会不到现实的残酷，依旧无欲无求，那么在经济条件允许的范围内，为孩子创造一些体验生活的机会也是可以考虑的，不过有几点需要注意。第一，让孩子体验的事，最好是对孩子来说有一些新鲜感且不那么讨厌的事。例如，孩子喜欢看玄幻小说，很讨厌数学，家长或许可以建议他尝试写一点儿短篇玄幻小说投给相关杂志或网站，而不要强迫他跟着数学老师做题。第二，提前跟孩子谈清楚体验生活的条件，并且说到做到，切莫以"善意的谎言"糊弄孩子。第三，给孩子寻找的体验机会不要超出孩子的能力太多，最好是有一点儿挑战性，但他们付出一点儿努力就能完成。例如，让孩子和志愿者一起去社区帮助一次独居老人，就比直接让孩子去敬老院打工对孩子更有帮助。

刘亮

# 孩子"沉迷"游戏和网络

老许最近正在为儿子打游戏的事发愁。儿子今年读高二了，正是应该专心学业，为高考做准备的时候，但他偏偏在这时候迷上了手机游戏，成天抱着手机不放，连学校也不去了，说自己要当职业电竞选手。无独有偶，老丁也遇到了类似的困扰，女儿今年读初三，其他同学都在为中考努力，她却一天到晚刷各类直播和小视频，说自己不想读书了，要当时尚主播和 UP 主。

近些年上述类似的案例快速增加，许多孩子对上学、做题和考试慢慢失去了兴趣（许多孩子本来对这些就没什么兴趣，之前被大人逼着去做），开始沉迷游戏和某些新兴网络事物，如小视频、电竞游戏、各类直播（带货、游戏、美食、化妆等）。而在许多父母看来，这简直就是不务正业、浪费生命、不可理喻。他们搞不明白，这些闲时玩玩的小娱乐怎么会让孩子如此着迷。

## 为何孩子会爱上游戏和网络

### 对游戏和网络本身的热爱，以及流量当道的网络经济现状

不可否认，有不少孩子是真的喜欢游戏。他们喜欢某款游戏精美的画面和音效制作、故事剧情、游戏手感、团队合作体验等，他们会反复地玩，刷游戏里的各类宝物、装备、隐藏剧情，追求游戏带来的极致体验。对不少玩家来说，游戏就像一种信仰，而不仅仅是娱乐那么简单。有些人会将游戏过程录制成专门的视频（如快速通关视频、无伤通关视频、特定玩法视频等），上传到自己的网络社交平台或某些网站和他人分享。其中一部分玩家因此被某些商业平台看中，成为职业玩家或游戏产业从业者，专门制作各种游戏比

赛的解说视频，为自己热爱的游戏制作专门的小电影，参加线上和线下各类游戏竞技赛事，做各种与游戏相关的产品带货直播等。

上述这些在许多父母看来都属于"不务正业"且"不靠谱"的事情现在已经成为许多年轻人的挚爱，甚至成为他们的职业，而其带来的网络流量效益也成为促进经济发展的重要组成部分，支撑相当一部分人的生计。以当下年轻人喜欢的哔哩哔哩网站（简称"B站"）为例，随便一搜，粉丝量在数十万以上的游戏、时尚、美妆、教育类UP主（指在视频网站、论坛、FTP站点上传视频文件的人）比比皆是，而粉丝量达到上百万甚至上千万的UP主也不少见。这样的网络体量给国家经济、网络平台、UP主个人、相关支撑团队、产品供应商及生产商带来了可观的收益。换言之，许多游戏本身已经慢慢从当初纯粹的娱乐消遣变成了一种产业化的存在，许多网络平台也早已从当初的信息传播平台变成了商业巨头。在"流量当道"的当下，网络和游戏已成为许多孩子生活中绕不开的存在。

有的家长可能会说："尝试的人那么多，最终成为大咖的毕竟是极少数，大部分人还不是要么做了炮灰，要么给别人打工。"这句话本身可能并没有错，但通过主流网站呈现在大众（包括孩子）视野里的几乎都是光鲜亮丽的成功者，以及他们"感人至深"的励志故事。许多孩子可能会被这种光芒吸引，产生一种"我上我也行"的错觉。然而事实却是，大部分人更适合走读书、考学这条路，不是人人都能遇到童话，都能实现"屌丝逆袭"的梦想的。

### 现实世界满足感和自我认同感的缺乏

有些"沉迷"游戏和网络的孩子在现实世界中难以体会到成功带来的喜悦，得不到来自他人的认同和夸奖，体会了太多的无奈、无助和焦虑。而在游戏和网络世界里，他们不需要顾虑未来、挑战和结果。赢了，游戏系统会给他们直接的奖励，诸如一套他们梦寐以求的装备、金钱奖励或者角色等级提升，以及来自队友的赞美和推崇，这些刺激他们脑中多巴胺（一种让人产生快感的神经递质）的分泌，带来愉悦感；输了，虽然会觉得失落，有时候会被队友责备，但总有赢的机会，也好过总是面对现实世界的残酷，如来自父母和老师的当面指责。现实世界的失落感和虚拟世界的满足感形成鲜明对比，让人产生强烈的落差感，许多人因此不自主地选择留在虚拟世界中，这其实也是人类很正常的心理反应。

我曾见过一个执意要做职业电竞选手的女孩，她不但自己玩游戏，还做主播。她说在自己玩的那个游戏领域里，像她这样玩得好的女性玩家很少，每次她只要上主播都有好几千粉丝观看、点赞或送礼物，在那里她感觉自己被看到、被认可和被需要，但现实世界给她的体验却完全相反，她的父母都是大学教授，对女儿期待极高，要求她以后的职业成就绝对不能比自己低。在女儿的记忆中，他们从来不会鼓励和夸奖，只有无尽的要求，他们有时甚至还会用"猪""狗"之类的词侮辱女儿。"在现实里我猪狗不如，在游戏世界里我是女神，如果换成让你们选，你们会选哪个？"女孩满脸蔑视地质问父母，父母却也无言以对。

### 游戏和网络给孩子归属感

一些孩子会在游戏和网络里找到归属感，例如，在和自己的"战友"并肩作战时，在游戏里横扫千军、被队友夸赞时，在和有相同爱好的游戏好友聊天、探讨某个游戏场景、人物或技能时。这种归属感在不玩游戏、不接触网络的人看来往往难以理解，但在玩家们看来却是珍贵的精神食粮。曾经一个想休学的男生这样说："我成绩很差，老师不但不喜欢我，还鼓动班上的同学不要理我，我在班里就像空气一样，根本没人在意，我觉得自己不属于现实世界。可在游戏里完全不一样，战友们都很崇拜我，每次我们组团上线，几乎所有人都会问我上了没有，我就觉得自己属于这里。"

## 面对游戏和网络，父母可以做什么

### 多角度看待游戏，尊重孩子和它的连接

既然游戏对孩子而言如此重要，那父母大可不必把它看成洪水猛兽，一棒子打死。当看到孩子"沉迷"游戏或网络时，父母可以先试着理解游戏和网络对孩子而言具体意味着什么。千万不要在缺乏理解的情况下就盲目评价、攻击和贬低孩子喜欢的游戏、主播或网站。相反，父母可以先耐心问问这些究竟给孩子的生活带来了哪些不同，在孩子心目中它们究竟有何意义。请记住，关键是用心平气和的态度多问孩子几个"为什么"。这个询问过程向青少年传递的是大人对他们的尊重，而感到被尊重是孩子愿意和父母交流的前提。总之，要帮助孩子远离游戏，父母要先学会尊重孩子和游戏的连接。

### 帮助孩子在现实世界找到价值感和归属感

要想让孩子愿意回到现实世界，就需要让他们觉得现实世界还有盼头。首先要反对的是"唯成绩论英雄"的观念。毕竟，不是所有孩子都是为应试教育而生的，也不是所有孩子都擅长考高分的。大量的科研结果和临床经验都表明，"一刀切"和"唯成绩论英雄"的教育理念只会制造更多有心理问题的孩子。然而，对于许多父母来说，真的做到完全改变观念、不在乎成绩，也是不现实的。那么可以尝试退而求其次，除了关注孩子的成绩外，也要及时、真诚、不带目的地看到孩子除了成绩以外的其他优势，并予以认同。

具体来说，父母可以尝试以下几件事。第一，关注并定期总结孩子做得不错的事情。请注意，这里的关注需要的是父母发自内在地带着欣赏的态度发现孩子的优势。我曾经见过很多父母说自己的孩子没有优点，我一般都会直接反驳："不可能，如果你们的孩子一点优点都没有，他不可能活到现在。"对于这样的父母，我经常会布置的任务是让他们至少写出孩子的 50 条优点。不论他们能否完成，我都会鼓励他们进行尝试，因为这能帮助父母重新建立

对孩子的认知。第二，定期用语言和奖励为孩子点赞。当看到孩子的优势后，父母需要学会当着孩子的面把欣赏表达出来。点赞的一个核心原则是：**足够具体且及时**，即看到孩子的具体变化后，及时针对孩子的具体行动和努力（而非结果）进行表扬。例如，"你这次考得很好，我们很开心。而让我们更开心的是你这次这么努力，几乎每天复习功课时都能连续坐一两个小时。""你这次考得很好，太棒了！"两句话相比，后一句更有用。这样具体的夸赞会让孩子觉得父母不是在以事情的结果评价他们的价值。第三，给予孩子不带挑剔的、无条件的赞赏。有的父母喜欢在表扬孩子后加一句"但是……""只是……"或者"要是你下次……就更好了"之类的话。这样的表扬往往会给孩子极差的体验，他们可能会觉得父母并不是真的认可自己，或者觉得父母的夸奖背后另有所图，久而久之便会对父母的夸奖有了戒备心。所以，父母夸孩子时就好好夸，别把期待混进来。如果父母真的对孩子还有其他期待，可以换一个时间简单、明了、直接地跟孩子讲清楚。

### 必要时给孩子机会体验真实的电竞行业

想成为职业电竞选手的孩子可能有一种错觉：我其实玩得挺好，那些职业选手估计也没比我强到哪里去，要成为职业选手其实没那么难。但现实是，要成为职业选手不仅要有过人的天赋，还要经过超高强度的训练。而且不论是哪一款主流游戏（如王者荣耀、英雄联盟、绝地求生、魔兽世界等），能达到职业电竞选手水准、通过玩游戏养活自己的人也就那么几个。

也正是因为现在有越来越多的孩子有这种幻想，社会上也悄然兴起了一个叫"电竞劝退"的行业，即由专门的职业电竞训练人开设的类似电竞培训营的项目，让那些梦想成为职业玩家的孩子去体验职业选手的训练和生活，结果不少孩子参加培训营以后反而放弃了电竞梦。我曾见过的一个男孩便是如此。最开始他对自己的电竞水平信心满满，一心要成为职业玩家。后来他在父母安排下参加了一个电竞训练营，在那里不仅每天要接受超高强度的训练（据说每天高达 15 个小时），而且他玩的游戏视频经常会被教练以每 30 秒为单位反复评价和挑错。这种方式伤害性不大，但侮辱性极高。最后他觉得自己的水平完全上不了台面，不可能成为职业选手，只得放弃丰满的理想，回到骨感的现实，重新回学校上学。

"电竞劝退"还是一个新兴行业，其有效性和副作用有待进一步观察，但它的出现给了我们一个关键性提示：对孩子而言，缺乏基于现实体验感的讲道理一般没什么用。必要时让孩子有机会体验真实电竞行业的残酷或许也是一个可以考虑的方法。

**刘亮**

# 孩子总想寻死

"对于我来说,死不过是一种选择罢了,没什么大不了的。"

"我觉得难受的时候,划自己两刀,看着血流出来,就觉得好受点了。"

"你们说的这些未来的事,跟我有什么关系啊?我都不想活了。"

这些话乍一听让人觉得毛骨悚然,但在心理咨询室里几乎天天都会听到,而说这些话的往往是一些青春年少的、在成人眼中本该朝气蓬勃的青少年。他们当中的许多人并没有患抑郁症,却常常把"死"挂在嘴边,甚至一而再、再而三地伤害自己。不知从何时起,这种"死亡文化"开始在青少年群体中盛行。调查显示,在中国青少年(13 ~ 18岁)群体中,有高达27.4%的人有过非自杀性自伤行为,平均每年有15万名以上的学生自杀,而每8分钟就有1人结束自己的生命。我们不得不思考:为何现在的孩子会和死亡如此亲近?

## 自杀的原因

### 毫无目标的人生是孕育自杀的温床

在和这类青少年打交道的过程中,我发现其实他们很多人的生活在别人看起来过得很不错,但他们自己却充满了迷茫。自出生起,许多人的生活就像一列已经被家长设定好轨道的列车,他们每天沿着这条轨道前进,虽然生活中他们不愁吃穿,不用操心各种生活安排,但内心空洞、无所归依。他们找不到自己真正想要的是什么,所以不知道自己要追求什么,更不知道自己人生的意义何在。因此,他们觉得生活了无生趣,极端者便会选择放弃生命。

同时，在当今这个信息爆炸的年代，许多孩子在幼年时就已经通过网络这个繁花似锦的"无限"媒介提前认识了世界的样貌，而在过去一个人要花几十年时间逐步成长、探索和积累才能知晓这个世界。对不少孩子来说，他们认为自己已经提前知道了自己将来的人生大概会是怎样的，那么这已被"提前预知"的人生，对当事人而言自然就缺乏吸引力了。

一位厌学且想死的高中女孩曾跟我说："我的父母在我出生前就已经把我的人生设计好了，像制造一台精密仪器一样，一点儿偏差都不能发生。细到要读哪个学校、交什么样的朋友、每天要做什么，都在他们的计划内。我打小就不知道自己除了考个好成绩、做个好学生以外，还有什么存在的价值。之前我成绩好的时候老师和同学会夸奖我，我觉得虽然活着没意思，但还能将就着过，起码还能给父母带来点荣耀感。结果这次期中考砸了，我觉得自己连唯一的存在价值也没了，那还活着干吗呢？"女孩讲这番话时异常平静，但在她的父母听来却是字字诛心，他们万万没想到，自己为女儿设计的"理想人生"方案，竟在冥冥之中把女儿的生存价值感都抹杀了。这样的领悟，何其沉痛！

### "共同焦虑"的教育氛围是促进自杀的催化剂

对许多本身就觉得生活了无生趣的青少年来说，繁重的学业压力是促使他们产生自杀念头的另一剂催化剂。

其实，教育本身并无对错，但是不少家长急功近利，无时无刻不把自己的生存焦虑转化成对孩子学业成绩的期待传递给孩子。而孩子在接收到父母的焦虑后也无法置若罔闻，自然也变得焦虑和郁闷。与此同时，许多学校也在用焦虑回应父母和学生的焦虑，个别学校甚至把学生的成绩和升学率跟老师的收入及业绩评价直接挂钩，其结果便是老师也变得焦虑不堪，只能不停地要求学生玩命学习。

最后，便形成了学校、家长和孩子一起焦虑的教育氛围。在这种氛围下，大家都苦不堪言，却又都觉得无计可施。在这样的环境中求学，青少年有轻生的念头也就不难理解了。

### 不安宁的家庭环境是自杀的帮凶

有的孩子比较幸运，在面对高压的学业和空洞的人生时，背后还有一个稳定的避风港——家庭在支持他们。这样的孩子便较少有自杀的行为，因为一个温暖、包容的家庭就像一块大海绵，能够吸收他们的悲伤和不安的情绪，让他们起码对活在世上这件事还有所企盼。然而，并不是每个人都那么幸运。许多年轻人不仅有外患，还有内忧——家里总有让他们操心不完的人和事。例如，照料者自己没有长大，情绪极不稳定，动辄贬低或蔑视孩子，甚至对孩子大打出手；又或者父母每天忙着"内战"，夫妻冲突不断。这样的家庭对于年轻人而言不再是一座避风港，而是另一座炼狱，会极大地消耗他们的生存动力。

曾有一个高一男孩被诊断为"重度抑郁发作"。他长得高大帅气，与人交谈时一直面带微笑，表面看上去阳光乐观，但想要结束自己生命的念头却一直在他心中挥之不去。他说他看过精神医学的图书，觉得自己并没有情绪低落、兴趣减退等抑郁症典型的症状，相反，他觉得内心很平静。"我从小就见惯了父母间的'无尽战争'，他们一年中除了年三十和年初一以外，几乎天天都在吵架。我爸是个渣男，一天到晚在外面勾三搭四。我妈为了报复我爸，也是经常在外面找男人。"男孩微笑地诉说着他那在常人看来悲惨的家庭史，"他俩都忙着各玩各的，几乎不管我。我从小就觉得活着挺没意思的，小的时候没人关心，长大了又得辛苦挣钱，就算结了婚，也很有可能像我父母这样过得很郁闷。所以想来想去，死了其实更轻松。"

许多不想活的青少年都有类似的经历，他们目睹的这一幕幕家庭"惨剧"会极大地消磨他们面对学业和生活挫折的勇气，消耗他们对未来的好奇和期待，他们在本该可以"想我所想，行我所行"的芳华之年却滋生不出那份无问西东的兴趣和勇气。所以，人常说：在那些"生病"的孩子背后，往往也有一个"生病"的家庭。

### 照料者的负面身教是自杀的增幅器

如果走近这些"生病"的家庭，往往会发现这些家庭中的父母一方或双方处于幼稚、极度控制、情绪不稳定、处事容易走极端的**低分化**（即低心理成熟度）状态。他们往往对自身的情绪缺乏觉察力和管理能力，常常被愤怒、烦躁、空虚等情绪操控，自己却浑然不觉。有的父母一面教育孩子要管理好自己的情绪，一面却在遇到困难时迅速退行成一个小孩，轻则如坐针毡、寝食难安，重则喜怒无常、寻死觅活。众所周知，身教往往大于言传，这种低分化的父母对孩子而言不但会起到负面的身教作用，而且也很难在孩子脆弱时为其提供必要的帮助。

我见过的一个爸爸便是如此。他的女儿被诊断为抑郁症无法上学，他怎么都无法接受，几乎每天都在家里以各种方式发泄情绪，动不动就以绝食要挟女儿快点回去上学。而本就悲伤的女儿在看到爸爸如此极端幼稚的行为后，对人生更加绝望，三天两头用刀割伤自己。她说自己很有经验，每次正好可以用刀把自己划到有痛感，血会流出来但不会留疤痕的深度。她还说，每次看到自己的血流出来的时候，心里的无助和对父母的内疚就会稍微缓解一点。结果这位爸爸在看到女儿的自伤行为后变本加厉，居然跟女儿说："你如果割自己一刀，我就割自己两刀。"**这种"用问题解决问题，用战争平息战争"的问题处理方式本身就是个大问题。**结果便是女儿的症状更加严重，最后被送进了精神科医院。

父母这样的行为不但无法平息孩子的自杀意念，还有可能成为孩子自杀的增幅器，成为压垮孩子的最后一根稻草。

# 面对青少年的自杀言行，做到"四不要"和"五要"

### "四不要"

我们通常有个误解，觉得面对有自杀想法的青少年时，给他们灌输心灵鸡汤或者给他们一些类似"没事的，一切都会过去，你会好起来的。想想活着多美好啊，为什么要死啊"这样的鼓励就能解决问题。有的父母想尽办法想把孩子的消极想法抹掉，不断催促孩子快快阳光起来。但实际上，这样的做法反而会让身处其中的孩子感觉更不被理解、更孤独、更无助。

正如一位前来咨询的女孩所说的："我爸妈每次都只会跟我讲大道理，说我有想死的想法是错的，还总催我要快点好。他们根本理解不了我的痛苦，道理谁不会讲啊？我觉得好烦，不如死了算了，一了百了。"

当面对不想活的孩子时，请秉持**不要评价、不要指责、不要催促、不要抱怨的"四不要"**的态度和他们沟通：不要随意对孩子的悲伤、迷茫和无助评头论足，空讲道理；不要站在所谓道德制高点说孩子想死的念头是错误的，更不要上升到不孝的道德高度；不要急着催促孩子早日好起来；不要因此对孩子进行人身攻击，或者抱怨孩子让自己的生活变得多么痛苦和不如意。

### "五要"

建议家长们坚持**"五要"**原则。

**第一要，家长要耐心地做孩子的"情绪容纳器"。**

在孩子有苦恼想倾诉时，要给予他们不带评价的陪伴、倾听和共情。虽然父母不一定能够完全理解孩子说的每一句话，但可以对他们的情绪抱持一种接纳的态度。请注意，父母要发自内心地愿意接纳孩子的情绪，而不是表面假装出一副接受的样子，内心却对孩子极度排斥。道理不是不可以讲，但要在充分听懂和理解了孩子的困难以后再讲。这便是**"先谈感情，再讲道理"**。

家长可以告诉孩子："我不会随意评价你想死的想法，你有这种想法肯定也有你的理由。要是你愿意，你也可以跟我说说。我也许不能立刻就理解你说的话，但是我愿意陪着你，理解你。同时，作为亲人，我确实很在意你的人身安全，也很心疼你，不想你一个人独自面对痛苦。所以希望以后你再有这种念头的时候，尽量不要去做，先找我们，或者你觉得可以理解你的、你信任的其他人说一说。我们会在自己的能力范围内尽量陪着你、帮助你，但我们唯一的期望就是你不要再继续伤害自己了。"

换言之，**唯有先尊重孩子想死的念头，才能帮助他们远离死亡。**这听起来像个悖论，却是临床工作者多年实践经验的总结。

**第二要，家长要陪伴和鼓励孩子寻找新的生存意义感。**

如果孩子表现出上述"空心"状态，不知自己人生想要去到何处，建议家长可以先试着观察孩子日常生活中的点滴表现，尽力发现那些在当下还能够调动起他们哪怕一点点热情和兴趣的事物。就算这些事物看起来微不足道，或者和家长自身所持的基本价值观南辕北辙，但只要不违法，不违背基本的道德和伦理，建议家长持一种尊重和好奇的态度，与孩子讨论将它们"发扬光大"的可能性。具体与孩子讨论的话术和注意点，可以参见本章"如何跟青春期孩子谈未来和打算"。

**第三要，家长要尊重孩子康复的节奏。**

我曾经主持过一个关于青少年抑郁症的科研项目。研究发现，孩子最渴望的是家人尊重他们康复的节奏和目标，并在康复过程中给予他们充分的时间。这种尊重会给予想要自杀的孩子莫大的支持。父母可以把自己的期待就事论事地和孩子讨论，但千万不要强迫孩子一定要在多短时间内好起来，或者强迫他们活得多么"阳光"。

也许可以跟孩子说："虽然我有自己的看法，但我也会试着理解和尊重你的理念。你不一定要活得多么积极阳光，只要能尽量按照你的意愿，在法律、道德允许的范围内过上你想过的生活就可以了。"

**第四要，夫妻之间的问题要在夫妻两人之间解决。**

这一点已经是老生常谈了。一句话,夫妻之间的感情问题,要在两人之间解决。分也好,和也好,都请父母尽量以成年人的姿态理智地在两人之间处理,切忌将这些矛盾引出的情绪转移到孩子身上。

**第五要,家长要做高分化、有正面示范作用的父母。**

作为父母,如果发现自己无论如何都无法控制自己的情绪,总是容易被情绪控制,那也许意味着我们自身出了问题。解决问题的途径可以是找一位专业的咨询师,或者是找一位信任的好友或亲人,或者是阅读相关图书、参加相关心理学课程,对自己的成长经历和做事方式做一下梳理。请记住一点,**只有那些自己有充分的自知力的父母,才能培养出有自知力的孩子。**

最后需要强调的是,青少年也是抑郁障碍和双相情感障碍等精神障碍的高发人群。所以如果家长发现孩子最近情绪特别低落,或者莫名的情绪高涨、兴奋,切勿放松警惕,更不要讳疾忌医,应当带孩子及时到专业的精神科医院就诊。

**刘亮**

# 孩子和别人发生冲突

"你怎么又和同学吵架了？不是跟你说了要换个方法吗？"

"你说够了吗？成天就会说大道理，啥用也没有。又不是我的问题，是他们先惹我的。"

"什么叫别人先惹你？你老是和别人起冲突，有没有反思过问题可能出在你自己身上？"

"得，反正问题都是我的，行了吧！我懒得跟你们说！"

女儿砰地摔门而出，留下屋里一脸茫然的父母。女儿上了初中后常常和同学起冲突，父母跟女儿讲了无数道理，提了许多建议，但小姑娘都听不进去。几乎每次亲子间的对话都是这样不欢而散。

青春期孩子会和同龄人起冲突在所难免，当这些问题发生时，父母哪些做法有效，哪些做法无效呢？

## 孩子和别人发生冲突，父母不要做的事

孩子在和别人发生冲突后，最不希望听到的来自父母的回应方式有以下六种。

1. "你先别说了，你听我跟你讲，这个事情你就该……"许多父母觉得自己人生阅历的厚度和丰富度及看问题的深度和广度是孩子无法比拟的，所以往往急着给建议，殊不知这是好心办坏事，因为这样只会让孩子觉得父母根本没兴趣听他们把话讲完，会让孩子感到更憋屈。

2. "为什么别人都没有这个问题，你就有呢？是不是你也应该反思一下自己呢？"这样的回应方式在孩子听来全是质问和责备，而不是被理解。"既然

你们不能理解我，我干吗还要跟你们讲？"这便是许多孩子听到父母这番话后的心情。

3. "这么简单的事都搞不好吗？还来问我？来，我告诉你，你要……"这样的回应很可能会让孩子觉得自己被鄙视了。即使父母的用意是好的，但这种被鄙视的感觉是最糟糕的。孩子可能会因此对父母心生恼怒，却又敢怒而不敢言。

4. "这些你都别多想，只要认真把学习成绩搞上去就行了。"这样的回复可能会让孩子觉得父母眼中只有成绩，自己的感受在父母眼中根本无足轻重，所以孩子往往会更压抑，对父母更恼怒。

5. "居然有人欺负你，我去找你们班主任（或和孩子起冲突的同学或朋友）算账！"这样的方式看上去好像很有血性，似乎是在力挺孩子，但未必是孩子想要的。首先，许多孩子跟父母说自己和别人起了冲突，可能更多的是想让自己的心情被听到、自己的行为被理解。说得通俗点，就是想吐个槽，让人安慰一下自己。其次，如果父母在未经孩子允许的情况下就激动地跑去找对方（往往是孩子的同学或朋友），可能会让孩子觉得很丢脸、很尴尬。因为青少年非常重视和同龄人的关系，也很在意自己在同学和朋友心目中的形象。在许多青少年看来，自己的事就该自己做主处理。如果遇到事情动辄就要家长为其出头，对他们而言其实是很丢脸的一件事，很容易被同龄人鄙视。

6. 在没有听孩子把事情说清楚、吐完槽的情况下就说："这件事是你不对，其实你也要站在对方的角度上想，其实他是……"这样的回应会让孩子觉得父母不心疼自己，是胳膊肘往外拐，只护着外人。

## 孩子和别人发生冲突时父母可以做的事

### 搞清楚事情始末

父母需要先给孩子充裕的时间，让他们有机会说清楚冲突究竟是怎么发生的，孩子自己的观点是什么。这个过程能帮助父母了解整个事情的始末，不仅能够让父母避免在不知情的情况下得出有失偏颇的结论，而且也可以在必要时给予孩子更有针对性的建议。同时，听孩子讲述的过程也能让孩子感觉被理解。父母可以先跟孩子说："如果你愿意，可以先跟我讲讲这件事的经过吗？我很愿意听。"

### 多理解，少忽视

所谓"理解万岁"，指的就是人内心的痛苦被别人听懂时那种释然的感觉。**情绪就像一头乱冲乱撞的小怪兽，只有被理解才能安静下来**。当孩子在讲述事情经过时，他们可能会有愤怒、委屈、悲伤、焦虑或害怕的情绪出现。此时父母需要保持自己的情绪稳定，肯定和接纳孩子的情绪，千万不要没反应或者用一句"你别多想"去敷衍，也不要急着讲道理。父母可以跟孩子说："听你讲这些，我也觉得很生气（或难受、害怕、委屈、紧张）。不管这件事情本身怎样，你的这些感觉都是真实的，是可以理解的。"

### 多讨论，少质问，少轻蔑

如果父母真想给孩子一些建议，千万不要用轻蔑和质问的语气表达。因为**父母说话的态度往往比所说的内容更重要**。即使父母跟孩子说的话再有道理，只要态度不够客气和尊重，孩子都很难接受，更别说把它转化为行动了。父母在听孩子讲完事情的始末后，要给孩子足够的情感回应，在确认孩子想听建议的时候，父母可以说："嗯，如果我理解正确的话，这个事情是不是这样……我们是不是也可以这么看……"父母可以用平等讨论的语气和孩子一起对冲突事件进行复盘，提出自己的观点，如看待冲突的不同视角等。

### 用设想加建议帮孩子发展应对策略

在孩子情绪基本稳定后，父母可以开始和孩子讨论接下来应对和处理人际冲突的方法。父母**可以采用"设想＋建议"的方式**，即父母可以用提问、澄清和提炼的方式帮助孩子设想各种应对方法。例如，父母可以问孩子："咱们一起想想如果下次再发生类似的情况，你可以用哪些不同方法回应对方？""如果到时候你真的那样说了，你估计情况会有什么不一样？""哪种结果是你更愿意看到的呢？""如果出现了你不愿意看到的那种后果，我们又能做点什么？"这些提问一定程度上可以激发青少年的思维，帮助他们从自己的思考中找到解决办法。当然，如果在这个过程中父母真有什么建议，而且孩子也愿意听，父母可以用平静的语气、态度温和地讲出来。例如，父母可以问："你想不想听听我的建议？我觉得下次咱们是不是可以……如果对方到时候是这样说，我们或许可以……"父母在表述中需要多用"也许""可能""说不定"之类的词语，这样可以避免让自己说的话听上去太确定，因为在双方平等讨论时太确定的语气往往会让听话者觉得不那么舒服。另外，我们需要注意的是，孩子需要的是建议，而不是评价。千万不要把对孩子的评价夹在我们的建议里提出来。

### 先讲情感结盟，再讲道理

其实，在和别人发生冲突后，许多青少年都会反思并且明白自己错在哪里，也知道自己在某些道理层面站不住脚。但人就是这样，**即使知道从事实和道理层面自己真的不对，也希望身边的人在情感上站在自己这边，帮自己把场面撑起来**，别让自己在外人面前丢了脸、输了气势。打个比方，一家人上街，其中有人和外人发生了冲突，他总归希望自己的家人无论如何能先护着自己；如果真觉得自己哪里不对，也希望是回家后关上门自家人内部再说清楚。当然这里我们并不是指父母要鼓励孩子和别人争吵甚至动手，如果冲突正在发生，我们需要做的第一件事仍然是先把孩子和对方分开，避免让冲突继续升级。然后，在和孩子独处且孩子愿意和我们交谈的情况下，用言语表达我们对孩子心情的理解，从情感上和孩子结盟："虽然我还不清楚事情的前因后果，也没法说谁对谁错，但我知道对方的做法让你很不舒服（或生气、委屈、窝火等），你会有这样的反应完全是可以理解的，换作我可能也会这样，所以我在情感上是站在你这边的。"

当孩子觉得情感上父母是站在他这边以后，一般情绪都会慢慢平复下来（当然，如果某些孩子存在严重的心理创伤、精神障碍等情况，其情绪久久无法平复，就需要专业精神科医生或咨询师的帮助了）。此时，我们可以再和孩子做讨论、讲道理、提建议。总结成一句话：先在情感上和孩子结盟，再讲道理和提建议。这样，往往会事半功倍。

**刘亮**

# 第五篇
# 离家独立篇

　　盼望着盼望着，子女终于长成了大人的样子，即将背起行囊，以求学或工作为目标一个人远行，在社会中一边摸爬滚打，一边迈向真正的独立！父母此时的心情通常五味杂陈：有如释重负的轻松，子女终于正式开始独立之旅了；有稍感失落的不习惯，紧密互动的亲子关系明显走向松散；还有困惑犹豫的不放心，子女刚刚开始上大学／工作，不能常回家与家人相聚……做父母的还需要关注些什么？

　　家庭生命周期理论认为，离家独立期子女的父母面临着**"接受现存的事实并重新进入家庭系统"**的任务，既能享受子女即将成年、独立的欣慰和放松，给予子女锻炼独立性的自主空间，同时又能兼顾父母在子女独立初期应尽的职责，在必要时给予子女需要的家庭支持。学者王浩威在其著作《晚熟时代》中提出：当代的子女面对"住房、医疗、教育"的压力，容易变得缺乏安全感，恐惧独立，不想过早结婚生子，依赖心强，希望随时可以有人帮忙满足他们的任何需求，智力方面的优越性并不等同于生活心智方面的成熟水平，所以需要父母、教师及全社会多种力量注重应对子女可能的心智晚熟。

　　与埃里克森在 20 世纪 60 年代发表的个体社会心理发展八阶段理论相对照，当代处于离家阶段的年轻人应该处于**"青春期晚期"和"成年早期"的交叉阶段**，此时他们需要处理的任务有两项：第一项，确定我是谁，包括"现在我是什么样的人"和"未来我要成为什么样的人"的基本信念；第二项，建立原生家庭之外的稳定的人际关系，包括浪漫的爱情关系。第一项任务是青春期遗留的尾巴，第二项任务则是成年早期重要任务的开端，所以此阶段属于承前启后的关键时期。与青春期相比，这个阶段的孩子的叛逆性、攻击性有所减轻，其情绪的波动性也随着生物神经系统的成熟而更加平稳，但其经历的社会实践仍然非常单薄，当他们面对社会的复杂现象时，其简单的非黑即白的价值观会受到诸多冲击。在其需要时如果能有信任的成年人在一旁陪伴并及时予以指引，会让挫折或打击可能对其造成的伤害保持在风险可控且可修复的程度。

综上所述，子女处于该发展阶段的家长应保持的最佳心态是：对子女要扶上马再送一程；对自己要及时调整，重建子女远离后的家庭系统。此时家庭具体的任务有三项。**第一，延续上一阶段的灵活性，允许子女自由出入家庭系统，保持对子女适度的关注**。尽力按需为子女提供心理和精神上的支持，让其在独立前行的路程中有来自家庭大后方虽然不完美但值得信赖的陪伴。**第二，把更多焦点放到成年人之间的核心关系上**，如二元婚姻关系、开放性地发展更多成人间的关系。**第三，重组和公婆、岳父母等大家庭的亲属关系，应对父母身份角色之外的家庭责任**。此阶段家庭的这三项任务和子女处于青少年阶段的家庭的任务不同，因为此时子女的生理年龄、外形都容易引发"应该更加成熟"的期待，但不容忽视的晚熟时代大背景让父母面临第一项任务时比想象中更为艰巨，所以父母需要学习更多与时俱进的知识和方法，以便科学应对。后文我们将结合9个典型的案例讲解这三项任务具体该如何开展。

**姚玉红**

# 孩子离家后突然开始和父母"翻旧账"

一对 50 多岁的夫妻前来寻求家庭治疗，远在国外求学的 19 岁女儿从大学一年级下学期开始天天打电话过来翻旧账，质问父母为什么在她初中被老师欺负时没站出来保护自己。这对夫妻非常着急和无奈："都快大二了，应该适应国外生活了啊，怎么会天天没事打一个小时以上的电话来骂我们呢？天天如此，快 3 个月了。我们真的快受不了了。她反复说我们根本没意识到那件事情对她有多大的影响，没想到她现在的所有不顺利、不开心都和初中那件事有关。我们如果承认错误就是'太敷衍'，如果安慰她就是'根本不理解她'，怎么做都是错，情绪动不动就很激动，我们要去看她吧，她又不让，我们到底该怎么帮她呢？"

## 为什么是现在"翻旧账"

心理咨询中常常会问一个问题："为什么是现在？"为什么是现在翻旧账？孩子明明和父母相隔千万里，开始了独立的新生活，却念念不忘无法弥补的陈年往事，离家后，双眼不往前看，却回头盯着家里不放，这是怎么了？

个体发展周期和家庭生命周期理论认为，18 岁左右的子女一般以离家求学或其他方式为标志开始学习独立，具体包括与家人以外的人建立亲密关系、独立处理生活中的各项事务、追求自己的发展目标等。总而言之，他们开始有意和家人拉开距离，越来越不再依靠家人帮忙处理生活、学习或工作中的情感问题和现实困难，大部分时候家人只需提供精神支持，偶尔需要提供实际的帮助，以支持和鼓励他们练习和追求独立。本案例中的女儿年满 19 岁，已经在国外生活快一年了，怎么会突然想起给父母打电话，就初中被老师欺负的事情反复纠缠呢？

这至少有三种可能性：（1）对自己信心不足，觉得自己难以在外面的世界独立；（2）对家庭这个基地信心不足，觉得家庭有所欠缺，不是能让自己后顾无忧的后方基地；（3）对自己与家庭这个基地的联络质量信心不足，担心会在某个重要时刻与基地中断联络，自己就只能孤零零地向前。

上述三种可能性都指向一个共同特点——越是在子女独立的关键时刻，越是要检验家庭对子女的支持力度是否足够。**这个时候的"翻旧账"可以看成是一次大检修，也是子女在信心不足、预感失败或不顺利时告知父母的免责声明和求助信号：**"我万一没做好，不是我一个人的锅，你们也有责任。我需要相信你们在知道我出问题时不会怪我，而是会想办法帮助我，与我一起面对。"本案例中的这种莫名纠缠就是女儿在独立进程中信心不足时向父母发送的求助信号，父母要懂得识别并珍惜这个信号，及时有效地帮助女儿，"扶上马，再送一程"。

## 为什么要用"翻旧账"的方式发送求救信号

父母常常感觉困惑和无奈的一个问题是：直接好好说不行吗？一定要用这么磨人和曲折的方式吗？要知道，即使是面对家人，示弱和求助也是一件有些冒险的事，特别是当家人间信任度不够时。如果得不到理解怎么办？如果不但得不到理解和支持，反而被教育一通，"都是你自己造成的，这么大人了，这些还不会"，那又该怎么办？因此，先找出对方的错——"你也有错""你错在先"，看看对方的态度，再决定下一步怎么走是比较保险的做法。"翻旧账"式求助虽然在声势上比较夸张，但"翻旧账"者内心其实是非常忐忑的。本案例中女儿每天打一个小时电话，而且电话中情绪激动，可以确定，她的心情也非常糟糕，绝不是特意折磨父母或者无缘无故地"作"。

子女在离家独立过程中和父母翻旧账还有一个可能的原因，即以前年纪小，没胆量、没力量和父母对峙，独立过程中突然意识到自己的变化，开始着手搞"平反冤屈"的活动，要把以前没能表达的要求借着过去的事情说出来，或许其中也隐含着现在仍然需要家庭支持的诉求，但只能以当年那个尚未长大成人的身份予以索要，却难以今日本应独立的身份启齿。

## 应对策略

### 从家庭生命周期理论看父母应对目标

家庭生命周期理论认为，父母需要帮助离家独立的子女建立**独立的信心：少指导、多鼓励、常信任、托住底**。"托底"的意思是对于严重的问题或麻烦，家长要从后台转到前台，手把手、肩并肩地帮子女解决问题，要比"指导"再多介入一些。

当类似案例中的情况出现时，父母要认真反思，家庭教养过程中是否真的疏漏了对子女某个重要心理品质的培养，或者犯了什么重要的错误而不自知。根据本案例中的女儿叙述，父母在老师做错事的时候站在了老师的一边，批评被冤枉的女儿，无视女儿当时受到的实际冤枉和情感伤害。在子女需要保护、支持和理解的重要时刻犯了错误，家长要郑重地反思，严肃地道歉。如果家长都难以冷静地面对过去的失误，那子女就更难以面对了。

同时，更加重要的是，**父母要在反思中寻找积极的资源，从记忆中翻找出子女一路走来的各种优秀品质和现实成绩，从积极的角度"翻旧账"**。

### 从自我分化理论看父母与子女的有效互动

美国家庭治疗大师默里·鲍温认为，个体的独立标志是具备自我分化的心理能力，即与外界相处时既能与外界保持情感联结，又能表达和保持理性自我。在自己与自己的关系中，分得清什么是带着情绪的气话、狠话、言不由衷、心口不一，什么是真心话、实在话、心口如一，不容易混淆感性和理性；而在自己与别人的关系中，分得清什么是别人的情绪和想法，什么是自己的情绪和想法，不容易被别人带跑自己的立场，不是"爸妈说啥就是啥"，或者"一定不能惹爸妈不高兴"。

德国心理学家舒尔茨·冯·图恩提出了**"倾听四耳模式"**，将倾听的结果分为四个层面：**事实层面**，即话语在字面上表达了什么；**自我暴露层面**，即话语在情绪感受层面表达了什么；**关系层面**，即说话时把对方看成自己的什么人；**需求层面**，即说这样的话究竟想达成什么目的。

如果将自我分化理论和"倾听四耳模式"应用到"翻旧账"情境中，则**父母可以帮助子女区分情绪和事实的表达，分辩别人或自己的意见和情绪，肯定子女所有真实表达的合理性，同时帮助他们扩大感受和认知领域，以开放的态度对待他人的感受和意见。**本案例中的父母在理解了女儿每日的电话是求助信号后，和女儿一起制定了家庭互动的改善目标——"女儿把对父母的信任找回来，父母对女儿的理解再加深一些"，具体的互动改善步骤包括：父母先肯定地接纳女儿的情绪，再区分情绪和事实加以反馈，慢慢加入父母的不同看法和意见，最后协商双方都满意的解决方案。以下是简单的示例，仅供参考。

对话1：

女儿问责父母：你们那个时候根本就不关心我，要不怎么可能发现不了？

父母的回应：（这是情绪反应，不用直接回答事实层面，听关系和需求层面）你发生这么大的事情，我们作为父母居然没发现，你确实有道理生气。

对话2：

女儿问责父母：你们嘴上说得好，从来都没有真正改变过！

父母的回应：（这是带着情绪的需求表达，需要重新信任父母是说到做到的人，否则对自己的未来也缺乏信心）我们确实还有没做到的地方，但我们会继续努力。谢谢你提醒我们，我们一定继续努力，一定会越来越好。

对话3：

女儿：你们自己过成这样，连自己的女儿都保护不了。我一个人怎么能过得好？

父母的回应：（听到女儿的信心不足，听到父母对女儿的重要性，表达鼓励并尝试分开父母和女儿的因果必然联系）爸妈没做到的地方对你有这么大的影响，我们也才知道。我们肯定会认真改进的。而且，我们在你这么大的时候，根本没你这么清楚的意识，你的未来肯定胜过我们……

上述对话示例的关键是，父母少些笼统而不具体的道歉——没有理解（甚至没有仔细询问）子女受委屈的那个部分，少些空泛的安慰或劝说——没有被理解还被要求迅速做出改变，这些都不容易被子女听进去，都不利于子女建立信任感。

最终，本案例中的父母通过改变互动渐渐找回女儿对他们的信任，虽然女儿还会偶尔有"翻旧账"的电话，但越来越容易被父母安抚，也愿意谈论更多其他内容。这个案例的启示在于：读懂子女独立过程中曲折的求助信号，积极改善家庭互动，帮助子女坚信来自家庭的支持，自信、笃定地继续不确定的独立征程。

**姚玉红**

# 孩子"没钱"才和父母主动联系

　　一些父母会抱怨子女离家独立后就"没良心"："这一离家可就是风筝断了线喽。外面的世界是又大又好啊，总也不记得给家里打个电话，我打多了还很不耐烦，等他终于打个电话过来，基本就是三个字：没钱了。父母就一个功能——取款机。"细问父母这样抱怨时的心情，大多数都是比较矛盾的：一方面知道子女在外面也不容易，整天忙忙碌碌，可能也没时间跟家人多说什么；另一方面又不放心他们到底忙得开心还是辛苦，有没有什么自己可以帮忙的。父母很想多知道些子女的消息，一解思念之情，子女这样的反应确实会让父母忍不住失望！

　　有些父母甚至开始担心是不是子女出了问题："这孩子是不是情感太淡漠？别说什么将来报恩、养老了，刚刚离家就这么冷冰冰的，都不知道问候一句我们身体好不好、家人好不好。是不是我们当初的家庭教育有问题？我们是不是培养了一个自私自利、以自我为中心的人？"

## "要钱"也是一种情感联结的方式

　　《爱的五种语言》将人们之间表达爱意、建立情感关系的方式分为五种：肯定的语言、服务行动、精心时刻、肢体接触及礼物。所谓"**肯定的语言**"特指用言语的形式、以表达人际亲密情感的词语告诉对方自己对他的支持、鼓励、喜欢、信任、爱慕等；所谓"**服务行动**"特指用外显的行动为对方提供帮助和服务，如做饭、洗衣、跑腿等；"**精心时刻**"特指在和对方相处的时间里自己非常专心、投入、用心互动，不是"人在曹营心在汉"地一边说话一边看手机或者惦记着自己的烦心事，而是全心投入、享受和对方在一起的时光，不求时间长但求质量高；所谓"**肢体接触**"特指和对方在一起时用身体接触表达喜爱和关爱，如抚摸、亲吻、拥抱等；所谓"**礼物**"和日常生活中的含义相同，指为对方准备的物质形式的礼物。这五种表达方式好似同一句话的不同版本，虽然发音和书写可能迥异，但表达的内涵实质都是——我爱你，因此统称为"爱的语言"。

值得注意的是，这五种爱的语言没有好坏之分，只是不同的人有不同的偏好，不同的家庭有不同的传统，不同的时代有不同的特色而已。结合本案例，首先，"要钱"也是主动发起情感联结的一种方式，可以归为"行动服务"或"礼物"。

其次，一家人通常会习惯于同一种爱的语言，所以埋怨子女的父母可以自我反思一下，在孩子成长的过程中，身为成年人的父母在表达关爱时通常使用哪种方式？是否也是"有事说事"的"简单"或"简约"风格？现在当成年子女以这种方式对待自己时，就变得深感不适，甚至认为子女冷漠、自私。

最后，个体喜好的爱的语言可能会随年龄阶段的变化而变化，特别是成年子女离家后受到新环境或新同伴的影响时，他们可能会迅速改变之前习以为常的表达方式，就像青春期孩子再也不喜欢父母与自己有肢体接触一样。

## 成长的连续性和断裂性

本案例中父母难以接受的痛点还有子女长大离家后的表现和自己的预期太过不同："这孩子变得我都不认识了。"通常而言，在子女青春期以前，父母都能较好地掌控他们的成长节奏和方向，看到其成长的连续性，"就这样长下去未来大概怎么样"是看得见、想得到的，然而从青春期开始，很多父母发现，子女的成长出现了断裂，有的甚至是"急转弯式""断崖式"断裂，父母就有点"找不着"孩子的感觉，常常困惑："以前那个懂事的孩子到哪里去了？"这其实是父母对孩子的认识没跟上他们成长的节奏，没有意识到个体的成长既有连续性，也有断裂性。

**连续性**是指个体在发展过程中会保持一定的稳定性，前一个阶段是后一个阶段的基础，这种"前后呼应"让他人对个体产生"他就是……样的人"的认知。**断裂性**则是指个体复杂的多面性会在不同的时间段表现出来。例如，子女之前一直没显现出的"独立能力"突然在选择离家住校的时间段爆发出来，对此一无所知的父母大为惊讶："她原来这么能干！"子女以前没机会表现的"寡言少语"特征在青春期突然呈现出来，父母对此常常感到惊慌失措又困惑不解："这怎么就自我封闭了呢？！"概括而言，断裂性的改变如果是父母喜欢或期待的，那是皆大欢喜；但如果是父母排斥或恐惧的，那就会成为"不应该有的问题"。本案例中子女打电话只是"要钱"，可能是因为进入新环境之后的突然改变，也可能是成长中的一次断裂，子女显示出来的"冷淡"特征是父母不曾了解的。对此，父母大可不必上升到道德判断的层面，让子女感到不被理解或被否定、被贬低，影响家庭的情感关系。

## 应对策略

### 包容：接受当下的情感联结方式

成长既有连续性也有断裂性，"连续性"可以让人巩固前后一致的自我概念，"断裂性"可以让人展现不同的人格侧面，都是个体成长中正常而不可缺失的部分。父母对子女离家后"一打电话必要钱"的现象可持放松、包容的态度，这在**本质上是一种情感联结方式**，缺钱也是缺少支持的时刻，子女会首先想到父母，对父母的信任和求助意愿是有基础的，父母可以先把这个基础夯实，鼓励既有的求助方式，说出爱的语言。

中国文化关于金钱有种矛盾心理：一方面觉得钱很重要，"有钱能使鬼推磨"；另一方面又称之为俗气的"阿堵物"。其实，现实中的物质和理想中的情感虽然不能对等，但也互不矛盾，前者可以作为后者的一种载体。父母接到子女"要钱"的电话时愿意且能够立即给钱，属于"服务行动"或者"礼物"的范畴；不愿意或不能立即给钱，那也可以和子女说明愿意帮助或支持的心意，属于"肯定的语言"或"精心时刻"的范畴。关键是，父母要接受子女当下的情感联结方式：缺钱时还愿意打电话向父母要。

### 反思：父母应对期待落空的方式

子女的成长或进步是父母骄傲和欣慰的重要来源，当这种肉眼可见的纵向进步突然消失了，父母难免会惊慌失措、怅然若失、困惑难解。结合本案例，当父母对成年离家的子女抱有各种挂念、思念、舍不得，希望和子女通电话时间再长点、频率再高点、沟通内容再丰富点时，得到的回应却是子女的"缺钱式"求助，所以难免因期望落空而生气、委屈或伤心。为人父母的你会做何反应？不妨反思一下，这时候自己能忍住内心的不舒适、担心，甚至责怪，接受、理解和信任子女吗？接受对方目前只愿意这样联系自己，理解对方应该是有苦衷的，信任子女这样做并非由于不在乎父母，相信这只是其成长过程中的阶段式表现，是一种动态变化过程而非永久静止的结果。如果做不到接受、理解和信任，那你会怎么做？批评、嘲讽，还是回避联系？如果做到了，你具体会怎么做？面对两种不同的做法，电话那头的子女会有什么不同的感受和想法？会有什么不同的结果吗？

再设想一个更加宽泛的情境，子女一直给父母看的是俊俏的正面，有一天他突然转过身把一个陌生的、黑乎乎的背影留给父母。父母怎么反应才更优雅、对子女更有帮助？正确的做法是，快速稳定好情绪并告诉自己："我以前一直习惯看孩子的正脸，现在他要朝外走所以转了个身，我现在的感觉虽有些排斥和不适应，但这个背影还是他，俊俏的正面还在那里。他会再次转身过来的。"反之，父母越是着急、惊慌、痛苦地拒绝这个背影，子女就会越发生气地不转过身来："你为什么嫌弃我的背影？！我这么大人了，为什么还要都听你的？！"

### 示范：丰富家人之间的情感表达方式

追究过去的家庭教育的失误不如展望未来如何优化家庭教育。如果父母希望打破与子女单一的"要钱式"电话联系，需要首先跨过上述的两关：我知道孩子的辛苦，我知道孩子这么做一定有理由，他不是故意让我生气或难受，这只是一个发展阶段，不是最终结果。然后，父母**在日常和子女的情感联系中可以尝试示范多元化的情感表达方式**。有些父母常常给子女发鸡汤文的微信链接，文章的内容和形式都很贫乏，其实父母可以按照《爱的五种语言》尝试翻新花样，总有一种语言会打动孩子，他哪天回应多了一点，那这种语言就是他当下的最爱。父母在责问"如果不缺钱，你还会因为什么想起爸妈"的时候，也可以想想自己还可以在哪些方面帮助子女。父母去子女的"国度"说子女听得进去的爱的语言，这样孩子也能在亲身体验中学到：原来不缺钱的时候也可以给父母打电话，而且气氛还能轻松愉快并有所收获。当然，这是高阶动作，各位父母可视能力选做。

**姚玉红**

# "宁愿让人喊妈宝，也不愿让我妈伤心"

咨询室里坐着一个高大的男生和一个瘦瘦的母亲，两个人的表情都一样紧张、局促，不同的是儿子的眼睛里透着迷茫、无措，母亲的眼睛里还能看出利落、能干。母子前来寻求咨询的原因是儿子大学刚刚读了一个学期就各种不舒服，被医生诊断为焦虑症，眼看只能因病休学回家，无法进入课堂正常学习，母亲非常着急，暂停自己的工作跑来准备陪读，希望能帮助儿子撑下去。

儿子坐在那里说："我妈比我还着急，她对我真是太好了。我每天要吃十几颗药，不仅有治疗焦虑的，还有很多维生素、保健药，我都搞不清，我妈每天就负责给我弄好吃的，提醒我吃药。什么都给我安排好，我现在也不住宿舍了，要不吃药、吃饭都不方便。"当被问到如何与同学保持交往时，他带着无奈的表情笑着说："没办法。现在也不去上课，和同学交往很少，希望哪天能恢复吧。可能有人会说我是妈宝吧，但我宁愿别人说我是妈宝，我也不愿意让我妈伤心。"妈妈听到这里就落泪了。咨询师问她想到什么，她眼中失去了能干自信的光芒："我儿子很懂事、很听话的。他怎么会变成现在这个样子？我和他爸爸白手起家，就想着给他提供一个好的物质基础，让他不用再受我们当年受过的那些苦。可能是我们在打拼事业的过程中忽略了他的心理健康，他看我们辛苦也就不和我们说他的问题，也没怎么和同学朋友说，孩子是被憋坏的……"

## 辛苦的父母付出再多也会"打折扣"

20世纪七八十年代，美国著名家庭治疗师伊凡·纳吉提出了"家庭账本"理论，认为家族自然地通过"代际忠诚"一代代传承着家族的文化、信念、行为模式等，这种无形的忠诚存在于家庭关系中，也影响着个人的内心世界。因此，每个家庭都有一个延续多代的"账本"，记载着"谁欠了谁什么"，也就是受人恩惠之后应尽的义务。换句话说，父母辛苦地为子女付出、奉献了多少，子女心中都是有数的。一旦付出与索取的"收支"出现不平衡，就意味着"不公平感"的产生，顺带会产生日后得到偿付或者期待得到其他"抵押""补偿"等形式的回报。如果现实中或者感觉中回报不够及时或足够，人际互动就可能在日积月累的不公平感中产生问题："别人对不起我"或者"我对不起别人"。诚如纳吉所说：**心理问题的各种症状有时候就是一笔算不清、也还不清的亲情账。**

父母对年幼子女的责任和付出是不求回报的，孩子一般也没有回报父母的意识。然而，随着孩子年岁的增长，这种权利和负债之间的伦理平衡会产生变化，觉得自己已经长大的子女（如大学生、步入职场者等）基本都无可避免地开始考虑"回报父母"的问题，如不再和父母随意要生活费，和父母的联系会"报喜不报忧"等，但如果子女的负债超过他们自身成熟度的承担力，就会阻碍他们的发展。中国的父母尤其乐于为子女付出，本案例中妈妈的期待——"让他不用再受我们当年受过的那些苦"——很感人，但其实是一种不切实际的期待，也是对孩子的一种过高的期待：我们为你奠定了这么好的基础，你就应该胜过我们，或者最起码别再吃"某些苦"。每代人有每代人的辛苦，父母怎么可能帮孩子免除其成长过程中的各种辛苦呢？如果孩子还在吃苦，还没有走上顺利或体面的成长的阳关道，那是不是就有负父母的期待呢？

父母有多少所谓的付出和奉献，孩子常常就会感受到多少无以回报的亏欠。策略派家庭治疗师简·海利说："人类当前的问题仍然和过去几个世纪的一样，那就是怎样才能过上舒适的生活，所以我们不断尝试。"父母无法保证帮助子女过上舒适的生活，但如果父母让自己过上身心舒适的生活，就可以在某种程度上减轻子女的负债感，让他们敢于让父母失望或伤心，而不愿意被人叫成"妈宝"，因为他知道，父母虽生活曲折，但一直乐观而富有韧性。

## 我的需要和家人的需要哪个更重要

本案例中说"宁愿做妈宝，也不让妈妈伤心"的男生反映出的是甘于为人付出而不顾自我的思维模式，这种思维模式和他父母的如出一辙：别人的需要比我的需要重要。父母想的是：子女的需要胜过我自己的，家庭的需要胜过我自己的。子女想的是：父母的需要胜过我自己的，家庭的需要胜过我自己的。如果总是这样压抑自己的需要，子女的独立性、成熟度很难随着生理年龄的增长而自然达成。

如前文所述，大学生的社会心理发展水平仍处于发展自我认同的阶段，在选择无比多样的今天，总是不敢表达自我真实的需要和渴望，怎么确定自己的未来发展希望，没有希望又何来自我奋斗的动力？

## 应对策略

### 将辛劳转为力量来源，强调共同努力而不是过度期待

本案例中的父母早年白手起家，他们的各种辛劳孩子都看在眼里。如果父母把这些辛劳视为虽然无法避免但仍有收获的人生自然历程，而不是为了后代的奉献与付出；将其视为自己对生命质量、个人价值的无悔选择，而不是为了孩子而历经千难万险；把经历苦难后的自己视为有过纠结、有过挫败、有过坚持，到今天依然还有困惑的真实的普通人，而不是包打天下、必须效仿乃至超越的优秀神人……这样，孩子不仅感受到的心理压力会小很多，而且还会从中看到真实榜样的力量。

父母心疼孩子当然无可厚非，但不要因此让孩子的辛苦和努力变成其"能力不够"的证据，以致千方百计地予以回避。适当的辛苦是值得称道的，经历辛苦必当有所成就，此处成就的定义应等同于广泛的成长独立。本案例中的妈妈可以尝试和儿子沟通："爸妈有幸见证了中国发展变化最剧烈的年

代，靠努力取得了一些成绩，但肯定还不是完美的父母，更不是完美的人，直到今天爸妈还有很多遗憾和难题，很多时候真的教不了你。时代变化巨大，你拥有的优势资源和你面临的困难挑战同样也都是爸妈并不熟悉的，我们觉得好的选择或答案可能并不是适合你的，辛苦和困难是每个人成长过程中必须经历的，但爸妈愿意和你各自努力、共同坚持、互相学习，相信我们一定会走出困境并有所收获。"

### 明确大学生父母有效陪读的目标，做孩子坚强的情感后盾

本案例中的母亲决意离开居住地来儿子就读大学所在的城市租房陪读也不是个罕见的现象。大学生进入大学后如果缺乏自理的能力，缺乏与人沟通互助的能力，缺乏回应集体社会要求等能力，再加上学业的受挫或较为严重的身心疾病，确实需要回到"家庭"这个最安全的小熔炉中回炉再造。有人选择休学回家，有人选择让父母来校陪读，而后者和中国人特别重视子女教育的文化传统是分不开的。

当然，大学生的父母陪读必然不是长期的，只能是短暂的过渡、"补课"。例如，本案例中的母亲自述曾因忙于工作而忽略亲子陪伴和沟通，那么这个案例中有效陪读的首要目标就不是帮助孩子搞好学习，而是让孩子感受到家庭情感对他的支持，放下心理负担，努力发展自我而不是担心挫败。要达到这个目标，最关键的是父母要在与成年子女分开后再度近距离长期相处时，耐受住亲子冲突带来的情绪变化。这种陪读一旦开始，父母要学会和子女合作，放下父母高于子女的权威等级期待，允许甚至鼓励子女明确自我的需要并尝试独立表达。父母耐受住可能由双方的观点、行为差异带来的冲突，保持情绪稳定、平和，这样才可能让孩子学会真正的表达自我并寻求独立："爸妈，我在乎你们的需要，但你们的需要不一定是我的需要。我爱你们，但我可以和你们不同，我的需要是我的需要。""我不要做妈宝，妈妈你也不必伤心。"

**姚玉红**

# 驱不散的内疚感 —— "我爸是被我气死的"

安妈妈的儿子是一名刚刚获得免试直升硕士研究生资格的大学四年级学生，别人都祝贺她养了个有出息的好儿子，但安妈妈心里却非常沉重。儿子告诉她，他最近因为情绪非常低落不得不求助学校的心理咨询中心："我实在不知道能和谁说这些话，害怕别人鄙视我，也觉得没人能听得懂。我大学一年级开始就有这种感觉，但那时候学习忙，所以感觉没现在这么强烈。高三时爸爸在和我的争吵中因心脏病突发去世，我非常自责，总觉得是我害死了爸爸。周围所有亲朋好友，包括你（妈妈）、爷爷、奶奶，你们对爸爸的去世都非常悲痛，但全部一口咬定和我无关，说爸爸以前就有心脏病，不是被我气死的。我觉得你们就是想安慰我才这么说的。事情照说也过去 3 年了，但我不知怎么了，就是摆脱不了这个想法。我和好朋友说了一点儿，他们也帮不到我什么，就是让我别多想，我难道特意要多想吗？没有人知道我心里有多煎熬。马上就要读研究生了，可我一点儿都高兴不起来，甚至怪自己怎么这么没良心，做了这么伤天害理的事情，还好意思读研究生？！甚至现在每每发生不好的事情，我心里都踏实一点儿，告诉自己：'这是你的报应，活该！'我知道自己这样想很有问题，甚至担心会不会耽误后面的学习，但我没办法摆脱，我该怎么办呢？"安妈妈觉得自己也有责任，一直不知道丈夫的突然去世给儿子带来这么大压力，她也想找个心理老师问问，作为一位只有专科学历的单亲妈妈，该怎么帮助马上就要成为研究生的"大"儿子呢？

## 内疚感是恢复掌控感的一种尝试

很多人在挚爱的亲朋故去后都会产生一种充满后悔或内疚感的假设：如果当时不做什么，或者如果当时做了什么，那他肯定就不会死了，那个意外就不会发生了。这种假设无法通过时光倒转予以验证，是纯粹的空想与自我安慰，但当事人沉浸其中，一遍一遍地温习、巩固，且伴随着悲伤、内疚、自责等痛苦的情绪，甚至是类似本案例中安妈妈儿子的这种内疚感："就是我害死了爸爸！"无论旁人如何晓之以理、动之以情地劝说开导，当事人还是无法摆脱这种内疚感的折磨，不仅自己痛苦难熬，也让身边的人无法理解，无从下手，而这和学历高低毫无关系。这里的内疚或后悔具有特别的意义，即这类不幸其实我还是可以掌控的，如果重来一遍，不幸的事件是可以被有效避免的，因为我可以找到某些关键性的原因，并且"下一次"我一定能解决这些关键性问题。

"**幸存者内疚**"的概念可以帮助我们理解这类心理过程。有些人会因为逃离或改善某一恶劣处境成为幸存者，他们自己的生活处境虽然得到改变或改善，但他们关心的、同处恶劣处境中的其他人还在继续不幸地生活，所以他们认为自己的逃离或改善是一种过错，自己的幸存或幸存后的幸福生活不但不能让自己快乐，反而充满内疚，恨不得自己也同样遭受不幸才心安。

英国心理学家斯蒂芬·乔瑟夫将产生幸存者内疚的原因归纳为三类：别人面临生命危险甚至失去生命而自己却平安无事；觉得自己没有能力拯救其他人而只顾自己苟活于世；面临危险时，自己通过自救幸存了下来，在回顾时却觉得自己抛弃了那些没有逃离危险的人或者抢夺了别人幸存的机会。简单来说，因为自己关心的他人曾经和自己身处同一困境，所以自己独活于世的内疚感可以归纳为"什么都没做""只为自己做"或"为他人做了但还不够"三大类别，这是一种"欲加之罪何患无辞"的困境。这种困境的核心要义是：**这种不幸是有原因的，而原因是和我有关的，我要时刻牢记，这样可以对看似无力回天的不幸还有些许掌控感，不会完全陷入痛苦、哀伤但又无能为力的双重痛苦中。**

## 内疚感是一种复杂情感的表达

本案例中的父子关系是一种"幸存者内疚"的特别情境。张天布分析认为，每一个青春期的儿子都要面临和同性父母（即父亲）的竞争关系，即成长到一定阶段的儿子必须在某种意义上战胜父亲，如不顺从父亲、与父亲对着干、保持和父亲较为疏远甚至对立的关系，顺利完成这段过程之后儿子才能获得独立与自信，并有助于其在未来与权威"不卑不亢"地相处。如何判断这段过程是否顺利呢？儿子与父亲竞争时能够获得允许和接纳，不会因成人的批评和压制而中途退缩，不会因为竞争而产生难以承担的后果，如输掉自己或输掉竞争对手或输掉亲情关系等，一路跌撞之后儿子才能深刻发现自己的长处和不足，接受不够完美的自己和父亲，能相对心平气和地回归到父子关系中寻找和解并安心继续成长，既部分认同了父亲，认识到可以从父亲那里继续获得力量，继续接受外在权威的合理指导或帮助，又完成了独立确认自己未来的发展方向的尝试，有能力在需要时拒绝外在权威的不当干涉或侵入。

本案例中爸爸是在和青春期儿子吵架的过程中突发心脏病过世的，这让父子竞争的过程因为破坏性的结果而提前结束，竞争本身变得非常可怕：我赢了，但我害死了爸爸。这种挫折巨大的竞争关系一方面可能会让独立探索的自我发展过程被迫中断，另一方面可能会让自己失去与来自父亲的力量和关爱的联结，双重打击之下幸存者内疚会变得更加强烈。

**糟糕的竞争会让"赢"或"输"都变成不幸的事情**，本案例中儿子的表现是不敢再赢。学业上的或其他的竞争性活动都可能会让个体不敢成功、担心成功，甚至希望失败或者故意制造失败，然后恶狠狠地对自己说"活该"，好像在说"我终于受到了应有的惩罚"，希望借此平复内心对于竞争胜出的恐惧，但这样的心理状态会导致个体错过自我的发展，而且背后缺失的亲情支持也会因为父亲的永久性离开而变得遥不可及。

因此，本案例中儿子对父亲去世的内疚感应该是一种包含多种成分的复杂情感，有一般意义上的幸存者内疚、在不断反刍痛苦中设法恢复的掌控感，更有父子关系中具有特殊意义的情感——喜欢、敬爱、思念、怀念、愤怒、困惑、遗憾等，这些都需要花费时间弄清楚、说明白。这不是一件可以追求高效的简单事情，寻求心理咨询师的帮助是个不错的选择，为人父母也可以按照下面的应对策略支持孩子。

## 应对策略

### 不仅要豁免内疚感，还要表达理解和支持

如上所述，内疚感是有作用的，不管是帮助个体恢复针对灾难或凶险的掌控感，还是处理父子间既竞争又关爱的特殊关系，父母对此需要保持耐心。本案例中的安妈妈可以试着告诉孩子："你摆脱不了内疚感，那是你心里忘不掉爸爸。你有多想念他，有多介意爸爸突然去世这件事情，你就有多难相信爸爸去世和你无关。不必着急摆脱，就把这种内疚感当成对爸爸的想念吧。爸爸知道他对你这么重要，他也会觉得安慰。妈妈其实有时候也会有类似的怪自己的想法，我们都很舍不得他。你可以试着给爸爸写信，一封或几封都可以，长短无所谓，找个安静的环境，心静的时候写就好，可以不给任何人看，就自己收藏或者以某种方式告知爸爸，专门和爸爸讲讲没讲完的话。虽然失去了爸爸的现实陪伴，但我们可以换种方式实现爸爸对自己的陪伴，获得爸爸的支持力量。妈妈经历这个过程也很不容易，我的方法是……你愿意的话我们可以一起来聊聊爸爸。"

这里，安妈妈要表达的重点是：**内疚感不能通过被他人豁免**（"你真的不必怪自己"）**而解除，而是需要被理解和被支持**（"你有多想他，你就有多内疚、多难过"）。安妈妈需要听儿子好好倾诉那份内疚感，从头到尾，一遍又一遍，这里面有很多对父亲、对家人、对自己的看法和设想，害怕和渴望等复杂的情绪阻碍着儿子对未来前途的憧憬和信心，他需要和逝去的父亲达成某种共识与和解。母子一起谈论爸爸的去世难免会哭泣伤心，但不要因此回避这个过程，使妈妈失去陪儿子一起哀悼、怀念爸爸的机会。

## 并行"双通道恢复模型",兼顾现实功能和情绪处理

面对突然的亲人丧失,到底要多久才能走出情绪低谷?本案例中的儿子大学时因为适应新环境转移了注意力,等到保送研究生这个空隙时间又回想起父亲突然去世,再次陷入自责情绪无法自拔。家人和当事人都很容易担心:这个过程要持续多久呢?会不会耽误马上开始的研究生学习呢?

强烈或持续性的情绪背后都有深厚的情感基础,而深厚情感是长时间积淀而成的,特别是亲情,所以消化情绪需要抽丝剥茧的耐心和舍得消耗时间的决心。同时,为减弱长时间消化情绪的过程对个体现实功能造成负面影响,建议安妈妈和孩子一起并行**"双通道"**恢复过程,即"两条腿走路"策略:一方面慢慢处理情绪、情感,和家人、朋友不断交流、沟通,或者寻求心理咨询师的帮助;另一方面逐步恢复现实功能,投入现实的生活中,努力完成外界给予的任务。本案例中安妈妈说了很多儿子的诉求,她自己和其他家人面对亲人突然逝去的情绪、情感是否也需要认真处理?有时候,家人共同面对巨大的丧失,尽管每个人都非常悲痛、需要支持,但因为担心给其他人带来负面影响而宁愿选择独自疗伤,在各自为战的过程中反而疏离了本该最亲密的彼此。如果突如其来的丧失的哀伤没有离散亲密扶持的家人,再运用"双通道恢复模型"的理论,相信生者一定可以一边坚强地应对现实任务,一边逐步理解情绪痛苦,慢慢学会在兼顾中实现动态平衡。

**姚玉红**

# 一直优秀的子女要退学重新高考

大一的第一学期还没读完，小王就郑重地和爸妈诉说学校的各种不好，表示要退学重新参加高考，以考取更好的学校，因为"现在这所大学完全不适合自己"。爸妈急忙从老家跑来上海探望小王，发现女儿真的既憔悴又消瘦。爸妈认真地和小王谈，和小王的同学、老师谈，终于发现原来在中学一直优秀的小王进入大学后迅速失去了学业优势，同年级的同学不仅各门学科成绩比小王优异，而且实践能力很强，文艺或体育才能也很突出。小王很想找回原来的优势地位，期中考试之后鼓励自己重新来过，但眼见期末将至，只感觉和同学们的差距越来越大，在和同学、老师的交往中也变得畏缩起来。上海这个城市和原来的北方三线城市相比又存在各种巨大的差异，这些方方面面的因素合在一起，让她陷入前所未有的艰难中。从上幼儿园开始，小王就一直是个人人夸、大家爱的学霸，她从来没像在大学里感觉这么差过，而且她还不好意思和别人直说，没有养成张嘴"认怂"的习惯，最终开口和爸妈说的也就一个中心思想：埋怨学校太糟糕！

搞清楚原因后，爸妈还是一筹莫展：我们的家庭教育很"佛系"的，对小王从来没有高标准、严要求，女儿过去成绩好都是她自发的，我们怎么才能帮她"放下身段"，适应大学生活呢？

## 环境改变确实容易引发不适应

物理环境的改变必然会引发一系列改变。虽然中学升大学本身是件带有上升感的积极事件，但也会带来很多改变：熟悉的家人、老师或朋友不在身边，熟悉的学习方法和节奏也需要改变，如果城市改变了，周遭的物理环境也需要重新熟悉。**变化可以带来新奇和兴奋感，但也会带来不方便和不安全感**：这是我可以掌控的一切吗？所谓的不适应就是打破原来的稳定状态寻找重新定位和再匹配，需要耗费一定的心神精力。

心理学有个著名的"斯特拉顿实验"。心理学家斯特拉顿发明了一副视觉效果上下颠倒的特殊眼镜，然后亲自尝试戴着这副眼镜生活。他发现，虽然自己明明知道当时的视觉是上下颠倒的，但还是会忍不住频繁地失误和摔倒，一切视觉形象都很清晰但就是不真实，实验者花费足足7天才适应了这副特殊眼镜，才可以比较自如地行走和生活，但一摘下眼镜又变得好像个孩童似的不会走路了。本案例中小王刚入大学后的形容憔悴、抱怨不满等都属于常见的不适应新环境的表现，而核心的新变化是优等生变成了普通学生。

## "学优生"的心理健康也需要格外关注

目前大众传媒或学术研究对学习困难学生的心理健康关注度很高，相比之下，对学习成绩、学习态度等学业方面表现优秀的同学（后文简称"学优生"）的心理健康关注较少。大家默认"一白遮百丑"，学生时代最重要的任务——学习——都搞得定的同学，那自然是人生平坦、万事顺意，偶尔抱怨或吐槽也是"凡尔赛"（变相炫耀的流行用语），殊不知学优生也会真切地感到心理困扰，毕竟生活不止学习这一件事情。

据研究，不少学优生会产生下列一项或多项心理困惑或困扰：担心自己的学习成绩不能保持优秀，失去人际关系中被欣赏、被喜欢、被尊重等优待；因为大部分时间和精力用于学习，生活中其他方面相对较弱，容易被生活自理、人际日常相处等问题所困扰；因为在学业领域拥有长期竞争优势而养成被高度关注的习惯，尤其不耐受被冷落、被忽视、被误解等挫折，进取心强而耐挫力不足；因为长期处于帮助他人的优势地位，对处于弱势的求助行为比较陌生，习惯于被求助而不习惯求助……他们学业表现优秀，被他人羡慕、尊重、喜欢，不习惯求助。正是因为这些特点，他们的心理需要支持、需要帮助的迹象不易被他人觉察，自然也无法得到帮助，所以便逐渐积累，直到再也无法承受才被他人意外发现，彼时的心理压力早已积累多时。

## "佛系"的家庭缺乏"直面竞争"的教育

本案例中的小王来自一个父母教养方式温和的家庭，可能是因为小王一直学业表现优秀，也可能是因为父母真的非常"佛系"——无欲无求的顺其自然派为人处世原则，父母对小王的家庭教育一直缺乏"如何面对竞争"的内容。合作和竞争是一体两面，缺一不可，特别是身处当今这个竞争激烈的时代，关于合作和竞争有很多主题需要学习和修炼。"淡泊以明志，宁静以致远"的境界需要人生经历很多世事修炼才能达到，是目标不是过程。刚刚升入大学的年轻人必然会遭遇竞争的话题："争取""不甘示弱"并非必然是怀有人际恶意或带来伤害的字眼？什么是"适宜的争取"？"争"和"抢"一样吗？如何维护自己的正当权益而又能保持豁达的合作胸怀？如果在竞争中处于劣势，那怎么看待自己、看待别人、看待世界？此外，还有更多面对竞争的话题需要家长经常和子女谈谈，完整的教育必须包含多个面向，以应对子女的成长需求。

## 应对策略

### 正常化不适应的必经阶段，理解适应环境的重要性

本案例中小王所处的困境非常典型，在走向复杂社会的独立过程中，子女必然都会经历这个阶段，而且该案例也很有意义：如何适应新的环境，特别是自己处于和以往不同类型的环境中时，诸如从优势的中心地位换成弱势的边缘地位，从"学业是王道"的中学来到"全面素质比拼"的大学。

建议父母在这个时候要坚定、淡定、笃定地告诉子女："这是很常见的情况，人人差不多都遇到过，都需要花点时间和精力提升自己的适应力。变化不一定都是好的，也肯定不都是坏的。当环境变化中潜在的好处还没呈现出希望或转机的时候，周遭的人际还没显现出熟悉和友好的时候，我们会有点

慌乱或着急，这很正常。慌乱或着急时最好不要做重大的决定，我们再等等看。任何一个新环境都需要慢下来观察和再学习，不妨大大方方地允许自己懵几个月。通常我们对新环境的适应期为 3 个月到 1 年。"

### 直面竞争和合作的矛盾冲突，父母创造和子女对话讨论的空间

父母肯定不是全知全能的，面对高速发展的社会、诸多未解的难题，他们也不知道如何面对竞争，如何教子女面对竞争和合作的矛盾冲突，如何让竞争中暂时失利的子女保持自信和平常心。首先，父母了解子女遭遇困难时可能需要哪些方面的指导和帮助，而过往的家庭教育中有哪些缺失，明确主题和方向后，再现学现卖，和子女平等对话，需要时大家轮流发言，关键是创造一个对话和讨论的空间。

忌用结论式的判断性词句，特别是带有否定含义的词句，那样容易把"天"快速聊死："×× 肯定不对啊！""×× 没意义的。""人活着 ×× 是错的。""如果做不到 ×× 肯定这辈子没希望了。"……

推荐过程式的问题性词句，特别是带有肯定含义的，保持好奇式开放性思考状态，容易让聊天扩展开来："你怎么想到 ×× 是不好的？""你也是在想办法啊，这个办法的好处在哪里？""除了 ××× 之外，还有什么别的可能性吗？""你这点说得很有意思，我还真没想到。"……

### 允许保有退学重考的可能性，鼓励更加谨慎负责的选择

既然是开放式的讨论，各种可能性都可以考虑。案例中的小王提到"退学重考"，这也是种解决办法，但必须得到父母——最坚定的大后方——的支持，而父母轻易反对不仅会让子女心生反感，更加执拗地坚持自己的意见，而且会让本来就缺乏新环境支持的子女对父母的反对更加失望甚至伤心，所以父母可以表达支持："肯定是过得很不舒服，所以才想到这个办法，这也是个解决方法。不害怕重新高考的辛劳，还是勇气可嘉的。"

　　肯定之后再继续讨论："这个办法之外还有别的办法没？一般一个问题至少要有 3 个或以上的解决方法，否则就是'自古华山一条路'了。非此即彼的选择等于唯一一个选择。这是个重大的决定，我们可以再谨慎一点儿，把退学重考作为最后一个选择，然后再一起想想，还可以有什么别的可能性？"这样聚焦的讨论，可以减少子女的焦虑，增强子女的被支持感，容易让他们安定下来理性思考，尝试多元化的方案。这样的教育过程，不仅在于陪伴子女解决眼下的难题，更在于帮助子女培养坚毅耐挫的品格。

**姚玉红**

# 在家能睡好，到校就失眠

李先生是一位尽心尽力的单亲爸爸，在儿子 2 岁多时就和前妻坚决地离了婚，虽然前妻平时不怎么关心儿子，但逢年过节还是会过来看望儿子。李先生自己一直没有再婚，多年来的生活重点就是培养儿子，好不容易把儿子送进国内一流大学学习，结果到了大学一年级下学期，儿子开始莫名其妙地失眠、头疼，说假期在家睡眠很好，一到学校就睡不着，希望租房单住，说到情急之处就放狠话："你不同意，我就死给你看。"

李先生很不放心，学校辅导员建议他带孩子去临床心理科或精神科就诊，还希望他能过来陪读一段时间。李先生非常矛盾，自己单身十多年，对儿子可谓无微不至，很难看着儿子有困难自己却袖手旁观，但暂停工作跑去陪读实在代价太高。辅导员话里话外也在暗示儿子的独立性差，李先生想不通：一直懂事、乖巧的优秀儿子，怎么会一进大学就失眠呢？目前儿子和大学老师同学相处还不错，学习进度也能跟上，到底问题出在哪里了呢？难道自己和他妈妈关系一直不太好这件事还会对孩子有影响吗？大学生还要陪读，让人知道了岂不是要被笑话？

## 理解心身疾病的求助信号

WHO（联合国世界卫生组织）早在成立之初（1948 年）公布的宪章中就明确指出：健康不仅是没有患病或身体强壮，而且是身体、心理、社会功能三方面的完满状态。1990 年 WHO 再次丰富了关于健康的定义：在躯体健康、心理健康、社会适应良好和道德健康四个方面皆健全。这个全世界都认可的健康定义告诉我们，身体健康之外，人还需要心理状态、社会适应和道德品质方面的健康，这几个方面相互依存、相互促进、有机结合。做一个健康的人并不是一件容易的事，因为一个真正健康的人也是一个全面发展的人。

心身疾病就是健康的整体性出现失衡，和身体生病需要治疗、休养的原理是一样的。失眠是一种原因复杂的疾病，情绪压力因素占比很大，特别是本文案例中的小李同学，在家睡觉良好、在学校睡眠失常，这类失眠明显包含心理因素、环境因素、社会适应因素，确实是需要家长提供帮助的信号。因此，家长需要重视这个信号，但解决方案不能简单化，不能仅凭听从老师说了算、子女说了算或者父母说了算就马上决定，而是需要本着重视的态度，认真理解这个信号背后的含义，然后商讨解决方案。陪读只是方案之一，不一定是唯一方案，更不一定是最佳方案，但也不一定是洪水猛兽或死胡同。

## 陷入父母对立的子女会有额外的独立困难

子女独立前通常会面临"**自我分化**"的心理发展阶段，即从原生家庭中带着情感联结和支持独立出去——物理距离上子女离开家庭发展"独立的自我"，但心里笃定地相信家是安全而可靠的后盾，不仅可以随时回去求助，而且家人在我离开后可以生活得顺利幸福。

实现"自我分化"的过程包含个体和人际两个层面，**个体层面的自我分化**意指能区分感性（情绪、情感）和理性（逻辑道理）的表达，且知道根据情境需求避免让情绪、情感干扰合理的理性表达："我这时候一肚子气，最好不要张口说话，以免祸从口出。"或者避免让过度的理性压抑情绪、情感的自由表达："生气是没用的，难过是弱小的。"未能避免彼此干扰时也能予以区分："我这是心情不好瞎说的，是气话，不是我真心的意思。"**人际层面的自我分化**则指即使面对关系亲密的他人，也能识别和区分什么是对方的、什么是自己，不会陷入"爱我就要同意我"的人际缠绕困境。子女和父母的人际分化通常都要经过青春期的冲突或敌对才能完成，借着青春期那股"初生牛犊不怕虎"的冲劲来反抗父母、师长、权威对自己的影响，以强力分化出独立的自我：我的地盘我做主。在此过程中遭到子女无理的、强力叛逆的父母，容易感觉到亲子关系"变质"的失落或痛苦，所以父母本身生活品质的好坏会影响此进程的顺利与否。父母的生活品质越好，子女越能不带内疚感地完成这一"独立革命"；反之，父母的生活品质越差，像李先生这样一直围绕儿子尽心尽力、自我享受极少，且因为离婚带来持续的亲密关系矛盾的父母，所有为孩子的辛劳付出就越会自动浸染悲苦的色彩，子女也会构建出一个幻想，希望改变自己也多年沉浸其中的悲情情境，这一幻想常常会是一个理想化的假设："未来我必须要活成什么样子才对得起父母！""未来我要让父母的生活因为我而改善！我一定要拯救他们！"

且不说这个理想化的任务通常难以完成，只是背负着这个任务本身就会让人际间的自我分化变得困难，毕竟不是为了自己而活，而是为了他人而活，而本案例中的小李还面临"一仆二主"的困难，即家庭治疗理论中的**忠诚分裂**现象。无论爸爸还是妈妈都是个体最亲近的他人，如果两个人关系好，子女的拯救对象或分离对象就是一个整体，但如果两个人关系敌对，子女就要面临忠诚一个就背叛另一个的分裂困境：我对爸爸好，妈妈高兴吗？我对妈妈好，爸爸允许吗？

如果父母经常在子女面前互相诋毁，那子女的忠诚分裂又多了一个挑战：我该相信谁的话？相信一个人的同时就意味着不信另一个，不信任哪一个都是非常痛苦的；如果两个都不信任，那我的家庭安全基地在哪里？

长期陷入情感矛盾纠结、压抑自我的个体很难顺其自然地实现内心安定、人际和谐、潜能发挥，情急之下来之不易的新生活也变得难以适应，进而更加怀疑或责怪自己，进入恶性循环。家庭治疗大师默里·鲍温便曾说："越受父母关注的子女越难分化。"联想到本案例，背负单亲父亲太多恩情的小李怎么看待父亲的生活品质？能放心父亲一个人吗？对和自己联系较弱的母亲，他怎么看呢？对自己大学生活的当下和未来规划如何呢？会不会有过高的自我期待呢？在失眠的每个夜晚，远离熟悉家庭的他，心心念念的是什么呢？

## 应对策略

### 婚姻冲突尽量不要带入三元关系中，减少子女的"忠诚分裂"

成年人的世界比童话要复杂千万倍，婚姻的悲欢离合往往在所难免，为人父母如何避免自己的婚姻冲突或失败成为子女额外的压力和负担？这是个重大的人生议题，父母需要尽早反思、持续反思，并且根据子女的成长需求做出实际生活的适宜改变。

子女的生理基因来自父母双方，子女在成长过程中需要得到父亲和母亲两方的关爱和支持，子女步入社会成为独立个体时需要确认自己和普通人一样没有无缘无故的重大缺失或问题，上述种种都需要父母能够在子女养育过程中有所合作。为人夫、为人妻的角色可以推掉，为人父、为人母的角色却不能随便推掉，否则子女在成长过程中迟早有一天与身边人相比会产生缺陷感：我怎么少了爸爸或妈妈呢？怎么别人都有呢？而这个时刻如果恰逢他遭遇人生低谷，便更容易加重个体的自卑、自我怀疑、自我否定等，让低谷期更加低迷。

因此，父母应尽量处理好离婚带来的爱恨情仇，坚定不移地贯彻"孩子天然拥有父亲和母亲的权利"，这里提出三点具体的建议。第一，不管怎么看不上配偶，**都要尽量给孩子一些正面视角**："你爸爸（妈妈）虽然……不太好，但有一（几）点是特别好的，你很像他（她）！"别忘了，子女身上有一半基因来自配偶，你完全否认配偶是在让孩子分裂掉一半的自我。第二，**不能干扰或剥夺子女接触非监护一方父母的机会**。很多人已经懂得不要剥夺这样的相处机会，但可能有意无意之间干扰这样的相处机会，例如，类似这样的抱怨："每次一去你爸（妈）那里，他（她）就放任你打游戏，学习习惯全坏掉了！"第三，如果有可能，**特意创造一些三人相处的机会**，让子女从中感受并相信父母虽然离婚但生活品质还不错，婚姻即使失败父母也没有放弃对美好生活的向往，还是在执着追求和坚持创造，这会给予孩子未来独立的信心和力量，而非负担和不安。

失眠的原因很复杂，在本案例中，陪读是否为最好的决策，需要父子坐下来心平气和地谈一谈，可能一次谈不清楚或谈不完，或者谈后儿子的状况更糟糕，这些都是正常的。父亲可以在儿子度过激烈情绪的高峰后，继续找机会谈。支持力度大的家庭可以谈论很多充满情绪张力的话题，包括带有愤怒、羞愧、悲伤等负面情绪的话题，如案例中的大学后失眠反应、多年前的离婚、多年来的夫妻不和等。"**禁忌三程度**"理论认为，家庭关于敏感的话题，可以存在三种不同程度的交流状态，即公开讨论、私下谈论、形成禁忌。所谓禁忌就是群体中长期存在噤若寒蝉、不能触及的话题。家庭成员彼此掩藏真实想法和感受，不利于家庭形成情感凝聚力和信任感，容易形成打岔、回避、压抑等不畅的沟通模式。建议李先生和已然成年的大学生儿子进行深度沟通，既包含生活的正向资源，也包含可能的困难与问题，李先生甚至可以表态："父母虽然不是完美的父母，但我们会一直努力，争取做子女面对问题的正面表率。"

### 针对睡眠提供多方求助的建议，教孩子学习重视和照顾身体

俗语说："病来如山倒，病去如抽丝。"如"山"倒的"病"其实也是一土一石堆积而成的，只是我们肉眼可见的"病来"是达到一定程度后才被人觉察的，其实病的来去都是由多种因素共同作用而成的，不是一朝一夕、一事一物、一人一时就能产生奇迹或立竿见影的好转。身患疾病的个体及家属都希望找到一剂"强心针"，让患者迅速从困境中摆脱出来，却忘记了凡事的起因和彻底消失都需要多种因素的共同作用。

经常失眠是一件非常痛苦的事情，建议家长按照生理 - 心理 - 社会的三维健康模式陪子女耐心谈话，逐项排查。困难的时候能够科学求助是现代人生存的必备技能。生理层面是否需要检查、诊断及服用助眠药物？心理层面是否存在禁忌话题和情感压力？社会层面是否存在进入大学后的各项适应困

难？陪读的好处是子女可以在家庭的帮助下适应社会，在离家独立和适应高校之间形成一个过渡期，但这不会是长期的应对策略，毕竟带着情感联结的独立才是每个人的成长目标。

**姚玉红**

# 子女不再对父母说实话

　　周女士和丈夫在北京开了一家公司，儿子到上海上大学后，为方便照顾儿子生活、监督儿子学习，她决定一个人到上海拓展业务。儿子却不愿和她待在一起，常常说学校功课忙而不回家。儿子大一结束时，周女士接到学校辅导员的电话，说儿子多门课程不及格，目前他的学分已达留级标准，希望她多花些时间督促儿子复习，争取补考及格。这边挂了电话，她立即给儿子打电话，问他怎么回事，儿子回答，自己在学校挺好的，当了学院的学生会干部，成功地组织了几次大型活动，和同学关系都不错，就是不谈学习成绩。周女士气不打一处来，对儿子吼："你都快留级了，说那些事有什么用？！"儿子说："妈妈，学习那点事，我会处理，您放心！"

　　补考及格后，儿子虽然暂时不用留级，但仍岌岌可危。于是，以监督之名，周女士要求儿子每周回家。儿子虽然允诺，但并不严格照做，总希望妈妈出差。大二结束，儿子"回天乏术"，不得不留级。辅导员告诉周女士，这一年里，多名老师反映儿子缺课较多，同学反映他在外实习兼职，做得很不错。周女士一听，不得其解，这一年儿子在自己身边的时间增多，也很乖巧，怎么会有这样的事情发生？周女士火冒三丈，对儿子说："你在搞什么名堂，一点儿也不吸取教训，正经的学习不抓紧，却去外面兼职，为什么总背着我做这些事？"

## 理解子女"不说实话"的原因

　　父母常常认为孩子不说实话是不诚实并将之归结为品行、道德问题，所以不但要对孩子进行道德教育，还要实施必要的惩罚。在临床咨询中，父母常有这样的求助："孩子人不大，就学会了说谎，将来到社会上后怎么办，整个人就毁了。"父母因孩子不诚实在他们的未来可能造成的不良后果的担忧可见一斑。因此，面对孩子说谎，父母不由分说地上纲上线，瞬间产生强烈的愤怒和焦虑情绪，之后便不分青红皂白——轻者，对孩子一顿大骂，声称这是为他好，规范他的道德行为；重者，可能是父母"混合双打"，仿佛要通过这种方式把孩子从犯罪的道路上拯救回来。其实，人天生就有趋利避害的诉求，孩子选择不说实话，恰恰是为了逃避父母的**不当惩罚**。

## 父母提升抗焦虑的能力

在日常的学生咨询中，问来访者遇到困难时会不会和父母分享，十之八九回应说不会，与父母交流都是"**报喜不报忧**"。问及原因，都说不想让父母为自己的事担心。乍看，觉得这是传统文化教育深入骨髓的结果，孝字当先，以顺为孝，以父母获得快乐感受为交流原则；再品，其实是孩子在外的不如意很容易引起父母的焦虑情绪，而父母为缓解这种情绪，往往以关心为名打扰孩子，让孩子不胜其烦，以致三缄其口。有些来访者说："我本来不过想和父母吐下槽，并不想要他们给我什么建议，但他们经常拿着鸡毛当令箭，对我的想法批评一番，然后教育我不该这样，最后还要接受他们没有用的建议。最不能忍受的是，我讲完事情，情绪也就过去了，他们却一直过不去，没完没了，隔三岔五地求证，表现得很关心，其实是很焦虑。所以还是不和他们说为妙，受不了他们为我烦恼，说了以后，平添许多麻烦。"因此，很多孩子恋爱了，也知道对方条件不符合父母的心意，会遭到父母反对，于是他们选择理智地回复父母，用"自己还小""毕业了再说"等借口搪塞父母。久而久之，孩子只透露父母喜欢听的信息，父母就很难看清孩子的整体轮廓，那些会引发父母担心、难过，甚至是痛苦的信息被孩子有意识地回避了。

另外，家庭隐含着不易觉察的内在动力，导致孩子的一些难以理解的行为。例如，有些父母离婚的孩子被判给母亲监护；有些父亲在外地打拼长年不在家，只有母亲单独抚养孩子。这类家庭的孩子到青春期时心理成长历程变得非常复杂，尤其是男孩。希腊神话《俄狄浦斯王》讲了俄狄浦斯弑父娶母的故事，弗洛伊德用这个神话隐喻男孩在生命的某个阶段，内心充满战胜父亲、拥有母亲的强烈愿望，并将其称为俄狄浦斯情结。但这个愿望为社会伦理所不容，所以孩子容易产生强烈的内心冲突，形成乱伦焦虑。如果家庭中父亲长年缺位，母亲年轻貌美、举止优雅、充满活力，对一个正值荷尔蒙风暴期的儿子来说充满诱惑，不可避免地会引发儿子的性幻想。为了压抑性冲动，防止产生焦虑，儿子必须选择远离母亲，这背后的原因，儿子自己也说不清楚。或许有人说儿子岂能对母亲起心动念？但当他们长期单独住在同一屋檐下时，他们首先是男人和女人，其次才是母亲和儿子。《孟子·离娄上》就有"男女授受不亲，礼也"。意思是：男人和女人的动作不要太过亲密，这就是礼仪。用现代的话说，一个男人和一个女人在一个独立的空间里单独待一段时间之后，他们之间的关系就说不清楚了。所以，有时候儿子千方百计地找机会离开母亲，甚至用减少接触的方式，有时可能是为了抵御年轻的母亲带来的诱惑。

最后需要指出的是，对大学生的成长而言，**父母重分数，轻能力**。知识的积累、考试的分数固然重要，但他适应社会、与人交往的能力的培养和完成同样必不可少。在本案例中，父母需要调整的是帮助孩子平衡课业学习和社会实践这两者的关系，而不是断然否定他在社会活动中所取得的成绩。如果父母眼里只有学科学习和分数，那就看不见孩子其他的成就，不能感受到孩子的兴趣和热情所在，无法与孩子共情，孩子自然也难以和你交心。

## 应对策略

在家庭中，如何鼓励孩子向父母袒露心声，如何在关键的时候给予孩子必要的帮助，让孩子在应对外部世界时能感到来自父母的有力支持，父母可以尝试做到以下几点。

### 非评判性倾听

常常听父母说："我们对孩子说，我们就想做你的朋友，你有什么事尽管对我们说，有问题我们一起商量、一起解决。可是孩子就是不想和我们交流，什么事都瞒着我们，我们还能怎么做？"听上去，父母有和孩子建立良好关系的愿望，也有实施的方案，为什么没有带来好的效果？有的孩子对此回应说："父母摆出一副交朋友的样子，其实是做间谍。你想，如果父母是我的朋友，我约朋友一起去网吧，朋友是不会把我教育一番，然后还不让我去的。"

有和孩子做朋友的心态，不再拿出父母长辈唯我独尊的架势，这应该是家庭教育的一种进步，但显然仅仅有这个理念还不足以获得孩子的信任，真正可以让孩子敞开心扉的是父母**非评判性倾听**的态度，尤其当孩子的观点或看法与父母的不一致时，父母要怀着好奇心了解孩子这样做目的、背后的原因，尊重孩子的兴趣，阐述自己对孩子所思所行的看法，给孩子所需要的意见和建议，而不是妄加评说，指出其中的可笑之处或不切实际之处，甚至用"幼稚"评判、看轻孩子。如果这样，孩子向父母诉说的欲望就会被压制，交流也会被阻隔。所以，当孩子畅所欲言的行为（不是孩子的观点和想法）被父母不断鼓励和肯定，孩子表达自己的观点就会越来越充分，父母对孩子的了解就会更全面，坦诚相待就会成为现实。

## 父亲积极参与

《三字经》中有语，"养不教，父之过"。虽然当代的情况已今非昔比，母亲在教育中的作用已非常重要，甚至由于社会竞争激烈，母亲更多在家承担养育责任，父亲在教育中的作用常常被忽略。如果父亲远在千里之外，或者父母冲突不断，或者父母的关系已到离婚的边缘，甚至父母已经离婚，孩子有可能借自己的问题（如成绩下降、行为异常，甚至生病的方式）吸引父母注意，向父亲求助："来管管你不争气的孩子，救救这个家，我不想失去你们中的任何一个。"用这种特殊的方式让父亲承担起"教"的责任，提醒父亲要多花一些时间，使原本紧密的母子二人关系调整为更为稳固的三人关系。

### 父母对孩子的无条件接纳

父母对孩子有期待非常正常，但孩子是独立于父母之外的个体，他的愿望往往和父母的期待不完全一致，有时候甚至相冲突。父母希望孩子学医、出国深造、做科学家，但他只想成为演艺明星。这时候的父母是因无处安放自己的失落感转而对孩子表达失望之情，还是对孩子的自我期待表现出**无条件的接纳**，取决于父母如何看待孩子的存在。如果父母认为孩子拥有自己独特的生命能量，是最了解自己需要、有能力解决自己问题的人，这是他对自己生命负责的态度，是在按照自己的方式寻找属于自己生命的意义，父母就会珍惜和尊重他的选择。爱他如他所是，而非如父母所愿。有一则网络报道说，墨尔本的华人张某在确认自己的性取向是同性后，向父母隐瞒了这个秘密，因为担心父母不能接受这个事实，因为他们好不容易送儿子远渡重洋，出国深造，儿子应该事业成功、家庭幸福才是。当张某鼓足勇气向父母坦诚事实后，母亲多次预约国内顶级心理专家对儿子进行诊疗，甚至希望儿子被确诊有病，因为这样就可以进行矫正治疗了，但这一切只是徒劳。随后两年多的时间里，双方都非常痛苦。当父母因为爱放弃自己的执念，真正接纳儿子和他的爱人时，他们又重新拥有了儿子及和睦的家庭。也只有孩子被父母真正地接纳，他才有可能全身心地做自己，**父母对孩子最好的期待就是让他能尽可能地满足他自己的期待。**

有句英语谚语说：Honest is the best policy。意为"诚实至上"。坦诚相待无疑是良好人际交往中最重要的态度，父母重视孩子是否诚实、培养他具有这样的品德是非常重要的。如果父母能善待孩子的真情、实话，承受那些表达可能带来的担心、难过、失望、焦虑，甚至痛苦，孩子就不必选择隐瞒，父母也就不会如在黑箱，父母与孩子间沟通有效、信息对称、情感通达就会成为现实。

沈红心

# 女儿的恋爱对象不合父母心意

　　林女士就读大学二年级的女儿和一个打工小伙子谈恋爱了。她和男友出去游玩，一时兴起，发朋友圈时忘记屏蔽家人，被林女士发现。林女士立即电话追问，女儿不得不如实交代。一听男生没有大学学历，林女士让丈夫对女儿下最后通牒：必须立即分手。

　　林女士出生农村，有两个姐姐，父母期待生个儿子，不曾想还是女孩，就取名末，断了生儿子的念想。一家五口，生活困难，所以林女士小学毕业后便不再上学。丈夫有一个姐姐和一个妹妹，算是单传。他们结婚后特别想要男孩，结果事与愿违，连生两个女儿，心愿未了。

　　林女士和丈夫辛辛苦苦地把女儿培养成大学生，成为家族，乃至十里八村的荣耀，他们觉得总算为自己挣回一点儿面子。现在女儿竟然要和一个没有上过大学的男生恋爱，这绝不能接受。

　　女儿尽管不情愿，但清楚父母的决心，所以选择了分手。实习期间，她与在实习单位工作的学长相恋。这次男生的条件基本符合父母的要求，女儿接受上次的教训，回家后把事情和盘托出，希望得到父母的支持。林女士听后说："两个要求，第一，男生要入赘，第二，第一个孩子要随女方姓，否则也没有谈下去的必要。不能结婚，谈恋爱就是浪费时间。"

　　女儿一听，痛哭起来："这都是些什么条件！人家是独生子，你还有俩女儿呢！"

　　林女士听后火大："就是生了你们俩才这么要求的！都说儿女结婚是两个家庭的事，我提点建议有错吗？"

## 时代变迁让父母与孩子间的代沟扩大

　　恋爱、婚姻最具时代色彩，也最能体现地域差异，父母与孩子往往在诸多方面的观念都大不相同，这些不同的观点不可避免地会在儿女婚恋事务上造成矛盾。

农村中的父母虽然接受恋爱自由、婚姻自主的新思想，与他们的父辈强调包办婚姻相比已经有很大的进步。但作为父母，与生俱来便希望自己孩子未来的生活比自己更好，所以在孩子嫁娶的问题上强调对方经济宽裕、物质充盈、生活压力小，最好以后的孙辈有老人照顾，儿女还可以不用给对方养老，想尽办法让孩子避免经受自己吃过的苦、受过的累，以此判断对方"合不合适"，再考虑可不可以联姻，尤其是女孩的父母。但恋爱中的孩子考虑的是"喜不喜欢"。因此，给孩子讲今后"过日子"现状的父母和强调"要有眼缘"这种内心感受的孩子根本不在一个交流频道上，所以双方是"**在说话，没对话**"，俗称"鸡同鸭讲"。

## 警觉传统糟粕思想的影响

由于社会制度、文化礼教等方面的限制，女性角色在过去的很长时间内都处于次要地位，"**重男轻女**""**传宗接代**"的思想一直流传至今。在农耕时代，男孩对于家庭的重要性不言而喻，没有男丁的家庭一般会考虑招婿入赘，让赘婿农耕劳作，承担家庭体力劳动的压力。在社会提倡男女平等的几十年间，这一现象有了很大的改变，特别是目前老龄化问题比较突出，养老成为社会问题，而女孩在照顾老人方面更能胜任，家长对女孩的接纳度提高。但无论在农村还是在城市，总有一些人对生男孩非常在意。在我国全面实施计划生育政策，"只生一个好"的时期，有些家庭不惜被罚款或革除公职，甚至生下的孩子偷偷地放在别人家寄养，也要超生，这就是"传宗接代"观念对他们深刻影响的表现。

父母考虑孩子婚姻也受"**门当户对**"这一传统联姻观念的影响，这不只是出于家庭价值观相似、易于日后和睦相处的考虑，更是家族政治、经济势力、资源再组合的策略。《红楼梦》中的贾政娶了王家的女儿，实现金陵四大家族中"白玉为堂金作马"的贾家与"东海缺少白玉床，龙王请来金陵王"

的王家的联姻；而长辈集体决定让贾宝玉娶薛宝钗，不仅仅是因为宝钗长得圆润、做事得体、话说得漂亮，更重要的是通过金玉良缘，把"丰年好大雪，珍珠如土金如铁"的薛家拉入贾家的势力范围，而贾宝玉和林黛玉的"木石之盟"却不能带来这样的结果，宝黛的爱情也因此成为家族势力扩张、集体利益为上的牺牲品。此时的孩子失去作为个人的标签，已完全沦为家族的附属品。

## 父母自省是否受自我未完成事件的影响

**一个人或一个家庭没有实现的愿望会产生很大的驱力，促使这个人或这个家庭想方设法达成它**。如果自己今生难以完成这个愿望，就会把它"传"给孩子。除了生儿育女之外，父辈未了的名校梦、军人梦、医生梦、出国梦等都会成为父辈培养孩子的驱力。很多狼爸虎妈要孩子上清华、北大，乃至哈佛、剑桥，很有可能就是因为有名校情结。有关这些成功故事后续的报道表明，其中一些孩子完成父辈的愿望后，便转头去做自己想做的事，因为那些已实现的目标不是孩子内心真正的需要。同样，本案例中林女士家已连续两代都有未了的男孩梦，对女儿的未来寄予厚望是再正常不过了。

本案例中的林女士还受到中国大家庭的集体主义文化影响。我国崇尚大家族文化，若有四世同堂，那是这个家族的莫大荣耀。在这种环境中，**融合是家庭非常明显的特征，小我要服从大我的需要**。因此，面对家族的缺憾，孩子为了家族的愿望，要放弃个人的愿望。巴金小说《家》中的主角觉新，虽然与表妹梅相爱，却不得不放弃自己的理想，接受父亲以抽签的方式为他选定的李家小姐瑞玉，与之结婚。虽然小说描写的是 20 世纪 20 年代的故事，但这种你我不分的观念和现象，在 21 世纪 20 年代的今天仍普遍存在。

## 应对策略

异性间亲密关系的建立和维系需要一定的能力和智慧。这种能力的获得需要训练和实践，并不是像人们说的那样，"找对象，动物都会"。动物找对象，只是为了物种的繁衍，无法感受天长地久的亲密关系带来的幸福体验。

### 陪子女一起学习"谈恋爱"

在中国孩子的成长故事里，和"不能输在起跑线上"一样有名的是"不能早恋"。对上中学的孩子来说，父母眼中的异性亲密关系就是洪水猛兽，父母和老师"防火、防盗、防早恋"，担心孩子因感情分心，导致成绩下降，女孩子的父母更是担心女儿身心受到伤害。但是，孩子进入青春期，随着激素分泌的增加，对异性好奇和亲近的渴望与日俱增。如果这种自然的需要在这个阶段被外力强行压抑，孩子们按捺不住，恋爱就转入地下，瞒过老师，骗过父母。

孩子上大学以后，父母的态度发生180度的大转弯，他们希望孩子能在大学找到合适的异性朋友，并发展成可以结婚的对象；否则，孩子在大学期间没谈成恋爱比中学时"早恋"更令父母焦虑。有些父母采用催、逼，乃至亲自牵线搭桥等方式，为孩子的婚恋注入"催产素"。孩子恋爱这件事仿佛是水，父母控制着水龙头：在中学一关，孩子专心读书，考出好成绩，考取一流大学；到大学一开，找到优质异性，成就美满婚姻。

恋爱"发乎情、止乎礼"，是孩子认识性和亲密关系的重要渠道，可以让孩子从中了解、感知、理解异性，拥有爱和被爱的能力，为他将来经营家庭生活的幸福提供了保障。"谈"恋爱这一表述足以说明，语言是青年男女相互了解的桥梁，谈什么、怎么谈是决定恋爱关系存在与否的重要技能。学校和家庭都忽视的情商教育、孩子的人际沟通能力在恋爱中发挥着重要功能。

古人说，食色，性也。这表明，异性之间亲昵的需要是人类的自然属性。随着生活条件的不断改善，青少年的性发育年龄不断提前。研究表明，从

1985 年到 2000 年，大城市中的男生首次遗精年龄从 13.1 岁提前到 12.6 岁，女生初潮年龄从 14.5 岁提前到 13.8 岁。在这种形势下，中学生异性间不但有情感的频繁交流，有些甚至还会发生性接触。所以，当孩子对异性产生好感时，**父母应该以更开放的态度加以引导，分享异性相处的注意事项**，如怎样向对方表达情感、关心及介绍性安全知识等。

### 教子女如何应对遗憾和挫折

人们常说"人生无憾"足矣。但人生在世，不如意者十之八九。遗憾无处不在，是人生重要的组成部分。一个人对待遗憾的态度，决定着他生活的主色调。如果他选择与遗憾较真，思维视野因受到束缚而变得狭窄，压抑和不满的情绪充满心胸，疾病也会不请自来。研究表明，当一个人沉浸在不如意带来的不良情绪中时，容易引发家庭矛盾，导致家庭成员关系紧张。长期情绪不佳使身体处于不正常的应激状态，容易引发心身疾病，心理学家指出"负性情绪是癌症的活化剂"。所以，**接受了遗憾，也就解放了自己**，既是提升家庭幸福感的重要手段，也是追求身体健康的养生之道。

曾经有一段时间，社会普遍强调对成长中的孩子要进行挫折教育，承认挫折对人成长的意义，甚至建议要设计一些挫折让孩子去经受。其实，生命周期理论认为，一个人无论身处哪个年龄段，都有他面临的困难和需要完成的任务。所以，孩子生活中的挫折俯拾皆是，需要父母忍痛让孩子直面挫折，而不是在挫折面前对孩子进行全方位保护。无论发生什么，父母应该无条件地支持孩子接受挑战，使其从中获得力量和智慧，丰富其人生经历。恋爱中的男女不只有卿卿我我的花前月下，更有剪不断理还乱的冲突和麻烦，他们必须在真实的亲密关系里学习如何解决冲突，创造幸福。

《中华人民共和国宪法》规定，孩子年满 18 岁就有选举权，可以行使政治权力。但在中国许多家庭的观念中，在父母面前，子女无论多大都是孩子，更不用说没走上社会、经济尚未独立的大学生了。因此，父母往往觉得这个年龄段的孩子幼稚，考虑不周全，做事不靠谱，需要帮他做选择，甚至做决定，以确保孩子少走弯路，避免阴沟里翻船。但每个生命都需要获得直接的经验，这不仅是个体的权利，更是他来到这个世界的意义。父母虽然爱孩子，但有时候不得不承受他因自主选择造成不良后果带来的痛苦。如果大家都能认清生命的本质，无论顺境与逆境、欢乐与痛苦，都是独一无二的人生体验。

**沈红心**

# 无法适应集体住宿生活

吴先生是初中语文老师，认为儿子天资过人，将来会比自己有出息，心中对他充满期待。儿子读初中时，吴先生安排他进入自己所教的班级。儿子在一次数学考试滑铁卢后，吴先生忍无可忍，当着其他同学的面对儿子一顿咆哮，此后儿子就有了长时间洗手、洗澡的习惯，对父亲的问话要么沉默，要么吼叫。读高中时，儿子离开吴先生所在的学校，便再也不和父亲交流，有话只对母亲说，还要求她对父亲保密。决定儿子命运的高考就在眼前，吴先生很担心，感觉有力使不上。他问妻子："儿子目前到底是什么状态，对高考有没有信心？"妻子回了一句让他语塞的话："你自己去问儿子，他不让我告诉你。"

儿子高考失利，未能如愿：全家人原本都期待他考取清华、北大，最后却被吴先生曾经就读的普通大学录取。吴先生对儿子彻底失望，怨言和指责不绝于耳。暑假一过，儿子落荒而逃般地到学校报到，恨不得断绝父子关系。

进了大学，曾被寄予厚望的儿子却无法和室友和平相处。他看不上这些成绩比他差的同学，而室友也对他长时间地占用洗漱间怨声载道，不但集体到宿管处投诉，还联名向学院请愿，要求他更换宿舍。心高气傲的儿子如何能忍，一气之下请假回家了。吴先生看着回家的儿子，新烦旧怨一起涌上心头，真想酣畅淋漓地骂儿子一个狗血喷头。但转念想着该如何解决问题时，他垂下了自己倔强的头颅。

## 父亲角色与教师职业角色的混淆

父母通常都有望子成龙、望女成凤的夙愿，希望一代更比一代强，这不全是出于光宗耀祖的老思想，也是人性使然。当父母的愿望不能实现时，难免伤心难过，但这种失望的呈现方式，各个家庭不尽相同。

我们都知道，父亲和老师的角色具有不同的功能。父亲的职责在于赚钱养家，保护家庭免受侵扰，制定家庭规则，维持家庭结构，传递生命的意义，成为孩子的楷模。而老师，如古之韩愈所说，是"传道、授业、解惑"，负责教书育人，指导、传授方法，帮助学生克服困难，鞭策学生用功学习。两个角色虽有重合，但各有侧重。同样是传道，**父亲传生命之道，而老师传知识之道**。为避免角色混淆、多重关系纠缠，古代孟子就主张"易子而教"。他希望父子之间不要求全责备，一责备就伤了父子感情，父子关系因隔膜而疏离是非常不吉利的。孟子不主张父亲亲自教育自己的儿子，是为了规避教育中产生的副作用，通过划定清晰的界线，维持适当的父子关系。本案例中的父亲没有处理好父与子、师与生的关系，导致孩子多了一个全科家教，却少了唯一的父亲。

## 父亲不成熟的情绪管理

亲子关系不良，与父亲的**情绪管理**有很大关系。李维榕曾在《父亲的角色与受害者的角色》一文中写道："作为父亲，无论自己心中有多少渴望和委曲，都要保持一定的冷静，不必与孩子计较，先学习聆听！"倾听，是通向了解的钥匙。如果孩子的表现稍不如愿，父亲就对孩子一顿批评、指责，那不过是泄私愤而已。这种做法错过了对造成孩子当前问题的原因的探讨，无从了解孩子需要什么样的帮助，不能促进孩子更好地努力，更谈不上对孩子有教育作用，反而割裂了与孩子的关系，最终害人害己。对孩子横挑鼻子竖挑眼的父亲其实就是内心没有长大的孩子。孩子在这样的父亲的影响下，最终长成父亲的模样，对别人百般挑剔，情绪无法自控，人际关系紧张。

## 父母之间需要"和而不同"的合作

如果父亲与母亲教育孩子的理念不一致，在这种情况下培养孩子将面临较大的挑战。因为父母首先要经营好夫妻关系，允许不同的价值观并存，其次要能在亲子冲突中彼此发挥调解的作用，维持父母与孩子之间关系的平衡，**体现夫妻和而不同的合作**态度。如果父亲或母亲与孩子结成联盟对抗另一方，将削弱夫妻双方在孩子教育中的功能。本案例中的母亲为儿子保守秘密的言行，让父亲在家庭关系中被边缘化，父亲在家庭中的权威受到蔑视，孩子在母亲的理解和支持下远离父亲，父子关系变得更糟。

　　父母对孩子的**唯成绩论是妨碍亲子关系的最大杀手之一**。尽管高考的升学率已达 50% 以上，百万学生过独木桥的现象已非现实，但通过上知名大学、读顶尖专业改变命运仍是很多家庭的追求，高考的结果依然承载着很多家庭的梦想。在高中备考时，孩子没有时间运动、交友、寻找自己的兴趣、做自己喜欢做的事，而是（大概率）被父母从一个补习班带到另一个竞赛班。久而久之，成绩也逐渐成为孩子安身立命的唯一支柱，当成绩不尽如人意时，孩子生存的大厦随之倾覆。在大学的咨询室经常听到这样的讲述："我只会读书，其他什么都不会。学校会读书的人太多，我都读挂科了。我现在没有朋友，也不知道自己想要什么，这样活着还有什么意义？"父母要注意培养孩子学习、交友、兴趣、运动等的**均衡发展**，在孩子遇到困难时及时给予其帮助，以维持孩子的心理平衡，保证其身心健康。

## 及早察觉和理解孩子的异常行为

　　所谓的异常行为是指偏离常人的行为规范。常见的异常行为有长时间地洗手、反复确认关门、反复检查作业、情绪低落、不愿与同伴交流、长时间纠缠在某种思维逻辑中等。在日常生活中，这些行为常常被人理解为认真、谨慎、爱清洁等，但超过一定程度，就可能发展为一种病态，需要及时就医。异常行为有其特殊的功能和意义，往往预示着孩子出现了问题，需要被诊断、分析和处理，同样也预示着家庭的结构和功能需要调整。**异常行为在某些时候成为保护孩子不受侵犯的藩篱，它形成了刻板的人际疆界，让存在的问题**

**难以解决**。如本案例所示，孩子通过长时间的洗手，把父亲和同伴排除在自己的人际范围之外。

## 应对策略

### 家庭教育"去学校化"，知识、能力、人格均衡发展

出于不能输在起跑线上的考虑，父母和孩子奔波在学校与补习班之间，家庭有时候成为课外学校之一，家长就是作业辅导老师，家庭的功能让位于课堂教学。通常，孩子的健康成长基于四种不同类型的教育：社会教育、学校教育、家庭教育和自我教育。学校教育以知识教育为主，传授学科知识、技能和社会道德常识，帮助学生获得将来赖以生存的技能；而家庭教育更侧重心智的开发和人格的健康，以弥补学校情感教育的不足。面对当前非常普遍的家庭教育学校化现象，应该促使家庭重点开展个体德行养成教育，培养孩子道德品质和生活习惯，促使孩子形成优良的道德品质和行为规范，并进行人际社交的训练。想要把孩子培养成人格健全、全面发展的人，学校和家庭应该各司其职，既要相对保持独立，也要及时进行沟通。**家庭教育应该去学校化**，把学校的责任还给学校，把孩子的责任交给孩子，让家庭成为成员间表达情绪、情感、释放压力的场所，父母对孩子"多一点好奇，少问一点作业"，相互间多谈一点儿感受。

### 最好的教育是帮助子女确认自己

对子女最好的教育莫过于让他在与父母的关系里体验被接纳、被引导、被欣赏、被肯定，良好的关系可以滋养孩子成为自信、善于合作、敢于冒险、乐观豁达的人。因为他从父母这面镜子里看见自己值得被爱的样子，并且具备实现自己梦想的能力。都说**夫妻关系和睦是送给孩子成长最好的礼物，因为孩子从父母的关系里学会人与人应该如何相处才会和谐**。在家庭教育中，

"严父慈母"一直是中国的传统文化所倡导的，很多现代家庭仍沿用父母配合，"一个唱白脸一个唱红脸"的家教模式，认为家中一个严厉一些，另一个慈爱一些，能够在教育孩子的时候做到不偏不倚，达到良好的教育效果。这种红脸白脸模式成功的背后是夫妻默契合作的结果，充分体现了"先做好夫妻，才能做好父母"。如果在日常生活中父亲一直以严厉的方式与儿子互动，父子就没有亲近的可能，母亲必须从中有效调和，才可能让父亲既可亲近，又不失威严。

一个不容忽视的事实是，**孩子在家庭中被对待的方式，基本决定了他日后与别人相处的模式**。如果他在家中被父母积极肯定，他观察别人的方式就会从积极的视角出发，可以和他人保持良好的交流。孩子成长的一个重要议题是实现社会化，这样的家庭熏陶有利于他发挥良好的社会功能。再者，父母对孩子的言行要无条件地积极关注。这并不是说父母对孩子要无节制地事事干扰，也不是对其进行价值判断，而是当有偏差出现时要及时处理。如果孩子的行为超出我们常人的理解范畴，父母发现孩子的异常行为已经影响到他的社会功能，如人际关系不良、学业成绩下降、情绪控制困难等，就需要及时去医院或心理咨询机构寻求帮助。异常行为，诸如强迫症、社交恐惧症、抑郁症等，具有管控人际关系的功能，破坏了人与人的亲密关系。当孩子出现异常行为时，标志着生物、社会、家庭关系对孩子造成了不良影响，必须通过服用药物及调整家庭关系的方式加以改善。有时候，家庭中一个人的异常行为有可能变成整个家庭的障碍，让家庭的疆界变得刻板而没有弹性，这种现象反过来又强化和维持了异常行为。专业的事求助专业的人，及时求治是家庭必须采取的措施。

### 切断焦虑在家庭中的传播途径，在不确定中找到确定感

改革开放前贫穷的物质生活让很多父母即使事业成功、生活条件大幅改善，还是会存在很多焦虑：过去的苦日子不堪回首，现在条件这么好，怎么

子女上学还会出问题啊。当前的教育过度竞争化，也容易让父母过度关注子女的成绩表现，忽视子女其他方面的优点或长处，在家中传播"专挑毛病"的焦虑。

**家庭是一个情感高度集中的社会单元，一个人的焦虑等负面情绪会很快被另一个情感关系密切的家人感受到，**因为他"爱着你的爱，痛着你的痛"。焦虑情绪在家人之间会像流行感冒一样互相传染，抵抗力最差的那一个会是最惨的那一个，谁感冒都会传染给他。如果子女的内心感受比较细腻敏感，他就会是家庭焦虑情绪传染链条中抵抗力最差的那一个。这样他的焦虑情绪就会增多，一部分是其自身面临的现实困境造成的，另一部分是从别人那里传染来的。如何切断焦虑情绪在家人之间传染？父母需要静下心来问问自己：我有没有过度焦虑？焦虑的对象一般是不可确知的未来风险，所以家长要尽量在不确定中找到确定因素，如子女曾经的成功、家族曾经度过的危机、自己当下的努力成果、子女为人所知的优点和特色、整个时代的进步趋势等。

本案例展现了父亲在孩子成长中的作用。电影《我是山姆》也讲述了一个父亲的故事。身为父亲的山姆，虽然智力水平低于常人，但他对女儿露西充满了爱，他想陪在女儿身边，看她笑，看她哭，尽自己最大的可能为她的成长创造最好的条件，倾其所有给她单纯的快乐。社会福利机构考虑到孩子的成长，剥夺他的抚养权力，但无法阻止这对父女相互思念。山姆对孩子这种简单的爱超越了教育的功用，完美地诠释了父母角色本身便有的功能。**良好的亲子关系是孩子成长最好的营养，是陪伴子女独立走过漫长一生的精神力量。**

沈红心

第六篇

儿童和青少年常见
心理障碍篇

儿童和青少年时期是一个人个性形成的关键时期，在这个发展阶段，如果孩子面临的各种困难无法得到妥善的解决，孩子的心理压力就会增加，患心理障碍的可能性也会增加。加上孩子的天生气质，及所处环境的影响，有些孩子的发展进程就会一定程度上受阻。

但是，这并不意味着孩子的成长从此就黯淡无光，毫无希望。而是代表着，孩子的成长暂时遇到了一些困难，需要家长与其共同应对。

面对孩子的发展因心理障碍而受阻的情况，家长首先需要调整自己的情绪与期待。要知道，心理障碍不是大家通常理解的"神经病"，只是疾病的不同呈现方式而已。家长不必为此感到羞愧。孩子患心理障碍时，家长要做的是理解孩子受障碍困扰的艰难，陪伴孩子就医，在孩子康复过程中给予心理上的支持。本章会列出儿童和青少年常见的几种主要心理障碍，描述这些障碍的特点，便于家长尽早发现孩子的困难，不错把疾病当顽皮、不听话、不自律。同时，本章也会给出一些常见的应对措施，便于家长参考。

**刘亮　李闻天**

# 进食障碍

### 不吃饭的"小美女"

小静刚上高一就挺引人注目。第一是她一米七的个头，这在女生堆里显得十分高挑；第二是她特别瘦，夏天穿着裙子露出两条特别纤细的腿走在路上，都会让行人担心那腿会不会随时有折断的危险。小静最近更加虚弱了，她吃饭没一点儿胃口。但当别人好心地跟她说她实在是太瘦了，劝她多吃点饭时，她却不以为然，觉得皮包骨头的自己还是不够瘦！

小静以前并不是这样的。她很小的时候爸妈就离婚了，爷爷奶奶把她拉扯大。小静小时候一直都挺能吃，吃得圆滚滚的，在学校里有同学还会叫她"肥静"。到了初三，学习压力变大，为了减压，同学们就在课间讨论女团明星。小静也开始一边看女团的表演视频一边在意起了自己的外形，她下定决心节食减肥，永远甩掉"肥静"的绰号！一开始并不容易，效果也不太好，可她实在太在乎自己的外形了，渐渐地她由主动节食变得对食物毫无兴趣，甚至看见食物都想吐。这样一来，她的体重急转直下，身体也变得虚弱了很多，皮肤也从以前的红润饱满变得松弛蜡黄。刚开始小静为减肥效果显著还心里窃喜，可后来她几乎什么都吃不下，经常虚弱得连路都走不动，身边的同学们也开始察觉到她的异常。

一次体育课，小静多走了几步路就晕倒在了操场上，老师和同学手忙脚乱地把她送到了医院。医生给小静做了一系列的检查，等诊断结果出来后大家都傻了眼，医生说小静得了"进食障碍"。

## 进食障碍的几种常见类型

### 厌食症

厌食症患者通常会有意控制食量，这导致他们的体重明显偏低。厌食症患者非常在意自己的体重，特别担心体重增加，他们害怕自己的形体在外观上显得比较胖。其实，他们通常对自己的形体缺乏正确的认知——即使他们已经很瘦了，却仍然会觉得自己胖。

厌食症患者对自己吃的食物和食量都有非常严格的限制，他们的生活可能很单调，对他们来说，一生之中最重要的工作是计算摄入的热量。为了控制体重，厌食症患者会想各种各样的办法（如禁食、做高强度的运动、服用泻药等）降低体重。

### 贪食症

贪食症患者常常会暴饮暴食，并且无法控制自己，停不下来。吃得过多后，他们往往会有强烈的负罪感，因此会做一些补偿性的行为，如有的人会故意催吐。为了防止体重增加，除了催吐外他们也会想各种办法，如服用泻药、利尿剂、减肥药或者做高强度的运动，以抵消自己经常性的暴饮暴食带来的影响。

贪食症患者一餐的食量通常比一般人多很多。如果一个人经常暴饮暴食，就要考虑是否患了贪食症。但是贪食症患者并不像厌食症患者那样有着大体一致的体形，贪食症患者的体重不尽相同，有的人可能很瘦，有的人是正常体形，还有一些人会超重。

### 暴食症

暴食症患者也会暴饮暴食，也无法控制自己，停不下来。即使在不饿的情况下，他们的进食量也会很大。通常他们在暴饮暴食后会有沮丧或内疚的感觉。

暴食症的患者体重通常会持续增加，大多是超重很多的肥胖体形。

暴食症患者进食速度可能也比常人快。很多暴食症患者都是一个人吃饭，不想让人看到，因此别人也许并不知道他们一餐到底吃多少。暴食症与贪食症的区别在于，暴食症患者并不会用催吐、服用药物或者做高强度运动等方法对暴食的行为进行补偿。

### 回避/限制性食物摄入障碍

这类患者就是单纯地对食物不感兴趣，或者因为食物本身的感官特点（如气味、口味、颜色、质地等）而回避进食。他们的体重往往要低于正常水平，或者达不到标准的体重。他们并不像厌食症患者那样害怕自己的体重增加，也不会对自己的形象产生认知扭曲，也不会觉得自己胖得让人无法接受。他们更担心的是自己因进食量少而引发恶心或窒息。

当发展到比较严重的程度时，上述四种进食障碍不仅会对患者的身体健康造成沉重的负担（如低血压、心律不齐、消化功能紊乱、青春期延迟或生长缓慢等），也会对其情绪和人际关系方面造成负面的影响（如悲伤、沮丧、焦虑、抑郁等）。进食障碍患者甚至会有较为严重的自残、自杀的倾向。

当父母发现自己的孩子可能患有进食障碍时，一定要带孩子到正规精神心理服务机构就诊，并且牢记以下三点：第一，进食障碍一般都无法自行解决；第二，如果孩子患有进食障碍，整个家庭都会受到极大的影响；第三，父母一味地责怪自己或责怪孩子是没用的，与其责怪埋怨，不如寻求专业的帮助。

## 孩子有进食障碍，父母应该怎么做

当孩子被诊断为进食障碍时，很多父母不知如何是好，感觉自己无能为力。其实，父母在患进食障碍的青少年的治疗及防止复发方面有着不可替代的作用。以下是给父母的十条建议。

### 要有耐心

很多父母在得知孩子患进食障碍时都非常着急。进食障碍的治疗和康复之路是比较漫长的，但在专业的治疗下，**治愈是很有希望的，只是这个过程并非一蹴而就**。根据进食障碍的严重程度，治疗过程本身有可能持续数周至数月，从严重的或反复发作的进食障碍中完全康复可能需要数年的持续治疗。而这一切都要以耐心为前提。

不要在治疗刚开始没几天就迫不及待地期待奇迹发生，或者自己设立一个康复的治疗期限（如 2 个月），在这个期限结束时发现进展没有特别明显，就开始质疑治疗师，并且开始给孩子施加压力，这样只会影响治疗进展，使疗效大打折扣。

### 在情感上给予孩子安全感

在孩子接受治疗的过程中，父母需要坚定地告诉孩子，无论发生什么事，父母都是爱他们的。**父母无条件的爱可能有助于孩子的康复**。当孩子的治疗显现成效的时候，父母自然会非常高兴，但是进食障碍的治疗并不是一帆风顺的，在治疗中期和后期难免会有反复。这时孩子会有巨大的挫败感，也会怀疑自己，此时，他们更需要父母的爱和支持。

### 多学习进食障碍的相关知识

不要把治疗全部都推给医院，在孩子治疗和康复的过程中，父母可以成为重要的辅助力量。因此父母要尽量花时间多学习一些进食障碍的相关知识，这有助于加快孩子的治疗进程，并且让父母给孩子更多的支持和信心。获取相关知识的途径可以是阅读相关的图书，或者和孩子一起探讨如何配合医生完成治疗安排，还可以咨询专业的营养师，以了解如何为进食障碍的青少年选择食物和做好用餐的时间安排。

家长切忌在学习了一些知识后就自作主张，甚至随意质疑治疗专家的方案。这个病症比较特殊，也比较复杂，家长要做的最重要的事情是帮助孩子配合治疗，而不是喧宾夺主。

### 尽量陪孩子一起复诊

父母陪孩子一起复诊可以发挥三点作用：第一，确保孩子谨遵医嘱；第二，在孩子接受治疗的过程中给予支持和配合；第三，可以在复诊时帮助孩子向医生汇报其在家坚持治疗的情况。家长做到以上三点能为孩子坚持治疗和克服困难提供有力的帮助。

### 在学业上为孩子提供支持

在孩子接受治疗及后期康复的过程中，学业压力也是必须要面对的重要一环。父母可以密切关注孩子在学业方面的进度和压力，如果发现他们感到压力重大并且成绩退步明显，就要适当地介入帮助孩子。例如，和老师进行协商，如何在保证接受治疗和保持学习进度之间做好平衡。但是切记，**孩子才是压力的最大主体**，父母不要只是简单地督促或批评指正，这只会让本就背负巨大压力的孩子更加无助和不知所措。

### 加入进食障碍家属互助团体

有条件的家长可以选择参加有同样困扰的互助团体，这一资源可以带来不少好处：首先，家长会在这里感到一丝安慰，因为他们能够意识到，并不是只有自己的孩子会出现进食障碍的问题；其次，可以跟其他孩子的家长进行交流，获取帮助患进食障碍的子女进行治疗和康复的经验和技巧；最后，当子女出现进食障碍的问题时，父母往往也面临巨大的压力却不能随意与他人分享，而互助团体是一个较为安全的支持性的资源，家长可以在这里诉说自己的压力和挫败感，获得心理上的支持。

### 关注孩子的健康情况

患进食障碍的儿童和青少年往往更容易出现身体健康方面的问题。例如，患厌食症的孩子出现便秘、月经不调和心律不齐的风险会大大增加，患贪食症的孩子要警惕蛀牙、电解质失衡和心力衰竭等问题。因此家长要留心关注孩子各方面的健康状况，如果发现因进食障碍导致其身体出现不良情况，应及时带其到医院就诊，咨询专业的医生。

### 多花时间陪伴孩子

孩子出现进食障碍可能也有家庭的因素，但家长在配合孩子治疗的过程中不要自作主张，在治疗方面也不要介入太多，而是要多向孩子表达爱与支持。**高质量的陪伴是一个重要的途径**。父母可以多陪孩子参加一些孩子感兴趣的活动，但是在孩子接受治疗的过程中，应避免参加聚餐之类以进食为主要过程的活动。

还有一点相当重要的是，在与孩子互动时，家长不要做治疗师该做的事情，如长篇大论地引导孩子改正对于自己形体的看法和饮食习惯。进食障碍是一种相当复杂的疾病，当家长不知道如何评价孩子在饮食方面的观念时，就交给专业的治疗师，不要好心帮倒忙。

### 关注家里其他孩子的情况

有研究表明，**进食障碍有可能会蔓延到家里的其他孩子身上**。也就是说，如果家里有两个以上的孩子，其中一个患了进食障碍，其他孩子患进食障碍的风险会大大增加。家长除了要关注已经确诊为进食障碍的孩子外，还应该密切关注其他孩子有没有不健康的饮食习惯和明显的体重变化。如果发现其他孩子也有类似的问题，应尽快采取行动，带其至医院就诊。

### 理性对待复发情况

家长一定要做好充分的思想准备，因为进食障碍并不像水痘那样是"一次性"的疾病，只要治愈就终身免疫。事实上，**进食障碍的复发率非常高**。家长不要盲目乐观，而要知道，患进食障碍的孩子一直都存在复发的风险，**不要期待他们在一次成功的治疗后就彻底"痊愈"**。进食障碍的疗效是呈波动上升的，因此病情反复是特别常见的现象，家长和孩子对此不必惊慌，继续配合治疗即可。

李闻天

# 注意缺陷 / 多动障碍

## 坐不住的"小调皮"

江江今年 7 岁，胖嘟嘟的，非常可爱，但最近却让妈妈操碎了心。妈妈注意到，江江好像和别的孩子不太一样。他很难安静地坐下来，即使在吃饭或看电视的时候也是如此。就是睡觉的时候也不停地滚来滚去，不能安生。平时，他也总是上蹿下跳，大喊大叫，让旁边的人心烦不已。

除了在看喜欢的动画片时能消停一阵儿以外，江江对大多数事情都漫不经心。在学校上课他也不能集中精力，而是老跟前后座的同学说小话、摆弄东西，有时甚至会离开座位到教室后面鼓捣清洁用品。做作业更是一场灾难，别的同学半个小时就能做完，他却要拖拖拉拉做上 3 个小时。

他做事情之前总是不考虑后果。例如，别的孩子玩游戏，他根本也不管别人欢不欢迎，直接冲进去就玩。他还喜欢指手画脚，如果别的孩子不听他的，他就会生气。一到人多的地方他就特别容易兴奋，数他最能吵闹。

平时别人对他说话他都心不在焉，大人说的话很少放在心上，让他做件事情要复述好几遍。他还非常不服管，妈妈管他就跟妈妈对着干；老师管他他也会冲老师发脾气，老师总向妈妈告状，妈妈也没有办法。

后来在老师的建议下，妈妈带着江江来心理医院就诊，医生详细地了解了江江的情况后，告诉江江妈，孩子可能患有注意缺陷 / 多动障碍，也就是人们常说的"多动症"。江江妈一听傻了眼，一直以为孩子只是调皮，怎么居然是心理问题！

## 什么是多动症

多动症的学名叫注意缺陷 / 多动障碍（下文为阅读方便，用"多动症"）。患有多动症的孩子在大脑发育和大脑活动方面存在一定的异常，这会影响孩子的注意力、静坐的能力和自我控制的能力。多动症会影响孩子在与同龄孩子相处时的表现。

事实上，大多数孩子都不容易安静地坐着，也很难集中精力听讲，或者听从大人的安排。但对于多动症的孩子来说，做到以上这些会更加困难。患有多动症的孩子很可能有以下表现。

### 不能专心

患多动症的孩子很难集中注意力，或者难以持续做某件事。他们可能会因为分心而听不到大人说的话，或者错过一些重要的细节。他们可能会经常开小差，看上去像是心不在焉或健忘。

### 过度活跃

患动症的孩子容易烦躁不安，没办法久坐或者保持安静。他们做事情的时候总是匆匆忙忙，很容易犯一些粗心大意的错误。他们在一些需要保持肃静的场合也没办法控制自己，总是和同伴打打闹闹、交头接耳。他们还容易不守规矩，自说自话。

### 冲动控制困难

患多动症的孩子可能会控制不住自己的冲动。他们总是手比脑快，做事欠思考。他们很难做到等待，经常不加商量地打断别人说话或者打断别人正在做的事情。他们也很难在做某件事之前先征得大人的同意。他们的情绪容易激动，并且难以平复。

家长通常在孩子很小的时候就会注意到上述迹象，但对于儿童来说，注意力不集中、躁动不安和情绪冲动在发育中都属于正常现象，这些表现并不意味着孩子就患有多动症。

随着成长，大部分孩子的注意力、自我控制能力会逐渐发展成熟，但有些孩子却在这些方面没有明显进步，并且容易分心、难以静坐、易于冲动，在学校、家庭和同伴关系中引发越来越多的问题且明显超出了正常的范围，这就可能是多动症了。很多患多动症的孩子会同时伴随学习方面的问题、对抗和挑衅的行为以及情绪方面的问题。

但是，即使父母高度怀疑自己的孩子患有多动症，也不要妄下论断，以免给正常的孩子贴上多动症的标签，或者对多动症孩子做出错误的处理方式。一定要带孩子到正规的儿童心理服务机构就诊，由医生进行评估并做出专业的判断。

父母一定还想了解导致多动症的病因是什么。事实上，目前尚不清楚是什么原因导致多动症孩子的大脑出现异常。但有充分的证据表明多动症具有遗传性，不少有多动症的孩子的父母或亲属也曾患多动症。此外，不要听信一些关于多动症的胡乱揣测，多动症并不是由于孩子看手机或电视过多、父母养育孩子的方法不对或者孩子吃了太多糖导致的。

父母要抱以希望，患多动症的孩子接受正规的治疗后，在恰当合理的计划指导下循序渐进地康复，孩子会获得显著的进步。

## 孩子有多动症，父母应该怎么做

虽然多动症可能与遗传有关，但随着孩子的成长，及早干预治疗会减轻疾病的严重程度并阻止其进一步发展。因此，父母越早帮助孩子面对生活学习中的一系列困难，就能够越早预防孩子在学业及人际关系中遇到的麻烦。父母可以从以下几个方面开展工作。

### 提高认识

父母不要将有限的精力花费在自责上。多动症是大脑特定区域的疾病，具有高遗传性，并非由于不良的养育方式或不良的家庭互动环境引起的。

父母应全面了解多动症的相关知识。父母通常会从各种渠道打听和学习关于多动症的各种知识，但并不是所有信息都是科学的，因此父母应该提高警惕，注意甄别那些虚假宣传。例如，一些不良商家打着"包治多动症"的广告误导心急如焚的家长。但到**目前为止，多动症并没有神奇的治愈方法，而只能采取积极措施减轻病症对个体的影响**。要多从正规渠道获取有用的信息，如登陆权威医院或疾控部门的网站，或者购买权威出版社出版的图书等。

确保孩子接受全面而科学的评估。要给孩子做出多动症的诊断，除了向医生描述症状外，还要排除与多动症相似的其他疾病，这就需要父母在医生的指导下到相关专科医院进行一些必要的检查，以保证诊断的准确性。

### 帮助孩子应对学校里的困难

整理孩子的所有资料。父母应在平时留意记录孩子的所有信息，如孩子在学校的成绩单、教师评语、学期报告等，还应收集有关多动症的各种资料，如每次复诊的门诊病历、治疗记录和医生的紧急联系方式等。

形成一个专属的专家"顾问团"。为了让孩子能够在学校里过得相对轻松一些，家长需要肩负和多方人员沟通的任务，因为学校的老师并不了解多动症孩子要面对的问题及其需要。家长需要汇集孩子的主治医师、心理治疗师、特殊教育专家、学校管理人员和孩子班主任的意见和建议，如有条件最好能组织一个小型的交流会，确保校方能够清晰了解多动症孩子的特点，请各方人员一起交流并制订适合孩子成长的学习和生活计划。

尽可能了解相关的法律信息。多方面了解法律对多动症孩子接受医疗和教育以及其他方面的保护规定，父母可以咨询未成年人保护法方面的法律专家。父母对多动症孩子的权利了解越多，就越能够以法律为武器保护孩子。

### 多动症孩子的父母也要学会自助

获取支持资源。父母可以参加多动症孩子家属的互助团体，互相交流信息并彼此支持。如果父母在照顾孩子的过程中感到沮丧甚至精疲力竭，可以找正规、专业的心理咨询师帮助自己。**请父母善待自己，只有自己的压力减**

**轻了，才能够更好地照顾孩子。**

动员其他家庭成员。有的父母在发现孩子患有多动症时会非常自责，因而选择单独作战，长此以往就会力不从心。父母应做好长期面对疾病的准备，动员所有能够参与照顾孩子的力量，以便共同分担工作量，如家里的老人、亲戚等，必要时还应定期召开家庭会议，家庭成员要就如何更好地养育孩子以及配合治疗达成共识，以形成合力，共同应对疾病。

父母还应确认自己是否患有多动症。由于多动症是种具有高遗传性特征的疾病，不少患多动症儿童的父母在孩子得到确诊后会发现自己也患有多动症。患多动症的父母可能需要和子女一起平行治疗并定期接受评估。如果患多动症的孩子的父母也患有多动症而未接受治疗，可能会使其照顾孩子的过程变得更加混乱。因此，患多动症的父母尽早接受治疗才是保障孩子的治疗能够得以顺利进展的前提。

### 父母如何配合治疗

为孩子提供清晰且一致的合理期望、努力方向和行为限制。多动症儿童和一般的孩子不同，不能有样学样地模仿其他孩子，而是需要确切地了解其他人对他们的期望。如果周围的人不能够给他们传递准确的期望，孩子可能会很茫然，自然难以知道自己到底应该怎样做。父母应该在专业治疗人员的指导下学习应关注孩子的哪些特定行为，清晰、一致地设置对孩子的合理期待、需要努力的方向及对其行为的限制，并坚持进行下去。

为孩子建立统一的规则系统。父母应该主动为孩子建立规则系统，以更好地教会孩子哪些是适当的行为，哪些是不适当的行为。例如，对孩子做得比较恰当的行为予以奖励，而以忽视或者剥夺特权等方式应对孩子的不良行为。尽量取得孩子的其他照顾者和教育者的配合，以使孩子在所有互动的场景中都能在统一的规则系统下行动。

帮助孩子从错误中学习。有时，一般的孩子也会不小心闯祸，但是他们很快就能意识到自己的不恰当的行为。但是，患多动症的儿童却很难将自己的行为和负面的后果联系起来。父母应该帮助多动症儿童建立这种认知，耐心地教他们从错误中学习恰当和不恰当的行为方式。

### 尽力增强孩子的自信心

每天留出时间陪伴孩子。患多动症的孩子难免会常常遭遇周围人的负面评价，父母应每天留出一定的时间陪伴孩子，和孩子进行积极的互动，帮助孩子强化他们的自我价值。

关注孩子的成功。父母应努力关注孩子成功完成的任何事情，哪怕这些成功很微小。准确地告诉孩子，他们表现得非常好，这样的赞扬可以提高孩子的自尊心。教会孩子要注意自己逐渐取得的进步，并为此给自己点赞，而不要让孩子背上过重的包袱，妄图一蹴而就，那样只会使其自尊心受挫。

父母应告诉孩子，父母会无条件地给予他们爱与支持。这对父母来说可能是一种挑战，因为面对一个患多动症的孩子，有时连父母都身心俱疲。但是，父母的爱对于孩子来说非常重要，坚定地向孩子表达爱与支持，将使孩子更有安全感，能更好地帮助他们在父母的陪伴下接受治疗，也能让他们更有力量面对人生中无数难以解决的困难。

发掘孩子的长处。许多患有多动症的孩子在某些领域具有先天的优势，如在艺术、运动、计算机等领域。发掘孩子的优势，会使孩子拥有自豪感和成就感。父母应努力让孩子有机会从事他们擅长的活动，并体验成功的感觉。所有孩子都是上天赐予父母的礼物，父母珍惜孩子，孩子也会给父母带来惊喜。

李闻天

# 识别和应对孩子的抑郁症

"你为什么总是不开心呢？是不是遇到什么事了？"

"我也不知道为什么，反正就是开心不起来。"

"可以想点开心的事，或者找点有意思的事来做啊，比如运动一下。"

"我不想做，也没精神做，感觉脑子转不过来。"

"别灰心，加油！你肯定能好起来的。"

"我觉得活着很痛苦，不如死了算了。"

孩子如果出现上述情况，可能是患了抑郁症。现今，抑郁症已经成为世界范围内最严重、造成疾病负担最重的精神障碍之一，且儿童和青少年是抑郁症的高危易感人群，其患病率高达 23.9%。另外，相对成年人而言，儿童和青少年抑郁症患者的症状更加复杂、更加严重，且引发不良后果（如自杀、酗酒、退学等）的风险更高。因此，儿童和青少年抑郁症的严重性不容忽视。

## 什么是抑郁症

抑郁症，医学上称之为"抑郁发作"或"抑郁障碍"，它的主要表现是一个人显著而持久的心境低落，思维迟缓，意志活动减退，并且常常有认知功能减退和躯体症状。"**心境低落**"指孩子无诱因地持续处于一种情绪低落的状态，不管做什么事情，看到什么，都很难体会到愉快感，就像快乐被连根夺走了一样。"**思维迟缓**"最典型的表现就是觉得脑子变慢、变笨了，记忆力也没以前好了。例如，之前只要 10 分钟就能读完的书现在 1 个小时都读不完，甚至完全读不进去。"**意志活动减退**"指孩子对以前感兴趣的事不再感兴趣了，做事缺乏动力，整天无精打采，疏懒，不愿意和周围人接触、交往，常常独坐一旁，闭门独居，疏远亲友，甚至回避社交，更有甚者可能整日卧床。许多孩子还会有一些身体上的不适，如总觉得头昏脑涨、昏昏欲睡、乏力、食欲减退、体重下降、便秘、身体疼痛等。情况严重的孩子感到极度悲观绝望，认为生不如死，甚至有想结束生命的念头和行为。如果父母发现孩子持续 2 周且每天 24 小时中绝大部分时间都处于上述状态，那就需要警惕孩子是否患有抑郁症。

如果问一个抑郁症患者的感受，他可能会这样描述："就像自己跌入了一个无底的深渊，就像一片漂浮在茫茫大海上的小木筏，看不到任何希望。世界毫无生趣，一片灰色，丝毫不值得留恋。找不到一丝丝活下去的动力，觉得自己做什么都没有用。"试想一下，如果我们自己每天从早到晚、从睁眼到闭眼都处于这种无望的状态下，觉得自己就像墙上的油漆在慢慢干枯，却毫无办法，滋生不出丝毫改变它的动力，那会是什么样的感觉。这时，如果孩子还得不到周围人的理解，反而被责备和催促，那么"死"就成了他们唯一能做的选择，因为与其活得那么痛苦，不如一死了之。并且，这种绝望感很难单纯地通过讲道理、做运动、看喜剧等所谓的"能让人变得开心的方式"得到缓解。

## 为什么孩子会患抑郁症

许多父母可能想不通，什么都没发生，孩子怎么就抑郁了呢？通常我们会认为，一个人不开心可能是因为遇到了某些创伤性的事情或者遭受了某些打击。但抑郁症就是这么蛮不讲理，它会毫无征兆或毫无缘由地将我们的快乐夺走。

抑郁症一般是由生物、社会和心理等多方面的因素合力造成的。在生物学方面，目前医学界比较公认的观点是：人脑中某些管理愉快感的神经递质缺乏，是让人抑郁的重要原因。什么是"**神经递质**"呢？通俗讲就是在我们大脑里有某些特定的化学成分，它们就像大脑内的快递小哥，专门负责在脑细胞之间传递信号和愉快感。如果这些快递小哥数量足够多、干活足够努力，就能及时把愉快感传递到相应的脑细胞，人在遇到令人开心的事情时就会感到快乐。如果这些快递小哥罢工或者变得懒散，愉快感就像没人送的快递一样，难以传送到相应的脑细胞，人就难以产生愉快感。在众多能为我们传递快乐的神经递质里，五羟色胺（5-HT）、去甲肾上腺素（NA）和多巴胺（DA）是最重要的三种。它们就像三驾马车一样，掌控者我们大部分愉快感和精力的传递，而抑郁症患者脑中一般缺乏这三种神经递质中的某一种或某几种。

在社会层面，过重的学业压力无疑是让无数中国孩子抑郁的重要因素。这一点已经得到大量科研数据的证实，前来就诊的患抑郁症的孩子里，许多从小就被家长逼着上各种补习班，逼着考高分，逼着当学霸。有数据显示，中国是世界上学生自杀率最高的国家，而其中相当一部分孩子就是因为过重的学业压力、学校霸凌和同学关系恶劣而患上了抑郁症。而患抑郁症的孩子的家庭往往有以下特征：父母情绪不稳定，容易暴躁和焦虑；家庭氛围极度沉闷；父母之间有长年累月的冲突；父母对孩子的期待过高，过度控制，让孩子窒息；父母自己心理成熟度低，情感幼稚；父母对孩子的情感需要视而不见，甚至粗暴对待；父母自己就患有严重的抑郁症或其他精神障碍。

## 家长的应对措施

### 及时就医比什么都重要

如果发现孩子有抑郁症的迹象，家长应该做的第一件事就是尽快带孩子到专业精神科医生那里就诊。我曾听不少家长这样说："小孩不就是抑郁吗？无非就是不开心而已。不开心就不开心好了，每个人都会不开心的，有什么大不了的？"这种想法绝对是不可取的！抑郁症可能不会直接杀死我们的孩子，但它可能会导致所有家庭最不想看到的结果：**自杀**。抑郁症本身有一定的自限性，也就是说即使我们不管它，许多患者过一段时间后情绪也可能会自行缓解。但最大的问题就在于，**许多人还等不到情绪好起来的那一天就提前结束了自己的生命**。这样的例子，临床上数不胜数。

有的家长有病耻感，总觉得带孩子去看精神科医生，孩子被诊断为抑郁症是件很丢脸的事。但据科研统计，全世界每 10 个人中就会有 2 个人在其一生的某个时期曾患抑郁症或将患抑郁症。换句话说，抑郁症并非罕见的疾病，所以患抑郁症并不可耻。有的家长担心孩子吃抗抑郁药会不会有副作用，会不会影响孩子的大脑发育和学习，甚至担心孩子会不会依赖药物。这些担心可以理解，却没有太多必要，因为当今临床上使用的主流抗抑郁药（如五羟色胺再摄取抑制剂）不管是从疗效还是从副作用的角度看早已得到大幅度改进。而且在医学上，我们有一整套规范的抑郁症治疗程序和方案，会根据每个孩子的不同情况针对性地用药，不存在抗抑郁药会产生依赖一说。

### 尊重孩子恢复的节奏，不近不远地陪伴和支持

当看到孩子抑郁时，父母最常见的反应就是想尽各种办法让孩子快点好起来。这些方法通常包括说教、给孩子灌输心灵鸡汤、逼孩子运动、要求孩子变得自信、劝孩子不要想太多、让孩子多出去交友、责备和辱骂孩子，甚至以死相逼。但通常这些"让孩子快点好起来"的举措都没什么用，反而会让孩子的问题更严重。例如，我曾见过的一个爸爸就是这样，在儿子患抑郁症后，他最开始整天找各种心灵鸡汤文发给孩子，结果孩子毫无反应。之后这位爸爸变得很愤怒，认为儿子是在装病，就经常骂儿子，逼儿子回学校和出去运动，结果孩子的情况进一步恶化。这位爸爸不但不收手，反而变本加厉，整天在家唉声叹气，说孩子这样不负责任，说孩子连累了自己，甚至不惜以死相逼，目的都是让孩子快点开心起来。最后，儿子在一次和父亲争执后差点跳楼。此时，这位爸爸才勉强愿意退一步，不再逼迫孩子。

患抑郁症的孩子最需要的不是大人的催促，而是理解。这种理解，应该是家长尽量把自己放在孩子的角度体会孩子的痛苦、无助和纠结，而不仅仅是嘴上说一句"我们理解你"，行动上却无视孩子的各种悲伤，强行要求孩子做出改变。其实**许多患抑郁症的孩子并不是不想改变，只是他们发自内心的那种无助感让他们心有余而力不足，没办法做出改变**。此时，孩子最怕被家人催促，这不但没有帮助，反而可能会让他们更加自责和内疚，觉得自己连累了家人，给家人带来过多的负担。

因此，一些话是父母最好不要说的。例如，"没事的，一切都会好起来的，你想开点。""加油，你一定会好的。""你怎么还不好啊，我们都快被你拖死了。""多想一些开心的事就行了。""这没什么大不了的，你别多想。"这些话一般只会让孩子的问题更糟糕。

相反，父母可以说："虽然我们可能也没法完全理解你的心情，一时半会儿也不知道该怎么帮你，但我们愿意就这样陪着你。你如果有什么难受的事情想跟我们讲，或者想要我们提供帮助，随时告诉我们，我们会尽力帮你。你不用着急，因为我们会一直陪着你。"**这种持续的、不近不远的、非控制的、充满尊重的关心是患抑郁症的孩子最需要的。**

### 直接回应孩子的需要，直面家庭冲突

许多患抑郁症的孩子在遇到和父母的冲突时不知道该如何表达自己的情绪。如过父母过于控制和焦虑，一直不给孩子表达自己想法和心情的机会，久而久之孩子会形成一种无意识的习惯，就是压抑自己，而非表达自己。但情绪并不会因为你不理它，装作没看见它，它就自然消散了。**许多没被说出来的情绪会像火山口下的岩浆一样累积起来，在某个时间集中爆发。**有的孩子从小一直被父母贬低，缺乏自信，他们不觉得自己值得被爱，很害怕自己提了要求父母会不爱自己或者抛弃自己，所以与父母发生冲突时也会本能地压抑自己。有的孩子常年夹在父母的婚姻冲突中左右为难，不知该如何是好，

除了花精力应付学习，还要时刻操心父母的事。

　　当然，面对上述不同情况，具体处理的方式会有所差异，但不管是哪种情况，我们都鼓励父母在和患抑郁症的孩子发生冲突时给孩子机会，让他们可以直接说出自己的情绪和需要，尽量理智地、就事论事地跟孩子沟通各自的想法，表明对彼此的期待，并且在各自能力范围内尽量做出折中和妥协。有一点需要提醒父母，那就是在对孩子提出期待时，需要尽量具体化，避免给孩子提模糊的要求。例如，"我们希望你快乐"就是一个模糊的、不那么有帮助的要求。父母直接回应孩子的需要、直面家庭冲突，几乎是所有患抑郁症的孩子的共同心愿。

**刘亮**

# 孩子情绪时好时坏，可能是患了躁郁症

　　小英今年 17 岁，最近一年她的情绪总是莫名其妙地时好时坏。有那么几个月会很不开心，感觉对什么都提不起兴趣，觉得自己一无是处，做事无精打采，感觉脑子不够用。过一段时间后心情又无缘无故地变得特别好，觉得自己能力特别强，精力旺盛，脑子里的想法一个接一个地冒出来，整天忙忙碌碌，脾气也很冲，总是和别人起冲突。小英这样的情绪起伏引起了周围不少人的注意，他们都觉得小英不正常，建议她的父母带她去看医生。

　　小英属于典型的**双相情感障碍**，即我们通常所说的"躁郁症"。患有这种精神障碍的人，其情绪会像过山车一样，一会儿高，一会儿低。高的时候表现为情绪高涨、思维奔逸、活动增多的"三高"状态，我们将其称为"**躁狂发作**"。患者的自我感觉特别良好，好得明显超出其日常的水平，患者甚至会表现得目空一切，自命不凡，盛气凌人，不可一世。患者整天兴高采烈，笑逐颜开，具有感染力，常常能引发周围人的共鸣。部分患者则表现为易愤怒、易激惹，甚至可能出现破坏及攻击行为。患者的思维变得特别敏捷，有很多计划和目标，感到自己的舌头在和自己的思想赛跑，言语跟不上思维的速度。他们滔滔不绝，信口开河，且所谈论的内容不切实际。不少患者还会表现得精力旺盛，不知疲倦，睡眠减少，兴趣广泛，动作迅速，忙忙碌碌，爱管闲事，但往往虎头蛇尾，一事无成。有的患者随心所欲，做事不计后果，常挥霍无度，为了吸引眼球过度修饰自己，举止轻浮。当躁狂发作持续一段时间（一般至少 4 天）后，患者又会转换成"**抑郁发作**"状态，即情绪低落、思维迟滞、精力减退的"三低"状态。其具体表现除了"识别和应对孩子的抑郁症"一节中讲到那些症状外，还常常有情绪不稳定、易生气、睡眠增加、肥胖或体重增加、有自杀倾向。患者就这样反复在**躁狂相**和**抑郁相**之间来回波动，故称为"双相情感障碍"。

青少年是双相情感障碍发病的高危人群，据统计 37.6%~38.4% 的成年双相情感障碍患者首次发病年龄在青春期。此外，和成年人相比，青少年双相情感障碍患者更容易发展为慢性过程，更容易出现自杀行为，治疗效果也更差。可以说，双相情感障碍是青少年心理健康的"第一大杀手"，因此家长必须重视。

## 为什么孩子会患躁郁症

双相情感障碍的病因目前仍不明确，但生理、心理与社会环境诸多方面的因素在发病过程中共同起作用。首先，双相情感障碍具有明确的遗传倾向，到目前为止的科研结果都普遍认为，双相情感障碍患者脑内神经递质（如五羟色胺、去甲肾上腺素等）存在异常，即该疾病具有明确的生物学基础。其次，患双相情感障碍的青少年的家庭一般有以下特征。

1. **高情绪表达**，即在平时跟孩子沟通中，家人的情绪都特别容易激动、烦躁。举例来说，某件事情可能在别的家庭中只会引起等级为"1"的情绪反应，但在患双相情感障碍的青少年的家庭中却会引起等级为"10"的爆炸性情绪。在这样的家庭里，不管家人谈论什么事情，冲突都极其容易被点燃，甚至演化成不可收拾的"战争"。正如一位曾患双相情感障碍的女孩所讲："我和我爸妈都是炸药桶，只要任何一个人那里有一点儿小火花，其他人就会马上被点燃、爆炸。"这便是典型的高情绪表达。

2. **家庭成员心理成熟度低**，即家人特别容易失去理智，被情绪和感觉控制，做出不合身份和场合的荒唐、过激的事情。例如，我曾见过一个被诊断为双相情感障碍的初中女孩，虽然她是家中患病的那个人，但我与她的家人交流后却觉得女孩反倒是家里"最正常"的人。她的父母虽然都接受过不错的教育，但好几次在陪她来医院就诊时因为琐事而不顾场合和形象地公然在医院大堂大发雷霆、满口脏话，甚至满地打滚。女孩这样形容自己的父母："他们就是两个没长大的孩子，许多时候我还要照顾他们的情绪，安慰他们。像之前那种满地打滚还算好的，他们在家经常一言不合就拿菜刀'互砍'，那架势可比电影上可怕多了。"

3. 做事和看待问题喜欢走极端。许多父母自己平日看待问题和处理矛盾就习惯用"非黑即白""非此即彼"的极端方式，很难看到事件的多面性和其他可能性。曾有一个被诊断为双相情感障碍的男孩，他的爸爸在陪同他就诊时说了这样一段话："我就觉得凡事只有黑和白，就像人只有好人和坏人一样。只要我看到儿子拿起手机玩游戏，我就觉得他肯定管不住自己，肯定会做不完作业，我就会变得很紧张，就忍不住想要说他。"父亲看待儿子行为的方式越极端，儿子就表现得越叛逆，父亲就不自主地更想管儿子，父子俩就常常在家里上演这一追一逃的攻防大战。

如果孩子本身就有一定的遗传素质和生物学易感性，再加上每天生活在上述的家庭氛围中，自然也就更容易患上双相情感障碍。

## 孩子患了双相情感障碍，该怎么办

### 及时就医和服药比什么都重要

如果家长发现自己的孩子有躁狂或者抑郁的表现，最应该做的事情就是尽快带孩子到正规医院，找专业的精神科医生看病。青少年是双相情感障碍的超高危人群，如果治疗不及时、不正规，不仅会严重影响孩子未来的心理健康状态和社会功能，而且还可能会对孩子大脑发育带来难以挽回的影响。有客观研究表明，患双相情感障碍的青少年若未及时接受治疗或者接受了不正规的治疗，则其在成年后前额叶等认知关键脑区的体积比那些接受了正规治疗的孩子的体积小，且功能也较差。

医学上目前已经有多种可供选择、应用成熟且效果明显的药物，可帮助孩子控制不稳定的情绪，如情绪稳定剂。对于兴奋异常、躁动和易怒的孩子，可以同时使用一些抗精神病药物，包括典型抗精神病药和非典型抗精神病药。对于难治性患者，甚至可以考虑合并用药。更严重的患者可以合并改良电抽搐治疗。但所有这些治疗都必须到正规医院在专业精神科医师的指导下进行。父母切不可盲目地自行给孩子用药，更不能讳疾忌医，装作什么事都没发生。我曾经见过这样一个妈妈，她的女儿是非常典型的双相情感障碍，结果这个妈妈一直不愿意承认，也不带孩子到正规医院就诊，而是求神拜佛，请"大仙"做法事，最后女儿出现自杀行为，差点丧命黄泉，她才带女儿前来就诊。我们需要记住的一点是，对双相情感障碍患者而言，最重要的就是早诊断、早治疗，并且是足量和足疗程的正规医学治疗。

### 调整家庭氛围同样关键

如上所述，**高情绪表达**、**低心理成熟度**和**极端思考行为模式**会对青少年双相情感障碍产生影响。因此，要帮助孩子，父母需要学会管理自己的情绪，提高自我心理成熟度，学会就事论事、清楚明了、情绪稳定地说事。父母需要多学习如何平静地、表情和善地跟孩子表达自己的所思所想。父母情绪稳定了，不仅可以缓解孩子的不安情绪，而且可以为孩子起到良好的示范作用。此外，建议父母在和孩子讨论有关冲突的话题时，尽量帮助孩子从多个视角看待和思考问题，并且尽力和孩子一起讨论和寻找解决困难的各种可能办法，摆脱"只有一条道路通罗马"的极端的思考和行为方式，多一点"条条大路通罗马"的多元化思维。这里有一个小技巧可供父母参考，即在下一次面临某个问题时，可以准备一张纸（或打开手机备忘录），先写出自己习惯的对此类问题的看法，然后思考除了自己习惯的思考方式外，还有哪些其他不同视角可以解决当下的问题。父母反复尝试这样的练习后，或许会发现自己看待事情的角度变得越来越多样、越来越丰富了。

　　既然引发和维持双相情感障碍的因素是多样的，那么应对它的方式自然也应该是综合的。如果发现孩子有双相情感障碍的迹象，一定要带孩子及时就诊，以免延误最佳治疗时机。

**刘亮**

# 我的孩子总是肚子疼

顺阳是一名 10 岁的男孩，国庆假期结束后，他经常说自己肚子疼，严重的时候会躺在客厅的地板上打滚，以至于无法正常去上学。爸爸带顺阳去儿童医院做了各项检查，却未发现躯体方面的病理性变化。顺阳被转诊至心理科就诊。心理科医生进一步了解顺阳的病情后发现，他最近一年经常感到心神不宁，而且容易不耐烦。爸爸也反映孩子最近几个月的脾气不好，比以前更黏人，总是希望有人陪他，害怕独自睡觉。顺阳被诊断为"焦虑障碍"，予以药物治疗。

为何一个 10 岁的男孩如此焦虑呢？他在担心什么呢？一个孩子的情绪往往与家庭密切相关。顺阳的爸爸说，他和孩子的妈妈平时工作很忙，家人在一起交流的机会和时间并不多，孩子的生活起居和功课辅导都交给保姆和晚托班。夫妻二人也觉得需要有一个人把心思放在家中，多陪伴孩子，但是他们都以自己的事业正在关键期为由，希望对方做一些让步。为此，夫妻二人近一年的争吵和冲突明显增多，甚至想过离婚。当孩子经常说肚子疼后，他们放下部分工作，也不再争吵，一起帮助孩子接受治疗。顺阳的心神不宁是有家庭因素的。因此，在药物治疗的基础之上，又联合了家庭治疗。

## 儿童焦虑障碍

焦虑是儿童期最常见的负面情绪，15%~30% 的儿童存在焦虑情绪。如果焦虑情绪持续存在并对日常生活和学习造成负面影响，则可能发展为焦虑障碍。病理性焦虑的特征是对未来威胁的预料，恐惧是对真实或想象的、即将到来的威胁的情绪反应，在儿童期，这二者很难完全区分开来。儿童期焦虑障碍的临床表现的变异性较大，绝大部分症状不典型，孩子很难主动表述焦虑不安的情绪，往往以非典型的症状呈现。年龄较小的幼儿可能表现为哭闹、拒食、缄默不语、对立违抗、大小便不规律等。稍大的学龄期儿童往往表现为躯体症状，如腹痛、头痛、呕吐、胸闷等症状，或者表现出拒学、对抗等行为。

儿童期焦虑障碍的临床表现与成年人焦虑障碍的差别较大，除了具有成年人焦虑障碍的亚型之外，还包括分离焦虑障碍、选择性缄默症等。

### 分离焦虑障碍

分离焦虑障碍的基本特征是对离家或与依恋对象分离感到过度害怕或紧张，焦虑情绪超过与儿童年龄相当的心理发育水平。患儿主要表现为预计或实际与主要依恋对象分离时，他们感到特别恐惧、担心和痛苦。例如，与依恋对象分离时，孩子担心他们的健康状况、安全与否，害怕他们离世，所以需要了解依恋对象的行踪，想与他们保持联系。患儿还会担心有些事情发生在自己身上，如走失、绑架、意外等，导致其无法与家人团聚。患有分离焦虑障碍的儿童不愿意单独出门，可表现为退缩、拒学、哭闹等。一旦依恋对象回来，患儿就像影子一样跟着父母，害怕再度分离。患有分离焦虑障碍的儿童还会表现出失眠（可有反复做噩梦）、躯体症状等。对 18 岁以下的儿童和青少年，上述困扰至少要持续 4 周以上才能被诊断为分离焦虑障碍。分离焦虑障碍是 12 岁以下儿童最常见的一种焦虑障碍，12 岁以下儿童的患病率约为 4%；12 岁以上的青少年的患病率约为 1.6%。

### 选择性缄默症

患有选择性缄默症的儿童在社交互动中遇见其他个体时无法开口讲话，或者当别人对其说话时无法给予回应。患儿可以与熟悉的家人互动交流，但是难以与其他家人或同学开口交流。选择性缄默症的主要特征是高度社交焦虑，患儿通常拒绝在学校开口说话，学业成绩落后。在不需要说话的场合，如学校的游戏活动中，患儿可能有意愿参与。选择性缄默症的儿童常常具备正常的语言功能，即使偶尔有沟通问题，但是达不到交流障碍的程度。

在临床中，该疾病相对较少，儿童中的发生率为 0.03%~1%，常常与儿童社交焦虑障碍共同诊断，或者被其他焦虑障碍取代。

### 单纯恐惧症

单纯恐惧症患儿主要表现为对于特定事物或情境的显著的、过度的害怕和焦虑。儿童恐惧的对象可分为四种：动物型（蜘蛛、狗、昆虫等），自然环境型（高处、雷电等）、血液 - 注射 - 损伤型（针头、血液、医疗环境等）及情境型（封闭空间、巨响、化妆人物或面具等）。在上述情境中，儿童可能表现为哭闹、发脾气、惊恐或依恋他人等，并且对上述情境有显著的回避行为，如不愿意出门、拒绝看书、拒绝乘坐交通工具等。儿童单纯恐惧症的患病率约为5%，13~17 岁青少年的患病率约为 16%，且女生多于男生。

### 社交焦虑障碍

社交焦虑障碍的儿童主要有以下几种表现：在社交互动中产生显著的害怕或焦虑，如害怕表演、当众吃喝、当众说话等；在社交互动中担心被给予负面的评价，如被认为焦虑、脆弱、害羞、愚蠢、肮脏、没有能力、不讨人喜欢等；还有部分儿童担心自己出差错。上述表现让儿童回避这些社交互动，可能表现为孤僻，喜欢一个人独处，甚至拒学，不敢去公共场所，如不敢上公共厕所等。儿童社交焦虑障碍的患病率与成年人的相似，患病率为0.5%~2.0%。

### 其他焦虑障碍

其他焦虑障碍很难在儿童群体中被具体分类，如广泛性焦虑障碍、惊恐障碍、场所恐惧障碍（如学校恐惧障碍）等在儿童中相对少见，常常被统称为焦虑障碍。这类患儿的症状不典型，不持续，不聚焦，但是详细评估时，依然可以发现与现实情境不匹配的、持续的担心，可能以躯体不适（腹痛、头痛、消化道症状)、拒学、拒食、哭闹等形式表现出来。儿童焦虑障碍患者常常在内科辗转就诊，需要经过一段时间才能被确诊。

儿童焦虑障碍的治疗以心理治疗为主，严重者需要药物治疗。此外，家庭是儿童成长的关键场所，家庭治疗常常被用于儿童焦虑障碍的治疗中。

## 家长如何应对孩子的焦虑

**首先，家长要理解正常的害羞、焦虑与病理性焦虑的区别。** 正常儿童的发展阶段也会出现害羞，见到陌生人时会有短暂的回避，甚至哭闹，但是这种情绪随着与他人日渐熟悉或环境改变会很快缓解，并且不影响日常生活和学习。家长不要对孩子的害羞给予评价性的回应，更不能批评、指责，因为害羞和恐惧陌生人是儿童在某个发展阶段的正常表现。

**其次，家长需要保持良好的家庭氛围，夫妻关系要和谐，避免将成年人的冲突传递给孩子。** 因为未成年人尚未发展出成熟的心理功能，孩子的情绪常常与家人的情绪有诸多重合，当父母经常吵架或情绪不稳定时，孩子也会出现紧张、恐慌、抑郁等情绪；当父母之间涉及分离或离异等话题时，孩子的紧张情绪会持续。案例中顺阳的焦虑障碍在父母的冲突后出现，从家庭治疗的理论来看，顺阳用生病的方式保护了这个家庭，这是一个焦虑的孩子对家庭的忠诚。为了不让孩子承受家庭中成年人之间的压力，夫妻之间要学会合作、沟通，解决婚姻问题。焦虑的孩子需要一个信任、轻松、和睦的家庭氛围。

**再次，家长多欣赏和鼓励孩子，接纳和允许他们有自己独特的发展路径，接纳孩子的不成熟。** 家长应熟悉和了解儿童发展过程中的心理阶段，不能设置过高的要求，否则孩子长期处于应激压力状态下，容易出现焦虑障碍。在觉察到孩子可能有压力时，静下心来和孩子谈谈是否遇到了难以应对的困难，和孩子一起想想解决的办法。如果孩子无法解决，要允许孩子失败，理解孩子的焦虑。例如，一个学习成绩不是很理想的孩子，家长要学会降低对孩子的要求，理解孩子在学业压力下的难过心情，而不能批评、指责。在顺阳的家庭治疗中，我们让父母在家庭中完成一个家庭作业：写下孩子的 50 条优点或长处，孩子做过的有意义的事情等。这些可以让孩子在认可、接纳、轻松的家庭关系中成长，而这种家庭关系又会内化为孩子的自我认可，从而让孩子成长为自信、乐观的人。

**最后，父母应该注意自身心理功能的提升，缓解焦虑，学会管理自己的情绪，不要将自身的人生遗憾投射到孩子的身上。** 如果父母的情绪异常焦虑，甚至达到疾病水平，则需要进行专业的干预。家庭治疗中有一个名词叫"**索引病人**"，是指家庭中携带症状的病人有时候不一定是真正的病人，家庭中可能还有其他"病人"或"病情"更严重的家庭成员。患焦虑障碍的孩子可能会有一个或一对比孩子更焦虑、更抑郁或更暴躁的父母。因此，父母要学会管理自己的情绪，这样才能帮助孩子应对焦虑障碍。

孩子的焦虑和恐惧往往提示家庭系统可能遇到了问题，家长遵循上述原则从家庭整体做出适应性调整，孩子的焦虑问题往往能够得以解决。

陈发展

# 我家的小霸王

那天傍晚放学后，李毅从小区内抱回了一条冻得瑟瑟发抖的小狗。妈妈觉得流浪狗不卫生，要求儿子将小狗送回小区。李毅坚决不同意，母子二人为此发生了争吵。盛怒之下，李毅突然冲进厨房拿来水果刀，朝小狗身上连捅了数刀，小狗不治身亡。

最近几年，15岁的李毅变得越来越叛逆，经常和老师发生争执，有时甚至偷偷翘课，与社会上的朋友外出游玩。他认为数学老师教学水平太差，人品不行，所以坚决不做数学作业。更让妈妈担心的是，最近半年，李毅已经数次闯下大祸：用刀片划伤多辆小区内的车辆；偷过超市的零食；最严重的一次是从楼顶扔下砖头，砸伤了小区的行人，差点夺去行人的性命。而李毅却表现得有些冷酷无情，一副无所谓的态度。

妈妈心急如焚，带李毅来心理科就诊。李毅的父母在他10岁时离异，母亲带着儿子一起生活。据妈妈说，李毅的父亲也是一个冷漠的人，脾气暴躁，经常打孩子，最严重的一次将孩子打得耳膜穿孔。经过临床评估，李毅最终被诊断为"品行障碍"。

## 品行障碍与对立违抗障碍

品行障碍是指在儿童和青少年时期出现的，反复、持续的反社会性、攻击性、对抗性等行为，这些行为侵犯他人的基本权利，违反了与年龄相适应的社会行为规范和道德准则，也影响了其自身的社交、学业和职业功能。如果年龄更小的儿童出现持久的对抗、不服从、消极抵抗、易激惹、挑衅和敌对等行为特征，则可能被诊断为对立违抗障碍。

在儿童和青少年人群中，对立违抗障碍的患病率约为3.3%，品行障碍的患病率约为4%，一般来说，男性患病率高于女性。二者的发病常常与父母的反社会型人格障碍、家庭的不良教养方式、社会经济文化水平低呈现正相关。

有研究显示，对立违抗障碍和品行障碍有明显的家族聚集性，有多基因遗传倾向；男童患者脑脊液中的五羟色胺水平与攻击行为和冲动行为呈现负相关，提示神经生化机制发育和功能不良有关。

## 对立违抗障碍

对立违抗障碍的核心症状是消极、愤怒、易激惹的情绪，常因为一点小事而发脾气。患儿常常显得敏感，会曲解他人的意思，一句善意的话也容易惹得他们恼怒。而且他们对他人常常怀恨在心，伺机报复，常与老师、父母、同伴等发生冲突，甚至出现攻击伤人行为。攻击行为后患儿可有内疚和悔恨等情绪，但是常常不认为自己有问题，而会认为自己只是表现得有些过激而已。例如，一个女生觉得同学在班级群里说的话是针对自己的，便与同学理论，盛怒之下用凳子将同学的头砸破。事后，该女生向同学道歉，但是不认为自己的行为有错，只是认为砸得有些重了而已，认为这个同学是需要被教训的。患儿不听从别人的劝解和安慰。

对立违抗障碍的另一个典型表现是争辩和对抗行为，父母和老师感觉患者很难管教。患者受到批评时，常常与老师、家长等权威人物争辩，不服从，不服输，甚至不理睬和拒绝社会习俗和规定。例如，经常上课迟到，不做作业，对于老师和家长的建议表现出敌意和不屑，对同伴不礼貌，甚至故意打扰和攻击同伴的正常学习和交流。

## 品行障碍

品行障碍患者常常从年龄更小的时候就表现出与他人的不同。例如，两三岁时就会暴怒发作或哭闹不止，以后逐渐变为违抗或拒绝服从成年人的指令。患者对同龄人常常有欺凌、恐吓、攻击行为，甚至勒索、盗窃、敲诈、打架，残忍地伤害他人或动物，使用可能引起躯体伤害的武器，如棍子、刀、枪等，年龄再大一些则可能会出现强迫他人与自己发生亲密动作，甚至强迫他人发生性行为。

品行障碍患者还会破坏他人财产或公共财物，如砸坏路灯、花坛、别人家的门窗等。年龄大一些的儿童可能会出现纵火、打人等行为。

他们常常撒谎以规避责任。学龄期后，患者往往出现盗窃现象，最初是偷拿自己家的钱物，后期发展到将他人的东西据为己有，青春期后甚至出现闯入他人房间或汽车行窃，走向犯罪。他们还会出现旷课、夜不归宿、外出游荡等与同龄人应遵守的社会规则不一致的行为。逃学和离家而外出游玩的刺激会给患者带来快感和满足感，因而极容易形成习惯。

## 家长如何应对

具有品行障碍和对立违抗障碍的孩子常常令学校、家长和同伴头痛不已，被认定为"熊孩子"。他们很难被常规的管教方式约束，有很强的破坏性行为。既往的研究显示，不良的家庭因素是品行障碍和对立违抗障碍的重要病因。这些不良的家庭因素包括父母患精神疾病，父母有物质依赖；频繁更换照料者；亲子关系缺乏亲密；父母对待孩子冷漠、挑剔、虐待、粗暴，或者对孩子放纵，从不管教；父母之间关系不和睦，经常争吵、打架或分居离异；父母有违法犯罪行为等。

从对既往研究的家庭因素中发现，父母对自身情绪和行为的控制不良常常是孩子发生品行障碍和对立违抗障碍的重要家庭因素。因此，面对"熊孩子"，父母坚决不能做"熊父母"。

首先，父母要学会控制自己的不良情绪和行为，不能侮辱和打骂孩子，坚持温和而亲近的沟通和教育方式。在一段温和的亲子关系中，"熊孩子"的武器才不必被拿出，同时也可以从家庭中学会如何用不伤害的方式获取关注和关爱。

其次，父母之间的关系要和睦融洽，避免将夫妻冲突转移到孩子身上。很多关系不和的父母将自己人生的不幸归为一段不幸的婚姻，然后将孩子认定为不幸婚姻的替罪羊。婚姻是成年人自己的选择，即使是为了孩子而选择不离婚，也是为人父母者自己的选择，而不是孩子的责任。每个人都要学会为自己的选择负责。

再次，依据孩子成长的心理特点制定具有弹性的家庭规则。例如，幼儿阶段以保护和养育的亲密为主，青少年时期以尊重而独立的互动为主。避免僵化的家庭规则，"必须""一定""应该"的家庭互动常常塑造出不符合常规的熊孩子。

最后，如果孩子有了品行障碍和对立违抗障碍的表现，家长需要静下心来看看孩子行为背后的需求，看看家庭中存在的病理性因素，并且努力改正和克服。孩子不良行为背后的心理诉求往往是获得关注，希望被认真对待；或者为了获取权利，自己的事情自己说了算；或者渴望被温柔对待，而非时时被指导和纠正；再严重时，孩子会出现报复行为和自暴自弃，即便如此，孩子需要的可能也不过是一种被重视、被理解的家庭关系。家长需要站在孩子的视角看世界，了解他们内心的需求，用温和的方式满足他们的期待。

**陈发展**

# 第七篇
# 特殊家庭父母篇

特殊家庭是指与传统意义上的家庭组成不同的一类家庭生活形式，如离异家庭、分居家庭、丧偶家庭、再婚家庭、同性家庭等。特殊家庭的人际动力与父母和孩子共同生活的传统家庭有所不同，所以养育孩子的过程可能会困难重重，这些家庭中成长的孩子较容易出现各类情绪和行为问题，如拒学、抑郁、焦虑、躯体症状，严重者会有自伤、自杀等行为。特殊家庭除了需要应对家庭内部的动力性改变，往往还需要面临与传统社会文化相适应的挑战。特殊家庭的父母如何在各种压力之下帮助孩子成长？本章将结合儿童青少年的典型案例，阐述特殊家庭情境中的父母应该如何养育孩子。

陈发展

# 我的父母要离婚

　　萱萱今年 5 岁，是一位正在上幼儿园中班的小女孩。大约 2 个月前开始，萱萱经常晨起时哭闹，不愿起床，不愿刷牙，妈妈常常要花很长时间进行安抚。父母对此逐渐失去耐心，应对方式也从理解和安慰逐渐发展到呵斥，甚至打骂。但是各种方法均没有效果，近 1 个月，萱萱发展到在幼儿园也经常哭闹，甚至攻击其他小朋友，渐渐地也不肯去幼儿园了。无奈之下，在幼儿园老师的建议下，妈妈带萱萱来到了医院的心理科。

　　心理医生进一步了解家庭情况后发现，原来萱萱的父母在半年前开始闹离婚，最近几个月在商议离婚协议的细节。父母都想得到孩子的抚养权，并为此争执不断，常常问孩子想跟谁一起过。萱萱自小由奶奶带大，与奶奶感情深厚。父母开始闹离婚之后，奶奶感到心力交瘁，也舍不得孙女，所以私下里常常让萱萱调和父母的矛盾："如果你不把他们俩劝好，你就见不到奶奶了，我们这个家就没有了。"爸爸决意离婚，萱萱的妈妈感到痛苦无力，她考虑过孩子对家庭的需要，也曾极力挽留爸爸，但是爸爸态度坚决。妈妈的情绪极度不稳定，常常在孩子面前诉苦，抱怨爸爸没有良心，不要这个家了。

## 不断攀升的离婚现象

　　组建新家庭时，我们都拥有美好的愿景，做出真诚的承诺，也相信承诺必将长久。但是**家庭关系处理不当，家庭的情感功能就会逐渐减弱，甚至最终导致家庭解体**。著名家庭治疗师米纽秦博士曾说过，他这一辈子曾有几千次想"掐死老婆"的冲动，有数万次要离婚的念头。随着社会经济文化的发展和变革，家庭结构和家庭动力也在发生改变，离婚已经成为现代家庭生命周期转折时应对压力和调整的一种选择。我国民政部门的调查显示，近十年来，结婚率在逐渐下降，离婚率却逐年攀升。2008 年全国离婚数量仅 226.9 万对，2018 年上升至 446.1 万对，比上年增长 2.0%。2019 年全国离婚登记人数延续上升的趋势，2019 年前三季度全国登记离婚数量为 310.4 万对，同比增长 7.1%。从 2003 年起，我国的离婚率连续 15 年上涨，由 1987 年的 0.55‰上升为 2018 年的 3.2‰。离婚已经成为家庭处理问题的重要方式之一，从某种角度来看，这未尝不是一种进步。进一步的调查显示，离婚率最高的阶段是新家庭阶段和孩子出生以后。离婚的前三个原因是：出轨，家庭暴力和性格不合。

## 离婚对家庭健康的影响

从资源取向的视角来看，离婚是家庭应对变化的一种选择，是家庭解决问题的策略和方式，这是一种文明的进步。但是，**离婚并不是一种静态的现象，而是一个动态的过程**。在这个过程中，婚姻的不稳定和离婚会导致一系列复杂的婚姻调整和家庭重组。离婚过程中存在应激、风险和弹性，对成年人和儿童所处的社会环境和心身健康方面可能会产生一系列潜在的应激变化和破坏。家庭关系重组过程中，每个个体都需要做出适应性的调整，心理应对能力相对较弱的孩子更容易产生应激性的反应并形成压力。离婚是儿童心身疾病的重要影响因素之一。

有关离婚对儿童影响的国内外研究显示，与完好家庭的孩子相比，离婚家庭的孩子在社会性、情绪发展、学业、智力、心理健康等方面的表现均差。心理学家盖雷贝·法克尔认为，孩子是被动接受父母离婚的，无法主导，所以受到的伤害要比父母自身受到的伤害更大。我国学者林崇德认为，离婚家庭孩子的心理状态往往有以下六个阶段：愤怒与痛苦、什么都无所谓、到处乱跑、终日忙碌或闭门不出、渴望与思索、获得新生。

我们可以大致将离婚家庭子女的心理状态归为五个阶段。

1.**爆发阶段**，是子女刚刚得知父母即将离婚或者已经离婚的时候。此时他们感到特别痛苦或愤怒，主要表现为情绪低落、哭泣难过，或者大发脾气。较小的孩子也可能通过变异性的躯体症状或行为方式呈现，如失眠、躯体不适、不按时吃饭或拒学等。

2. 否认阶段，是指子女在情绪爆发之后会进入一个相对平静的否认阶段，不承认父母离婚对自己的影响，表现出无所谓的态度，常说"他们离婚对我没有影响啊""离了挺好的""不知道他们发生了什么事情"等。否认的背后可能隐藏着恐惧和无助的情绪，不愿意承认家庭即将面临解体会带来的后果或伤害。

3. 回避阶段，是指子女觉得父母离婚已成定局，自己无力改变后，会对伤害性影响采取回避措施。例如，放学后迟迟不愿回家或者在家之外的场所停留的时间较长，不愿意与父母同处一室。年龄大一些的子女，可能会出现离家出走、夜不归宿等行为。还有部分孩子可能变得忙碌和有计划，学习更加努力，或者乖巧懂事。他们用这些方式暂时规避和隔离内心的痛苦。

4. 解决阶段，严格意义上来说，上述三个阶段的表现也属于孩子应对家庭重组压力的策略，只是子女在这些过程中更侧重于体验和表达自我的感受，尚未针对离婚采取具体的解决措施。在解决阶段，子女会对家庭的未来进行思考。例如，住在哪里，愿意和谁一起生活，对父母的要求和期待，等等。渐渐地，子女对离婚后的家庭生活会充满渴望。

5. 新生阶段，是指子女在家庭重组完成后选择以全新的方式和家人一起生活，逐渐适应新的家庭结构。例如，定期去见不在一起生活的父母，适应新的家庭环境。

上述五个阶段并不一定具有绝对的先后顺序，有的离婚家庭子女不一定完全经历上述五个阶段。离婚家庭子女的心理状态还与夫妻和家族处理离婚事宜的过程有关。如果子女过多地承担了夫妻的恩怨情仇（例如，一方派遣子女恨另一方，或者让子女过度参与离婚抉择，等等），则子女进入第四阶段和第五阶段的时间就会延迟，或者一直处于焦虑、冲突之中。在萱萱的家庭中，父母离婚的不和谐动力转移到了孩子身上，奶奶和妈妈常常将孩子拉入成年人离婚的纠纷之中，孩子对此不知所措，或者本能地通过自身的各种问题转移家庭冲突，以延缓父母离婚的进度。

## 如何健康地说分离

一旦家庭中出现不可调和的矛盾，一方或者双方决定离婚，如何做才是健康的分离？才能将对孩子的负面影响降到最低呢？

**离婚是一种选择，其本质是丧失的过程，** 夫妻都会因此产生哀伤的情绪，这需要花时间进行处理。尤其是被分手的一方，受到的影响会更大。健康地处理离婚的关键是和过去告别，告别的第一步是好好地讨论这一段经历。我和萱萱的妈妈和爸爸谈起他们相识、相知、相爱的过程，妈妈几次控制不住自己的情绪，悲恸落泪。她的伤心，是忆起这段关系曾有的美好，也是想起自己曾经的付出。

想到这些美好，你想和这个自己说些什么吗？在我的引导下，萱萱妈妈对过去道谢，谢谢过去的经历，也谢谢那段关系中的自己，婚姻破灭可能源于外界的因素，而不是因为自己做错了什么。萱萱的爸爸说，他也很感谢妻子陪伴她这么多年。我说，你也要谢谢自己，谢谢自己曾经为这段关系的付出。爱过，谢过，才能告别！

只有夫妻能够接纳分离，子女才会逐渐接纳。父母即使无法再做夫妻，但是永远都可以做好父母。在这个过程中，不要让子女觉得某个家庭成员是家庭解体的罪魁祸首，更不要让子女觉得自己是离婚的原因或父母的拖累。父母要告诉子女：离婚是成年人向往过上更好生活的选择，不是谁的错，父母永远是你的父母，也会依然爱你，只是以后生活的方式会发生变化。

从另外一个角度来看，一段关系的结束也就意味着开始另外一段关系的可能性，如何带着过去的经验适应新的生活是健康处理分离的关键。大部分离婚的夫妻之间是有矛盾的，否则也不会选择分开了。但是极端的方式并不能挽回关系，反而可能会让自己和对方更加痛苦。一方会责备对方无情无义，一方会责备自己无能无用。有时候极端方式更多的是表达对自己的痛恨，不想看到那个被抛弃的自己。一个真正成熟的人是不怕分离的，因为分离只是人生的某个阶段，是婚姻中的两个人各自想选择另外一段觉得更舒适的生活方式罢了。

夫妻是一个家庭的核心关系，拥有较高的权力等级，夫妻之间的离婚事宜需要双方共同决定，避免将上一辈人或其他人的恩怨情仇卷入其中。

健康地说分手是成年人心理成熟的标志之一，**心理成熟的父母才会养育出心理健康的孩子，不论是完好的家庭还是离婚的家庭，因为每一种家庭过程对孩子的成长都是一种重要的体验。**影响孩子心理健康的不是离婚与否，而是离婚过程中的压力和冲突，从这些压力和冲突中，孩子也会学到如何处理一段复杂的人际关系，这对他来说是一笔财富。

萱萱只有 5 岁，还很难用准确的语言表达内心的压力，但是她一定感到很难过，其心理状态还处于第一阶段。此时，父母需要开诚布公地和她谈论离婚的事宜和决定，理解孩子在这个阶段的反应，避免让孩子决定夫妻的去留。因为每个孩子对父母双方都是忠诚的，她不能放下任何一个人。我告诉萱萱父母，蹲下来好好和萱萱说说话："我和你爸爸（妈妈）要分开了，选择一种比现在更好的方式生活。以后我们三个人可能不会再在一起生活，我们要离婚。因为我们之间有一些矛盾无法调和，所以不能一起生活下去了，但是，这些矛盾不是因为你产生的。即使离婚了，我们也都依然会爱你，永远都是你的爸爸和妈妈。我会定期来看你！"

萱萱还是有些伤心，不想父母离婚，但是她开始不哭闹，开始规律地上学，开始慢慢学会适应新的家庭生活。

**陈发展**

# 爸爸去哪儿了

　　李瑶是一位 26 岁的女性，3 年前大学毕业后在一家公司仅上班 1 个月就辞职回家，不再出去工作。她的理由是和其他人相处不舒服，感到紧张。这 3 年里她看起来和正常女孩一样，出门、逛街、网购，偶尔还在网络上接一些翻译的工作。但是，李瑶和妈妈的冲突越来越多，越来越严重。就诊前的一个月，李瑶在家里情绪崩溃，感到委屈难过，觉得自己的人生彻底完了，她有一种拿刀砍死妈妈的冲动。

　　李瑶 3 岁时，爸爸离家去外地工作，几个月，甚至一年才能回家一次。爸爸回家后，几乎不和妈妈交流，带李瑶出去游玩，买很多好吃的，然后第二天就又走了。李瑶总是盼望着爸爸回来，家人平时不谈论爸爸的任何话题。在她人生重要的时期，爸爸都是缺席的。青春期后，她开始讨厌爸爸，甚至恨他。她问过爸爸，为何不在家附近上班？爸爸总是无奈地回答：这个事情你问你妈妈吧！而妈妈的回答是，你爸爸工作不能调动。谈到爸爸，家里人都守口如瓶，讳莫如深。直到大三的一个暑假，外婆说出了实情。原来李瑶 3 岁时，爸妈就离婚了，他们没有太多的争吵，妈妈只提出一个要求：不要告诉孩子，定期再回家看看。就这样，一晃将近 20 年过去了，如今爸爸已经另外组建了家庭，并且有了一个孩子。李瑶当时就崩溃了：为何我是家里的那个不知情者？你们当我是多余的吗？她质问爸爸妈妈，他们依然坚持这是为她好，是不想让她伤心、难过。

　　知道真相后，李瑶不再和爸爸联系，也不想上班工作，不想见任何人。她对妈妈非常不满，常常与妈妈发生争吵。

## 家庭秘密

　　秘密无处不在，而**隐藏在家庭里的秘密对于家庭成员的心理健康常常具有重要的影响**。秘密和隐私不同，后者更多强调每个人都有属于自己的私人空间，不同家庭成员对秘密和隐私的定义有所不同，如同样一件事对一个家庭成员来说是隐私，对另一个家庭成员来说却是秘密，这主要取决于隐藏的信息与不知情的家庭成员的相关性。如果隐藏的信息对另一个人的人生抉择和个人幸福有重要影响，这个信息便是秘密。另外，隐私和秘密之间的区别还受时间、文化和社会的影响。具体到家庭内部，家庭秘密是指家庭成员之间刻意地互相隐瞒或者有区别地分享的信息，这种人为造成的信息不对称可能对家庭成员的心理健康产生重要的影响。在李瑶的家庭中，父母离异对于李瑶来说就是家庭秘密，其他人相互配合，刻意避免这个信息被李瑶知晓。父母的婚姻状态与孩子的健康成长息息相关，父母离异后从家庭里离开，和孩子认为他依然属于这个家但是从不出现，这两者对孩子而言有很大的区别。一个是合理的离开，一个可能被解读为他不爱我和这个家，破坏了对家庭的承诺。

## 家庭秘密的消极影响

秘密的存在对家庭有显而易见的消极影响。在信息层面上，家庭成员之间不公开的交流会导致欺骗、信息歪曲和神秘化；在情感层面上，保密者在谈及相关话题或泄露秘密时感到紧张不安，由此产生焦虑、羞耻、内疚等负面情绪，不知情者因为信息阻隔而变得怀疑自己，家庭成员之间互不信任，家庭成员内的关系也会受到影响；在实践层面上，意外或破坏性地泄露秘密甚至会带来危险。**家庭秘密会影响家庭关系和家庭互动，秘密在保密人和不知情人之间建立或加强了界限和联盟**。例如，在李瑶的家庭中，母亲要求父亲不将离婚信息告知女儿，在某种程度上，夫妻关系在某个领域还虚幻地存在。这种虚假关系的存在可能是某个家庭成员为了控制关系而创造的秘密。在与李瑶母亲的交流中发现，她依然不能放下前夫，还在想象他能回来。

家庭对孩子和老人保守秘密是最常见的。例如，对孩子隐瞒父母离异、父母或长辈生病或去世的消息，对家庭成员本人隐瞒其生重病的信息，等等。

这些隐瞒更多基于隐瞒者对不知情者的一个假设：他知道了会带给他更大的伤害！殊不知，在家庭中，"我们不知道的也会伤害我们"，家庭秘密在起一定的保护作用的同时，对知情者和不知情者的生理和心理状况也会造成负担和伤害。有研究表明，公开秘密的积极影响大于消极影响，例如，通过自我暴露进行创伤经验分享对身体健康有益，在一定程度上也有利于减少悲伤情绪。但是一旦把秘密公开，保守秘密所带来的好处亦不复存在，秘密被公开之后并不能保证得到完全积极的反馈。当李瑶被告知父母离异时，曾经在另一个事实层面下建立的自我很容易被自己否定。这样的子女可能会认为自己不配知道家庭的信息，不能相信自己，甚至不能相信社会。所以李瑶无法走出家门，去社会上与他人建立关系，其内心深深地被刻上了烙印，即我相信的未必是事实，这个世界不可靠。

## 爸爸去哪儿了

李瑶儿时一直都有一个疑问：我的爸爸去哪儿了？她只在一个家庭中生活过，**原生家庭的模式通过日常互动逐渐内化为孩子的世界观和价值观，她的核心议题是：在父母心中我处于什么位置，在这个世界上我就处于什么位置**。每个孩子都曾认为自己是父母的全部，李瑶也一样。她渴望父亲回来，哪怕只是偶尔回来，也代表他还是爱我的。但是，如果这种远离变成秘密，就会被子女解读成欺骗，所有的美好期待就可能会在瞬间垮塌。爸爸去哪儿了，就变成爸爸根本就不爱我，进而转变成我是一个不值得被别人喜欢的人。有这样的核心信念的人难以顺利地与社会接触，而且常常充满焦虑、恐惧、紧张，渴望别人喜欢自己，又不相信他人会真的在乎自己。久而久之，就会出现各种情绪和行为问题。

其实，孩子是家庭中最敏锐的观察者，如果家庭秘密只对保守秘密的那个人重要，则对其他家庭成员杀伤力更大。生活中，伤害我们的往往是不知情。**分离并不一定有我们想象的那么可怕，离婚对孩子的影响也没有想象的那么大，**

**对孩子伤害最大的是离婚过程中的情绪，以及我们想象出来的困难。**我们常常被我们的恐惧打倒！家庭成员缺席而没有被告知，维持一个形式上的完整家庭，这样的伤害远远大于坦诚相见给孩子造成的伤害。家庭秘密会让孩子承受无形的焦虑，孩子的承受力其实比成年人想象的大得多。

我对李瑶说："你太不容易了，期盼了那么多年的爸爸，如今也是别人的爸爸，这对于任何人来说一下子都很难接受。你曾经一直在家里等候爸爸回来，就像现在的你，看起来是害怕和别人接触，在我看来，还像那个期盼爸爸回来的小女孩。你对妈妈的不满，就像你对爸爸的爱。如果有机会，邀请父母一起谈谈这些对彼此的牵挂，你们彼此都十分在乎对方，却不敢将真相提前呈现。我不希望这样的模式再在你的身上被保留。你值得被爱，被欣赏，爱自己，先从理解内心的小孩开始吧。"

对于未成年的子女来说，父母要学会以孩子的话语体系和孩子分享家庭中已经产生的任何伤害性事实，包括家庭成员生病、分离和死亡等信息。例如，对于父母生重病或者即将离世的家庭来说，应该告知孩子："爸爸或妈妈得了一种病，将来可能要离开你去另外一个世界，那时我们就不能再见面了。我很舍不得你，不想离开你，但是我们有时候没有办法阻止自然规律。我知道你现在很难过也很害怕，我也怕。但是，我不会失去你，你也不会失去我，我们将换一种方式生活……"家庭中告知孩子死亡或重病的信息要遵循以下几个原则。

1. 清晰地呈现事情的脉络。例如，对于不可避免的死亡或分离，请不要用模糊的语句表达；对于年龄较小的幼儿可以用童话或讲故事的方式呈现事情。

2. 理解孩子面临伤害时产生的情绪，如哭泣、愤怒、抑郁、消沉等；接纳他们暂时处理情绪的方式，如孩子可能不想吃饭、不想上学等。

3. 举行必要的仪式，可以让孩子去病房探视，或者参加家庭成员的葬礼；离异的父母要和孩子告别；离开的一方留一些孩子需要的纪念物。

4. 不要将伤害归因为某个家庭成员的错误，不要将成年人的矛盾纠纷传递给孩子。

不告诉孩子亲人去世的消息，或者害怕孩子有一个不完整的家而隐瞒父母离异的信息，往往是父母出于自己恐惧分离的感受，而非孩子的感受。尊重生命的离去。让每一个家庭成员都知情，这是最好的尊重。

**陈发展**

# 我的妈妈要嫁人

今年 14 岁的王怡是一位初二的女生，从去年 9 月，她开始出现不明原因的肚子痛，拒绝去上学。母亲带她在各大医院的儿科、内科、消化科等做了全面的检查，却未发现身体疾病。母亲和王怡都很困惑，在内科医生的建议下，她们来到了心理科。

王怡 7 岁时，父母便因性格不合离了婚。母女二人搬回来和外公外婆一起生活。父亲从此再也没有来探望过女儿。父亲成为家中的禁忌话题，没有任何人会主动提及。去年春节后，母亲认识了一位离异的男士并与其建立了恋爱关系。王怡并不欢迎这位叔叔的到来。但是她告诉母亲："只要他对你好就可以。你们结婚后，我就和外公外婆一起生活。"母亲希望一家三口能在一起生活，常常邀请男友来家中，创造一家人相处的机会。王怡却总是躲着这位叔叔，很少和他说话。去年 8 月的一天，母亲和男友发生了争吵，男友在情绪激动时候用力推了母亲一下。王怡感到特别紧张，害怕母亲受到伤害，但是又不敢和叔叔理论。

从此，王怡变得很紧张，非常害怕母亲被欺负。她也曾问过母亲是否愿意嫁给这个叔叔。母亲说，这位叔叔人很好，那天只是因为比较激动，后来两个人和好了，希望女儿放心。可是女儿并不放心，经常与叔叔发生冲突，对这位叔叔并不友好，甚至让他以后不要来家里了。母亲为此批评了王怡，让她要懂得尊重别人。开学后不久，王怡出现了腹痛和拒绝上学的情况。

## 重组家庭

重组家庭是基于再婚而产生的，其家庭成员之间的关系不是基于血缘关系而是基于姻亲关系，包括直系姻亲关系和法律拟制直系血亲关系。因为离婚现象越来越普遍，有子女的再婚家庭也越来越成为一种常态的生活方式。虽然原先的婚姻和伴侣关系破裂，超过 2/3 的离婚者依然会选择重寻伴侣，在这个重组家庭的过程中，子女难免会一同进入这种关系转换中。调查显示，约有 9% 的夫妻和 12% 的伴侣会和未成年的继子女同住。孩子的不良发展状况与家庭结构的改变及随之而来的环境改变频率有关，如搬家、转学、同伴关系改变等。

## 重组家庭的困境

重组家庭的关系转换中，父母与继子女在家庭生活调适过程中可能面临更大的挑战和更多的冲突。这些冲突往往与家庭成员共同经历有限、凝聚力低、配偶间相互制衡，以及财政问题和子女教育问题的冲突有关。与初婚家庭不同，**重组家庭中的亲子关系可以决定婚姻关系的质量**，往往是家庭问题的根源。重组家庭亲子冲突常见的类型有以下几种。

1. 与非同住父母的关系问题往往会延伸到与同住父母或继父母的关系中。这种困境与孩子对两个家庭的忠诚冲突有关。每个孩子对血源父母都有本能的依恋和忠诚，面对新家庭时也会有本能性的拒绝和反抗，如案例中的王怡。

2. 父母或继父母对孩子教养问题的分歧。在关系转换中，家庭成员对子女教养问题的分歧较多见。继父母缺少在孩子成长过程中的共同经历，需要花费更多的时间和精力邀请继子女与家庭共同成长。

3. 家庭规则的重建，家庭边界的设置。重组家庭中需要制定新的家庭规则，家庭成员从原先家庭中带来的规则与新家庭的规则会有冲突，这些冲突是新家庭建立的必然过程。

在这些重组过程的冲突中，重组家庭的孩子在学业和行为上的问题多于初婚家庭的孩子。有研究发现，与单亲家庭的孩子相比，尽管重组家庭的孩子总体表现更好一些，但是抑郁的问题相对较多。国内的研究显示，重组家庭的孩子交通意外的风险显著升高。还有研究报道，继子女是男孩，或者继父母教育方式良好，则对重组家庭的负性结果具有缓冲和保护作用。一般而言，重组家庭的孩子可能具有以下心理特点。

1. **个性自卑，自我认知障碍**。个性自卑容易导致自我认知障碍。孩子自卑，就会怯于与人交流，不能客观地认识和评价自己，出现自我认知偏差。他们会执着于自己的不足，无法认清自己的优点，时常觉得自己一无是处。做一件事时只要出了一点错误，就会开始全面否定自己，觉得自己什么都不会，什么都做不好。他们常常觉得自己在家里可有可无，在学校里也没人在意，很容易把自己边缘化，严重影响其人际交往。个性自卑以及自我认知障碍制约着儿童各方面的发展。

2. **行为退缩，害怕失败**。因自身家庭情况与一般家庭的不同，重组家庭的子女会感觉自己不如别人，自我感觉低人一等，在与他人交往的过程中，他们也总是小心约束自己的言行举止，不敢表达自己的思想和感情。他们总是尽量逃避他人的视线，害怕成为他人谈论的焦点，更害怕由于自己的失误而受到他人的嘲笑。这种心理也会反映在学习上，他们害怕试错，因为他们害怕失败，害怕被人嘲笑。他们认为做简单的事情不容易出错，所以也不愿尝试复杂和困难的新事物，这会严重影响其各方面能力的发展。

3. **情绪抑郁，敏感多疑**。重组家庭的了女可能会经历一些平常家庭的孩子体会不到痛苦，包括原生家庭父母的争吵打闹、父爱或母爱的缺失、原生家庭的破灭及重组家庭不幸福等。他们会时常毫无征兆地陷入情绪抑郁的状态，常常沉默寡言。与正常家庭的儿童相比，重组家庭儿童敏感和多疑的心理特征显得突出一些。他们对于他人的评价十分在意，非正面评价在他们看来可能就是一种负面评价。他们非常反感父母当着其他人给自己纠错，哪怕是一种提醒，他们可能也会认为是对自己能力的质疑。他们经常会怀疑他人小声的谈论是在说与自己有关的话题或者在说自己的坏话等。

4. **逆反，时而有攻击性行为**。当他们感到心情低落或者不愿意做某件事的时候，不能或者不敢跟父母清楚地表达自己的想法，只会用偏激的方式对周围人或物宣泄自己的情绪。重组家庭中的儿童大多具有逆反心理，对继父母甚至老师的言行容易产生抵触情绪，做出对抗行为，他们不愿服从继父母的管教，有的儿童甚至有报复心理。而表达这种情绪的方式就是言语的反抗或攻击性行为，这种逆反心理久而久之会发展成对身边众多事物的不满和挑剔，不利于儿童的人际交往和健康心理的发展。

5. **以消极的心态面对生活和学习。**在生活中，他们常常觉得自己不受重视，于是觉得自己不管做什么，做得怎么样都无所谓，父母不理解或一味地批评指责只会让孩子陷入破罐子破摔的境地。在学习上，他们缺乏内在的学习动力，有的孩子可能为了使继父母在学习上表扬自己，对自己寄予期望而努力学习。有的孩子则认为学习非常无趣，成绩不好还会被继父母批评，不明白学习的意义是什么，本着无所谓的态度，学习成绩自然没有办法提升。

6. **倾向于埋怨他人和外部因素。**在犯错时，他们会倾向于指责他人，为自己的行为开脱，让他人为自己的过错承担后果。特别是当父母对其进行教育时，只要父母稍有不慎，可能就会被孩子质问，孩子很容易将自己犯错的原因归结于家庭的重组或者父母没有给予其足够的支持，所以父母在和孩子相处的过程中会更加小心翼翼，避免引起孩子的非难。在同伴关系中，当出现矛盾时，他们容易把矛盾的起因归结到他人身上，久而久之，可能会导致同伴的疏远。

## 重组家庭的调试策略

重组家庭面临的挑战主要是关系转换过程中的适应，主要议题是对新关系不切实际的或错误的期待。案例中王怡的母亲在结识了新男友后，迫切希望建立更加美好的家庭，经常给男友与女儿创造沟通的机会，她非常担心新家庭会给孩子带来压力。因此，对重组家庭经历的正常化有助于家庭建立切合实际的期望，以替代原本如初婚家庭的期待。例如，重组家庭成员可能会不切实际地幻想自己能快速、轻松地适应新家庭的生活，他们渴望建立一个与初婚家庭并无区别的家庭。如果这个过程有孩子参与，可能对父母的试图掌控或者忽略心生抗拒，这时候这种不切实际的期望给孩子带来的压力尤为明显。当王怡的母亲在新的恋情中投入过高的期望时，无意中迫使女儿按照自己的期待践行，忽略了孩子在新关系适应中的压力和抗拒，忽略了孩子对原生家庭的忠诚和矛盾，进而加剧了孩子的压力。

因此，在重组家庭的过程中，父母双方需要重新商定家庭文化、规则、价值观等，承认这个过程中存在负面情绪和困难都是合理且正常的，接纳它们。这会舒缓双方的心理压力，减少批评指责，增进相互理解。

对新家庭的过高期待往往会导致继父母对孩子的行为进行干涉，以行使父母的职责，但是继子女一般不愿意接受这种管控，就会挑战继父母的权威。继父母的努力往往会被亲生父母一方为了保护子女不受伤害的行为而抵消，从而演变成夫妻关系问题。因此，在继父母行使教育职能之前，往往需要通过友善行为与继子女建立更多的中间地带。友善互动需要在夫妻同居或结婚之前开始，避免强迫孩子接受自己的伴侣。继父母可以让自己逐渐进入孩子的生活中。例如，继父可以对孩子说："你的妈妈希望你把房间整理一下，我来看看你有没有做。"在开始阶段，尽量避免直接对孩子发号施令。同时，夫妻之间应尽早腾出时间来建立和稳固夫妻关系，牢固的夫妻联盟才能应对家庭的各种挑战。

重组家庭的父母与孩子沟通或者行使父母职责时要尽量选择温和的开场白，理解孩子，帮助他们适应新的关系。以下一些方法和原则可以参考。

**1. 陪伴孩子，加强情感交流**。与普通家庭的孩子相比，重组家庭的孩子经历了原生家庭的破裂、新家庭的重组以及陌生人闯入生活。他们得到的爱不再完整，心理受到创伤。如果在重组家庭中继父母不对继子女投入感情或者感情投入不足，不与孩子进行充分的感情交流和互动，那么双方的情感就会更加疏离，关系更加敏感、脆弱，也会导致继父母在对孩子进行教育时缺乏说服力。因此，继父母应该引导孩子将家庭问题正常化，让孩子了解原生家庭破裂的真相，得到孩子的谅解。同时，继父母应该和孩子多互动、多交流，多陪伴孩子，了解孩子，教育时宽严适度，让孩子慢慢接受自己，接受新的家庭。

**2. 和孩子平等对话，不要一味批评指责**。尊重是教育的最高原则，没有尊重就不可能实现真正的教育。在重组家庭中，继父母更需要和孩子平等对话，多听孩子的意见，尊重孩子的权利，不要给孩子下定义，更不要轻易评价孩子。当孩子犯错时，不能一味批评指责，要站在孩子的角度看待问题，孩子犯错有可能是他不知道这样做是错的，家长应该动之以情，晓之以理，耐心沟通，告诉孩子怎样做会更好。只有和孩子平等对话，建立了良好的感情，教育孩子时才更有发言权。

**3. 尽量公平对待亲子和继子。**继父母还要做到公平地对待双方的孩子。在很多重组家庭里，男女双方各带一个孩子，组成四口之家，这样的家庭在处理子女教育问题上更为复杂。如果继父母偏袒亲生子女，忽略继子女，就容易导致孩子间的敌视，造成家庭冲突，严重时还可能酿成家庭悲剧。如果继父母为了避免家庭矛盾，各自教育和照顾自己的孩子，互不干涉，这种方式虽然表面上有利于避免因情感倾斜而引发家庭矛盾，但实际上容易导致家庭成员之间的情感疏离，从而引发更大的家庭矛盾。所以，继父母要做到公平地对待双方的孩子，不要偏袒自己的亲生子女，不管是物质方面还是情感方面，都尽量公平对待，并且要让孩子之间互相照顾，互相包容，制造更多机会共同活动。

**4. 理解和欣赏孩子。**理解是不加评判地体会孩子内心真正的想法，欣赏是一种信任和肯定，也是一种激励和引导，可促使孩子健康地成长和进步。只有理解和欣赏孩子，才能走入孩子的内心世界，架起沟通的桥梁。特别是在重组家庭中，继父母更要懂得欣赏继子女，多发现孩子的亮点，肯定孩子。不要总是挑剔孩子，给孩子过高的要求，以"都是为了你好"为名绑架孩子，给孩子施加压力。一旦有了压力，孩子就会认为继父母是在难为自己，造成误会和曲解。

**5. 言传身教，树立榜样。**家庭教育主要是父母通过言传身教影响孩子，使孩子在耳濡目染中学会生存技能，发展自己的个性。孩子待人接物和处理情绪的方式其实也是家长的缩影，当孩子犯错或者有极端行为时，不能盲目地严厉批评孩子，更不能动手，这样做只会加重孩子的叛逆程度。特别是在重组家庭中，继子女在意继父母的看法，想得到继父母的关注，就更容易倾向于模仿继父母的行为。所以继父母的责任更加重大，要言传身教，为孩子树立榜样。

**6. 家长目标一致，形成教育合力。**不同的家庭有不同的教育理念。在重组家庭中，可能会发生多种教育观念碰撞的情况。例如，对孩子爱的方式不一致，对孩子表达情感的方式不一致，隔代人与父母对待孩子的教育态度不一致，等等。在这种情况下，生父母一方不仅自己要担负起孩子的教育重任，也要调动配偶的积极性，共同参与家庭教育，使夫妻能同心协力，养育子女，才能使家庭教育发挥最大的作用。除此之外，家长应该主动学习与儿童心理问题产生原因和应对方法相关的知识，并且积极地配合学校教育，让老师了解孩子在生活中的表现，及时发现孩子的心理问题，对孩子已经出现的一些心理问题有比较全面的把握，并且有针对性地进行心理疏导，减轻重组家庭的不利因素带给孩子的消极影响，帮助孩子成为一个积极乐观，充满正能量的人。

案例中的王怡，正处在母亲建立恋爱关系的早期，母亲对新家庭的过高期待导致了王怡在新关系的适应过程中出现了问题。王怡的症状客观上延缓了家庭关系转换的进程，给适应带来了机会，同时也考验和挑战了新家庭的功能。治疗的主要任务是让母亲理解孩子的困境，减缓关系转换进程，更重要的是做好与原生家庭的和解与分离。

我对王怡说："妈妈恋爱了，这对你来说是个期待的事情，同时也是一个不安的过程。你也渴望有一个新的家庭，也期望妈妈有人爱，有人陪伴，但是你也担心妈妈和自己再次受到伤害。尤其是当妈妈和叔叔发生冲突时，你更加不知所措，甚至会心生恐惧。你是一个特别体贴妈妈的女孩，不想直接说出你的担心和恐惧，怕给妈妈增加麻烦，你用症状试图让这个过程再慢一点，给自己一些适应的时间，也给妈妈一些时间。"

**陈发展**

# 作者简介

## 沈世琴

- 华东师范大学临床心理学博士
- 雨点心理创始人
- 原第三军医大学大坪医院执业医师、副教授、硕士生导师
- 第七期中德高级家庭治疗连续培训家庭治疗师
- 中国心理学会临床与咨询心理学注册系统注册心理师
- 美国安全圈课程总部认证的"安全圈亲子养育"家长课程培训师
- 国际依恋研究协会（IASA）委员
- 中国心理卫生协会心理治疗与心理咨询专委会家庭治疗学组委员
- 从事家庭治疗 10 余年，师从美国发展心理学和精神病理学专家，依恋动态成熟理论模型、国际依恋研究协会创始人 Patricia McKinsey Crittenden 博士学习依恋病理及依恋评估 5 年多。墨尔本大学附属皇家儿童医院访问学者，师从国际婴儿心理协会（WAIMH）主席 Campbell Paul 教授学习婴儿心理评估与干预 3 月多

## 王继堃

- 华东师范大学应用心理学副教授、医学博士、心理学博士后
- 美国早期儿童正面管教认证讲师
- 上海市心理学会理事
- 中国心理学会婚姻家庭心理咨询和督导专委会（筹）委员
- 中国社会心理学会婚姻家庭专委会委员
- 中国社会工作联合会叙事心理学部委员
- 上海市心理学会心理咨询与督导专业委员会秘书长
- **20** 年来主要从事家庭治疗、叙事治疗、游戏治疗、儿童青少年家庭教育、父母课堂等的临床、心理咨询、讲座、培训和督导。长期接受自我体验和督导，发表四十余篇中英文文章，出版专著《无论走得多远，家庭总是如影随形——家庭治疗十六讲》《后现代心理治疗——叙事治疗入门》等，翻译家庭治疗经典著作《人类沟通的语用学》《正常家庭过程》等

## 李闻天

- 德国弗莱堡大学医学博士
- 中国心理学会临床与咨询心理学注册系统注册督导师
- 武汉市心理医院临床心理科主任、硕士研究生导师
- 中国心理卫生协会心理咨询与心理治疗专委会副秘书长
- 湖北省心理学会医学心理专委会副主任委员
- 中美精神分析连续培训项目中方教员及翻译

## 张翔

- 苏州职业大学心理学副教授
- 中国心理学会临床与咨询心理学注册系统注册督导师
- 家庭治疗取向心理咨询师，拥有 40 年未成年人心理健康工作经验

## 沈红心

- 中国心理学会临床与咨询心理学注册系统注册心理师
- 浙江大学理学硕士，副教授。
- 上海高校心理咨询协会会员
- 2009 年开始临床咨询，个案经验达 1000 小时，持续接受督导达 1000 小时。擅长家庭婚姻、亲子关系和人际问题，尤其对青年学生的学业困惑和情绪情感等的咨询积累了丰富的经验。参编：《心理学教你做父母 5：大学生家庭教育指导》《深夜树洞：大学生与心理咨询师的书信对话》

## 陈发展

- 同济大学附属精神卫生中心副主任医师
- 中国心理卫生协会首批认证督导师
- 中国医师协会心身医学专委会青年委员会副主任委员
- 中国医师协会精神科医师分会青年委员
- 中国心理卫生协会心理治疗与咨询专委会委员